# Die gute Deutsche Küche

# Die gute Deutsche Küche

Das große, farbige
Spezialitäten-Kochbuch
mit den leckersten Rezepten
der deutschen Koch-Kunst

Rezepte: Max Inzinger
Fotos: TLC

Naturalis Verlag

© 1983 Naturalis Verlags-
und Vertriebsgesellschaft mbH,
München
Alle Rechte vorbehalten

Projektleitung und
redaktionelle Koordination:
Ria Lottermoser
Grafische Gestaltung:
Rainer Uhlen (Innenteil),
Hermann Bischoff (Überzug)
Illustrationen: Detlev Richter

Satz: ABC Fotosatz & Repro
GmbH, München
Lithos: Otterbach Repro
GmbH & Co, Rastatt
Gesamtherstellung:
Mainpresse Richterdruck, Würzburg
Printed in West Germany

# Inhalt

| | |
|---|---:|
| Zu diesem Buch | 6 |
| Schmackhafte Suppen | 8 |
| Köstliche Kleinigkeiten | 22 |
| Salate fürs ganze Jahr | 36 |
| Rund ums Ei | 50 |
| Beliebt wie eh und je: Fisch | 62 |
| Erfolg mit zarten Braten | 76 |
| Kochfleisch im Sud | 90 |
| Gerollt und gebraten: Rouladen | 102 |
| Deftige Eintöpfe | 116 |
| Zaubereien mit Hackfleisch | 128 |
| Essen mit Hirn | 140 |
| Der Deutschen liebstes Gemüse: Wurst | 154 |
| Variabel und gesund: Geflügel | 166 |
| Küchenhalali für Wild | 178 |
| Beliebtes Sommernachtsvergnügen: Grillen | 190 |
| Die geliebten Knollen: Kartoffeln | 202 |
| Frischgemüse mit Biß und Pfiff | 214 |
| Gemüse süß-sauer einlegen | 228 |
| Gutes zur Hausmacher Brotzeit | 242 |
| Nachspeisen mit Frischobst | 260 |
| Kulinarische Familienfeiern | 272 |
| Feiern mit Freunden | 286 |
| Die schönsten Rezepte aus der Heimat | 300 |
| So kochen Deutschlands Nachbarn | 312 |
| Damit Kochen Spaß macht: Ratgeber Küche | 324 |
| Register | 342 |

# Zu diesem Buch

Wer die deutsche Küche verachtet, kennt nur ihre schlechten Seiten. Wer ihre guten kennenlernen will, muß dieses Buch lesen und mit einem Vorurteil aufräumen, am besten in der eigenen Küche: Die deutsche Küche ist fett und schwer, mehlig und ohne Raffinesse, kocht Fleisch zu Tode und Gemüse zu Brei, bläht den Magen und verdirbt die Lust. Das ist die Anklage, die Eßkritiker, besonders die deutschen, seit vielen Jahren gegen die Koch- und Eßgewohnheiten zwischen Freiburg und Flensburg, Köln und Cottbus anführen.

Sie hatten und haben teilweise noch gute Gründe für ihre Empörung, wenn man die »DEUTSCHE KÜCHE« als das bezeichnet, was in vielen Restaurants und auch noch in vielen Haushalten Deutschlands täglich auf den Tisch gebracht wird.

Da gerät man natürlich leicht in Versuchung, alles, was in Deutschland gekocht wurde und wird, als zweitklassig und schlechter abzutun. Nichts wäre unfairer – und unwahrer, denn es gibt nicht nur eine neue Generation bekannter und international konkurrenzfähiger Köche, sondern auch die Einstellung zum Kochen hat sich bei einem Großteil der Hausfrauen und Hobbyköche zum Positiven gewandelt.

Nicht weil man noch exotischer und teurer kocht. Nein. Das Natürliche, Aromatische und Bekömmliche in den deutschen »Magenfahrplänen«, mit heimischen Produkten, hat sich endlich durchgesetzt und Rezepte hervorgezaubert, die auf die guten Einflüsse der regionalen Küchen unseres Landes zurückzuführen sind.

Apropos Spezialitäten aus der Provinz: Sie haben unverkennbar deutschen Charakter, sind geschmacklich interessant und variabel und daher auch für experimentierfreudige Leute nachvollziehbar und geeignet. Es gibt sie also, die gute deutsche Küche, und dieses Buch soll den Beweis erbringen.

Kochen mit Spaß und Phantasie, Zubereiten nach vielfältigen Rezepten, das Speisen mit raffinierten Abwandlungen, das Entdecken neuer Gerichte – all das findet hierzulande immer mehr Interesse.

Deswegen stellen wir Ihnen in diesem Buch neue und »renovierte« Rezepte vor, bei denen die Gelüste auf Großmutters deftige Gerichte ebensowenig unterdrückt werden müssen wie die Kochphantasie, der durch sogenannte Milligramm-Angaben bei Diätrezepten buchstäblich die Luft ausgeht.

Dieses Buch ist der Weg zu einem Genuß ohne peinliche Frage, ob man es sich ohne Kalorienschieber in der Jackentasche oder bestürzendes Erlebnis beim morgendlichen Wiegen leisten kann, wieder frei zu essen und zu trinken.

Dieses Buch zeigt, wie man genußvoll essen kann, wie man auch die Vielfalt und Deftigkeit der deutschen Küche auskosten kann, ohne auf Vernunft zu verzichten, wenn man nur einige Grundregeln beachtet:

### 1. Mit Köpfchen einkaufen

*Die Auswahl der Zutaten beim Einkauf ist bestimmend für das Ergebnis, das man mit einem Rezept bei der Zubereitung erzielen kann. Deswegen soll man saisonbezogen und marktaktuell einkaufen, denn in fast keinem anderen Land der Welt wird solch erstklassige Frischware angeboten wie in Deutschland. Einkaufen ist nicht immer eine Frage des Geldbeutels, sondern auch eine Frage der sorgfältigen Prüfung verschiedener Angebote. Deswegen haben in diesem Buch viele warenkundliche Informationen und Empfehlungen ihren Platz.*

## 2. Die moderne Küchentechnik nutzen

*Durch verschiedene Garmethoden, die heute für jeden von uns erschwinglich sind, können wir aromatischer, natürlicher und bekömmlicher, das heißt schlichtweg gesünder garen und dabei noch eine Menge Kalorien einsparen. Vitamine und Mineralstoffe müssen weitgehend am Leben erhalten bleiben. Die Lebensmittel, insbesondere die Frischkost, dürfen ihren Biß nicht verlieren. Deswegen gehen wir in diesem Buch auf zeitgemäße Garmethoden ein.*

## 3. Auf die versteckten Kalorien achten

*Nicht jedes Gericht muß mit einer Einbrenne oder Fett-Mehlschwitze gebunden werden. Das Gemüse gart man wasserarm, den Fisch in der Bratfolie ohne Zusatz von überflüssigem Fett. Und wenn man Suppen oder Saucen dennoch sämig haben möchte, gibt es Bindemittel, die kalorisch nicht gleich wieder zu Buche schlagen. Deswegen befassen wir uns in diesem Buch mit der leichten und unverfälschten Kochweise.*

## 4. Die Speiseplanung variieren

*Verkürzte Transportwege und bessere Lagertechnik erlauben uns, zwischen vielen Produkten zu wählen. Diese Möglichkeiten soll man nutzen, um immer wieder andere Gerichte auf den Tisch des Hauses zu bringen. Man sollte viel öfter auch vorgegebene Rezepte nach dem eigenen Geschmacksempfinden abwandeln, das letzte Quentchen »Seele« durch eigene und familiengewohnte Würzideen einem Rezept sprichwörtlich einverleiben.*

*Deswegen schlagen wir in diesem Buch Abwandlungen und Variationen vor, die ein Produkt, das man gerne ißt, in anderen Zubereitungsversionen darstellt.*

## 5. Das Auge ißt immer noch mit

*Liebe geht vor allem dann auch durch den Magen, wenn man das Gericht attraktiv präsentiert, das heißt, liebe- und kunstvoll anrichtet, dekoriert und verziert, ohne durch ein Zuviel an Dekoration das Rezept damit zu »erschlagen«. Die Garnitur ist fester Bestandteil des Essens, sollte deswegen zum jeweiligen Rezept passen. Besonders Frischkost ist das Bunteste, was eine Küche zu bieten hat und ist dazu noch gesund.*

*Deswegen geben wir in diesem Buch Tips und verraten Tricks, wie man die Gerichte optimal ausgestaltet.*

## 6. Kochen soll Spaß machen

*Zeit ist knapp bemessen. Deswegen muß man eine gewisse Systematik in sein Kochverhalten bringen, damit man unnötige Laufereien und Arbeitszeit einspart. Zu mehreren geht's besser, vor allem dann, wenn man Kochen auch als Kochvergnügen und Freizeitspaß empfindet. Und wenn es dann ans Essen geht, sollte man sich auch selber Zeit nehmen, um das Gekochte nach Herzenslust zu genießen.*

*Deswegen sagen wir in diesem Buch allen auch, was man sonst noch tun muß, damit sich das Wohlempfinden steigert.*

*Und wenn man sich dann, nach einem köstlichen Mahl, entspannt in seinen Sessel zurücklehnt, dann sollte man sich eines Zitates von Alfred Walterspiel, einem der ganz großen Köche dieses Landes, erinnern, der zum Thema Kochen folgendes gesagt hat:*

*»Die Kochkunst ist wie die Musik dazu angetan, Freude zu bereiten und den Menschen über sorgenvolle Zeit hinwegzuhelfen.«*

*In diesem Sinne viel Spaß beim Kochen und allzeit ein recht gutes Gelingen!*

**Max Inzinger**

# Schmackhafte Suppen

Es heißt, der folgende Satz gehöre zum »Glaubensbekenntnis« eines gestandenen Menschen:
»Ich glaube, daß zwei Pfund Rindfleisch und drei Pfund Knochen eine gute und kräftige Suppe geben!«
Viele hingegen glauben, daß damit die Suppe überhaupt erst anfängt.
Das Beste ist gerade gut genug, um in den Suppentopf zu wandern.

① **Gartenfrische Kressesuppe**
Kresse, Zwiebeln und Champignons bedeuten Frische das ganze Jahr über. Aromatisch gegart, mit Biß und feiner Würze, wird sie sich bald einen Stammplatz bei allen Suppenliebhabern erobern.

② **Sommerliche Tomatensuppe**
Auch wenn die Sonne einmal nicht scheint: Das glutvolle Aroma frischer Tomaten und das Temperament dazupassender Gewürze machen sie dennoch zu einem sommerlichen Hochgenuß. Eiskalt. Löffel für Löffel.

③ **Emsländer Kürbissuppe**
Kürbisse sind auch heute noch Außenseiter in der Küche. Das ändert sich, wenn man diese Suppe verkostet. Es wird Liebe auf den ersten Löffel. Und das ist nichts Alltägliches.

④ **Sauerländer Zwiebelsuppe**
Wer an Zwiebeln denkt, denkt nicht gleich an Bier. Wer an Bier denkt, denkt nicht gleich an Zwiebeln. Aus beidem zusammen wird in Verbindung mit genau darauf abgestimmten Zutaten eine Suppe zum Gästeverwöhnen.

### ⑤ Helgoländer Muschelsuppe
*Muscheln kann man in einer Suppe sehr gut kennenlernen. Sie schmecken nach mehr. Frisches Gemüse, ein Hauch von Knoblauch und erstklassiger Weißwein sorgen für die Geschmacksstärke 12.*

### ⑥ Schwäbische Krapfensuppe
*Nicht umsonst wird diese Suppe im bayerischen Teil Schwabens auch Hochzeitssuppe genannt. Eine kräftige Fleischbrühe und raffiniert gefüllte Krapfen sind nun einmal eine lebensfähige Suppengemeinschaft, die sich mag.*

### ⑦ Feine Radieschenblättersuppe
*Was man bislang so achtlos weggeworfen hat, lernt man in dieser Suppe wirklich schätzen: Die Blätter von frischen Radieschen sind eine Köstlichkeit, sehr gesund und, weil eigentlich Abfall, billig dazu.*

### ⑧ Rheingauer Schneckensuppe
*Das ist etwas für festliche Stunden: eine klare Suppe mit Weinbergschnecken, Schalotten oder Frühlingszwiebeln und vielen anderen Geschmackskomponenten, die selbst dem verwöhntesten Gaumen gerecht werden.*

# Gartenfrische Kressesuppe

*Rezept für 4 Personen*

**Das braucht man:**

1 Zwiebel
200 g frische Champignons
Saft einer halben Zitrone
2 Kästchen Kresse
1 EL Butter oder Margarine
1/2 TL Kerbel
1/2 l Weißwein
1/2 l Fleischbrühe
1 Tasse Kartoffelpüree-Flocken (Fertigprodukt)
Salz
Pfeffer aus der Mühle
1 Messerspitze Muskat
1 Tasse Sahne oder Creme fraîche

**So macht man's:**

1. Zwiebeln schälen und in feine Würfel schneiden.
2. Champignons putzen, waschen, in Scheiben schneiden und mit Zitronensaft beträufeln.
3. Kresse abschneiden, verlesen, waschen und kleinhacken.
4. Fett in einem Topf zerlaufen lassen, Zwiebeln und Champignons dazugeben und glasig schwitzen.
5. Kerbel und Kresse unterrühren.
6. Mit Weißwein und heißer Fleischbrühe auffüllen.
7. 5 Minuten köcheln lassen und mit den Püreeflocken binden.
8. Mit Salz, Pfeffer und Muskat würzen.
9. Mit Sahne oder Creme fraîche verfeinern.

*Kalorien pro Person: 230*
*Joule pro Person: 965*

# Sommerliche Tomatensuppe

Rezept für 4 Personen

**Das braucht man:**
750 g reife Tomaten
1 Zwiebel
1 Tasse Sahne
1 EL Speisewürze
Salz
Pfeffer aus der Mühle
1 EL geriebene Zitronenschale
1 EL Zucker
4 cl trockenen Sherry
1 Bund Basilikum
1 Bund Schnittlauch

**So macht man's:**

1. Mit einem scharfen Messer den Strunk aus den Tomaten herausschneiden.
2. Die Tomate über Kreuz einschneiden.
3. Kurz in sprudelnd kochendes Wasser geben und mit kaltem Wasser abschrecken.
4. Tomaten enthäuten.
5. Die Tomaten mit der geschälten Zwiebel pürieren.
6. Sahne in einem Topf erhitzen, mit Speisewürze, Salz, Pfeffer, geriebener Zitrone und Zucker würzen.

*Tomaten soll man schälen, weil die Schale unverdaulich, ernährungsphysiologisch wertlos ist und sich beim Erhitzen sowieso löst bzw. in den Speisen herumschwimmt. Dies gilt insbesondere dann, wenn Tomaten außerhalb der Frischkostzubereitung in Rezepten als Zutat vorgesehen sind.*

7. Kräuter verlesen, waschen und feinhacken.
8. Tomatenpüree mit der Sahne und den Kräutern verrühren; mit Sherry aromatisieren.
9. Gut gekühlt servieren. Am besten friert man vorher Tomatensaft im Eiswürfelbereiter ein. Damit läßt sich die Suppe ohne zu verwässern optimal kühlen.

*Kalorien pro Person: 180*
*Joule pro Person: 755*

## Warum man die Tomaten mögen muß:

Sie sind sehr gesund und vor allem kalorienarm. 100 g enthalten nur 19 Kalorien oder 49 Joule. Mit einem guten halben Pfund kann ein Erwachsener seinen gesamten Tagesbedarf an Vitamin C und Vitamin A decken. Außerdem enthalten die Tomaten das seltene Kobalt, ein wichtiger Mineralstoff.
Bei der Verarbeitung unbedingt die etwas grüne Stelle am Stielansatz wegschneiden, denn sie enthält das magenfeindliche Solanin, das erst mit der Vollreife abgebaut wird.
Für die Verwendung in der Suppe eignen sich die sommerlichen Suppentomaten, die zu dieser Jahreszeit vollreif und billig sind. Im Winter und Herbst sollte man die hocharomatischen, geschälten Tomaten aus der Dose den teuren, meist weniger aromatischen frischen, teilweise Treibhausfrüchten, vorziehen.
Alle Tomaten, ob rund oder gerippt, werden in vier Handelsklassen angeboten.
Allerdings sagt diese Klassenzuteilung nichts über die geschmackliche Qualität der Tomaten aus. Die billigen der Handelsklasse II oder III können oft aromatischer sein als die äußerlich makellosen der Handelsklasse I.

## Unser Tip

**Noch grüne Tomaten reifen bei Zimmertemperatur und im Dunkeln schnell nach.**

**Tomaten müssen kühl, zwischen 8 Grad C und 12 Grad C luftig lagern. Außerdem sind sie druckempfindlich. Deshalb müssen sie immer aus der Tüte genommen und nebeneinander gelegt werden. Tomaten, die man kocht oder schmort oder als Zutat für ganz feine Salate verwendet, sollte man grundsätzlich enthäuten.**

**Sind die Tomaten einmal weniger süß, was vor allem im Winter vorkommt, kann man das beim Kochen durch die Hinzugabe von etwas Zucker gut ausgleichen.**

# Emsländer Kürbissuppe

Rezept für 4 Personen

### Das braucht man:

750 g gelbes Kürbisfleisch
1 große Zwiebel
2 Karotten
3 EL Butter oder Margarine
1/4 l Weißwein
100 g Kürbissamen
1 EL Olivenöl
1/2 l Fleischbrühe
2 EL Obstessig
Saft einer Zitrone
einige Spritzer Pfeffersauce
1/2 TL Curry
Salz
Pfeffer aus der Mühle
1 TL Zucker
1 Messerspitze Muskat
1 Tasse Creme fraîche

Die gerösteten Kürbiskerne schmecken nicht nur knusprig, wenn man die Suppe damit bestreut. Sie sind vor allem auch sehr gesund und haben eine große Heilwirkung. Und wenn man sie für die Emsländer Kürbissuppe nicht alle verwenden kann: auf dem Backblech trocknen, in einem Glas mit Schraubverschluß aufbewahren und gehackt in das Frühstücksmüsli mischen.

### So macht man's:

1. Kürbisfleisch in Würfel schneiden.
2. Zwiebeln und Karotten schälen und würfeln.
3. Das Fett in einem Topf erhitzen und alles darin glasig schwitzen.
4. Mit Weißwein ablöschen und 5 Minuten köcheln lassen.
5. Die Kürbissamen grob hacken.
6. Öl in einer Pfanne erhitzen und die Kürbissamen darin goldgelb rösten.
7. Das Gemüse pürieren und mit der Fleischbrühe vermischen.
8. Die Suppe in einem Topf mit Obstessig, Zitronensaft, Pfeffersauce, Curry, Salz, Pfeffer aus der Mühle, Zucker und Muskat abschmecken.
9. Creme fraîche unterrühren und kurz mitköcheln.
10. Vor dem Servieren mit den gerösteten Kürbissamen bestreuen.

Kalorien pro Person: 275
Joule pro Person: 1155

## Kürbis – Riesengewächs mit viel Geschmack

Im Süden Europas hat der Kürbis einen festen Platz auf dem Speisezettel. Hierzulande ist er noch ein Außenseiter in der Küche.

Bedauerlich, denn der Kürbis ist nicht nur sehr kalorienarm, sondern auch mit fast 2 mg Carotin auf 100 g gerechnet und wichtigen B-Vitaminen sehr gesund.

Kürbisse sind in der Küche sehr vielseitig und in verschiedenen Geschmacksrichtungen einsetzbar.

Die allergrößten Exemplare sind nicht die besten. Kleinere, aber recht schwere Kürbisse, im Verhältnis zur Größe, sind am besten. Ausgereifte Kürbisse kann man an einem kühlen, trockenen Ort bis weit in den Winter hinein aufbewahren. Man muß aber darauf achten, daß die Kürbisse luftig, am besten auf einem Lattengestell liegen; und zwar nicht übereinander, sondern hübsch nebeneinander.

Bei der Verarbeitung den Kürbis aufschneiden, die Kerne und das weiche, faserige Innere herauskratzen und dann, in Stücke geschnitten, schälen. Man kann den Kürbis aber auch aushöhlen, eine Kerze im Innern feststecken und ihn als Windlicht für die Terrassenparty verwenden.

# Sauerländer Zwiebelsuppe

Rezept für 4 Personen

**Das braucht man:**
2 EL Öl
500 g Zwiebeln
2 Stangen Lauch
2 EL Tomatenmark
1/2 l Fleischbrühe
1/2 l helles Bier
1 TL Majoran
1 TL gemahlenen Kümmel
Salz
Pfeffer aus der Mühle
1 EL Zucker
1 Brötchen vom Vortag
4 EL geriebenen Emmentaler

**So macht man's:**
1. Öl in einem Topf erhitzen.
2. Zwiebeln und Lauch entsprechend putzen, waschen und in Scheiben schneiden.
3. Zwiebeln in Öl goldgelb rösten.
4. Den Lauch dazugeben und kurz mitschwitzen.
5. Tomatenmark unterrühren.
6. Mit Fleischbrühe und Bier auffüllen.
7. Mit Majoran, Kümmel, Salz, Pfeffer und Zucker abschmecken und 20 Minuten köcheln lassen.
8. Die Brötchen in Scheiben schneiden.
9. Brötchen mit Käse bedecken.
10. Suppe in hitzefeste Tassen abfüllen und mit den Brötchen belegen.
11. Im Ofen oder unter dem Grill überbacken und servieren.

Kalorien pro Person: 250
Joule pro Person: 1050

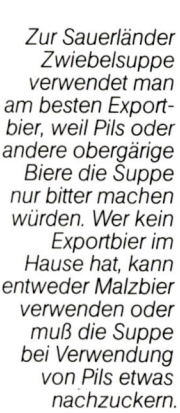

*Zur Sauerländer Zwiebelsuppe verwendet man am besten Exportbier, weil Pils oder andere obergärige Biere die Suppe nur bitter machen würden. Wer kein Exportbier im Hause hat, kann entweder Malzbier verwenden oder muß die Suppe bei Verwendung von Pils etwas nachzuckern.*

# Helgoländer Muschelsuppe

*Rezept für 4 Personen*

**Das braucht man:**

Für die Muscheln:

1 kg frische Miesmuscheln oder
500 g Jakobsmuscheln
1 Zwiebel
1 Lorbeerblatt
3 Nelken
1/2 l Weißwein
1/2 Tasse Obstessig
Fleischbrühe (Fertigprodukt)
einige Pfefferkörner
einige Wacholderbeeren
Salz

Für die Suppe:

4 EL Butter oder Margarine
2 Bund frisches Suppengrün
1 Zwiebel
Saft einer Zitrone
1 TL Thymian
1 TL Zucker
1/2 TL weißen Pfeffer
3/4 l Muschelfond
1 EL Stärkemehl
1 Tasse Sahne oder Creme fraîche
4 Eigelb
1 Bund Zitronenmelisse

Auch wer noch keine frischen Muscheln gegessen hat, soll sich an diese köstliche Muschelsuppe heranwagen. Besser kann man die Bekanntschaft mit Muscheln nicht machen.

**So macht man's:**

1. Die Muscheln in reichlich kaltes Wasser geben, einige Stunden darin liegen lassen, das Wasser ab und zu erneuern.
2. Muscheln anschließend gründlich bürsten, Bartbüschel entfernen und so lange abspülen, bis das Wasser klar bleibt.
3. Die Zwiebeln halbieren und mit Lorbeerblatt und Nelken spicken.
4. In einem entsprechenden Topf den Sud aus Weißwein, Fleischbrühe, Obstessig, der gespickten Zwiebel, den Pfefferkörnern und den Wacholderbeeren bereiten und 5 Minuten köcheln lassen.
5. Muscheln dazugeben und 5 Minuten mitkochen.
6. Die Muscheln herausnehmen und Muschelfleisch herauslösen.
7. Fett in einem entsprechenden Topf auslassen.
8. Das Suppengemüse und die Zwiebel entsprechend putzen,

# Schwäbische Krapfensuppe

*Rezept für 4 Personen*

**Das braucht man:**

Für den Nudelteig:

250 g Mehl
2 Eier
1/2 Tasse warmes Wasser
1 Prise Salz

Für die Füllung:

1 Zwiebel
2 Stangen Lauch
4 Brötchen
4 EL Butter oder Margarine
1 Bund Schnittlauch
1 Bund Petersilie
Salz
Pfeffer aus der Mühle
1 Prise Muskat
2 Eier
2 Eigelb

**So macht man's:**

1. Mehl mit den Eiern und dem Wasser zu einem Teig verarbeiten.
2. Leicht salzen, den Teig in ein Tuch einschlagen und 1 Stunde ruhen lassen.
3. Zwiebeln und Lauch entsprechend putzen, waschen und in dünne Streifen schneiden.

Krapfen sind eine Art Maultasche, ein kulinarisches Heiligtum jedes kochenden Schwaben. Eine kräftige Fleischbrühe mit lecker gefüllten Krapfen als Einlage kann zu jedem Anlaß serviert werden.

4. Brötchen würfeln und mit der Hälfte des Fetts goldgelb rösten.
5. Lauch und Zwiebeln in dem restlichen Fett glasig schwitzen.
6. Die verlesenen, gewaschenen und geschnittenen Kräuter mit den Brötchen zur Zwiebel-Lauch-Masse geben.
7. Mit Salz, Pfeffer, Muskat würzen.
8. Die Eier verquirlen, zur Masse geben, stocken lassen und dann gut durcharbeiten.
9. Eigelb mit Wasser verrühren.
10. Teig auf einer bemehlten Fläche hauchdünn ausrollen, Quadrate ausschneiden (Kantenl. 10 cm).
11. In die Mitte eines Quadrates etwas Zwiebelmasse verteilen.
12. Die Ränder mit Eigelb bestreichen, zusammenklappen.
13. In kochendes Salzwasser geben, 5 Minuten ziehen lassen.
14. In Fleischbrühe mit Schnittlauch bestreut servieren.

*Kalorien pro Person: 605*
*Joule pro Person: 2540*

waschen, kleinschneiden und in dem Fett glasig schwitzen.
9. Die Muscheln dazugeben, kurz mitschwitzen.
10. Mit Zitronensaft, Thymian, Zucker und weißem Pfeffer würzen.
11. Mit heißem Muschelfond auffüllen.
12. Stärkemehl mit Wasser glattrühren und die Suppe damit leicht binden.
13. Sahne oder Creme fraîche mit den Eigelben verquirlen.
14. Suppe vom Feuer nehmen und mit der Sahne-Eigelb-Mischung legieren.
15. Mit frisch gehackter Zitronenmelisse bestreut servieren.

*Kalorien pro Person: 995*
*Joule pro Person: 4180*

# Feine Radieschenblättersuppe

Rezept für 4 Personen

### Das braucht man:
4 Bund frische Radieschen
50 g Butter oder Margarine
4 mittelgroße Kartoffeln
3/4 l Fleischbrühe
Salz
weißen Pfeffer
1 Messerspitze Muskat
1 Tasse süße Sahne oder Creme fraîche
1 Bund frische Petersilie

### So macht man's:
1. Die Radieschen von den Blättern trennen und zum weiteren Verzehr im Kühlschrank aufbewahren.
2. Die Radieschenblätter verlesen, entstielen, gründlich waschen und abtropfen lassen.

3. In einem Topf das Fett schmelzen, die Radieschenblätter ca. 3 Minuten darin anschwitzen.
4. Die Kartoffeln schälen, in kleine Würfel schneiden und zu den Radieschenblättern geben.
5. Mit der heißen Fleischbrühe auffüllen, salzen, mit weißem Pfeffer und Muskat würzen, rund 20 Minuten bei mittlerer Hitze kochen lassen.
6. Suppe vom Feuer nehmen, durch die feine Scheibe des Fleischwolfs laufen lassen oder im Mixer pürieren.
7. Nochmals heiß werden lassen, die geschlagene, ungezuckerte Sahne oder die Creme fraîche unterziehen.
8. Mit verlesener, gewaschener, gehackter Petersilie bestreut servieren.

*Kalorien pro Person: 265*
*Joule pro Person: 1110*

Wer Radieschen für eine Zwergform des Rettichs hält, der irrt. Beide haben nur die Schärfe gemeinsam, die vom schwefelhaltigen Senföl kommt. Radieschen welken schnell. Deswegen sollten sie im Gemüsefach des Kühlschrankes aufbewahrt werden. Wenn man Radieschenblätter wie bei unserem Rezept für die Weiterverwendung abschneidet, sollte man die Stielenden am Radieschen belassen, damit es nicht austrocknet.

## Sie hat in unseren Küchen aufgeholt: Die Weinbergschnecke

Weinbergschnecken sind ein ganz merkwürdiges Getier, Zwitter im wahrsten Sinne des Wortes, denn jede Schnecke ist Weibchen und Männchen zugleich.

Für den Feinschmecker spielt das allerdings keine Rolle. Nach einem warmen Sommerregen kann man sie sehen, wie sie langsam, eine weißliche Spur hinter sich lassend, über den feuchten Erdboden kriechen.

Und so mancher Genießer fragt sich dann, ob dies auch die Schnecken sind, die, unter Kräuterbutter versteckt, so köstlich schmecken.

Sofern es sich um hellbraune Schnecken mit gleichfarbenem Häuschen darauf handelt, sind sie es in der Tat. Man sollte aber das Verlangen, sie zu sammeln und selbst zu verarbeiten, unterdrücken, denn es ist eine mühselige und – man muß es leider sagen – auch eine höchst unappetitliche Prozedur.

Dieses arbeitsreiche Verfahren bleibt uns jedoch erspart. Man kann Schnecken zwar auch frisch in ausgesuchten Delikateßläden kaufen, aber sie werden heute in allen Verbraucherläden oder beim Händler um die Ecke als erstklassige Konserve angeboten. Wenn man die Schnecken anders als im nebenstehenden Rezept zubereiten will, bekommt man die gleiche Menge Schneckenhäuser, sauber gereinigt, gleich dazu.

## Rheingauer Schneckensuppe

*Rezept für 4 Personen*

### Das braucht man:
- 2 Bund Lauchzwiebeln
- 1 Karotte
- 1 Zwiebel
- 4 EL Butter oder Margarine
- 2 Knoblauchzehen
- 2 Dosen Weinbergschnecken à 24 Stück
- 1 Tasse Weißwein
- 3/4 l Fleischbrühe
- Salz
- Pfeffer aus der Mühle
- 1 Messerspitze Muskat
- 1 Prise Zucker
- 1 Tasse Sahne oder Creme fraîche
- 2 Eigelb
- 1 Bund Zitronenmelisse

*Diese Suppe macht jeden Suppenmuffel zum Suppenfreund. Sie schmeckt nicht nur erstklassig, sie ist auch bereits optisch ein Hochgenuß.*

### So macht man's:
1. Lauchzwiebeln, Karotte, Zwiebel entsprechend putzen, waschen und in kleine Würfel schneiden.
2. Das Fett in einem entsprechenden Topf erhitzen und das Gemüse darin glasig schwitzen.
3. Knoblauchzehen schälen und mit Salz gut zerreiben.
4. Weinbergschnecken gut abtropfen und mit dem Knoblauch zur Gemüsemischung geben.

**5.** Mit Weißwein ablöschen und mit der heißen Fleischbrühe auffüllen.

**6.** Mit Salz, Pfeffer aus der Mühle, Muskat und Zucker würzen.

**7.** Sahne mit den Eigelben verrühren.

**8.** Die Suppe vom Feuer nehmen und mit der Sahne-Eigelb-Mischung legieren.

**9.** Zitronenmelisse verlesen, waschen, fein hacken und vor dem Servieren die Suppe damit bestreuen.

*Kalorien pro Person: 385*
*Joule pro Person: 1620*

# Köstliche Kleinigkeiten

*Netter kann man es durch die Küche nicht sagen, als mit einem kleinen, aber feinen Rezept.
Aber auch wenn überraschend Besuch kommt, oder wenn es einmal nur der Happen zum Bier oder zum Wein sein soll:
Mit kleinen, aber raffiniert zubereiteten Gerichten wird man immer einen schnellen Erfolg haben.*

① **Garnelen**
Das Rezept stammt aus Husum. Heute ist es in jeder Küche nachvollziehbar, denn Garnelen sind dank eines funktionierenden Frischhaltesystems überall in bester Qualität zu haben. Auf dem Rost mit Frischkräutern zubereitet, sind sie etwas vom Besten.

② **Selleriescheiben**
Sellerie steigert die Liebeskraft, sagen die einen. Sellerie schmeckt prima und ist gesund, sagen die anderen. Beides zusammen und eine pfiffige Zubereitung als kleines Schnitzel läßt in jedem Fall Freude aufkommen.

③ **Champignonköpfe**
Die Beliebtheit der Champignons steigt ständig. Und doch werden sie in den meisten Fällen nur als Zutat in einem Rezept genossen. Diesmal stehen ihre Köpfe im Mittelpunkt. Sie werden gefüllt und überbacken. Ein Geschmack, den man kennenlernen muß.

④ **Gekochter Schinken**
Der Schinken wird fast immer in dünne Scheibe. geschnitten. Diesmal wird er zur Feier des Tages durchgedreht und zu einem attraktiven Brotaufstrich verarbeitet, der aus dem Backofen komr

**⑤ Äpfel**
Der Apfel hat in der Geschichte eine große Rolle gespielt, denkt man beispielsweise an Adam und Eva. Auch im Märchen hat er bei Schneewittchen seinen Platz. Ganz selten krönt er einen Toast. Man kann sicher sein: er ist ein Genuß ohne Reue.

**⑥ Spaghetti**
Spaghetti als Tellergericht gibt es in allen in- und ausländischen Variationen. Spaghetti auf frischem Stangenweißbrot, daran muß man sich auf den ersten Blick gewöhnen. Aber hat man sie erst einmal so probiert, kann man ihnen viel abgewinnen.

**⑦ Camembert**
Viel muß man nicht zu Hause haben, wenn man kurzfristig etwas Gutes auf den Tisch bringen will. Und gerade das Einfache, mit Idee und Geschmack dargeboten, kommt immer noch am besten an. Und mit Camembert fängt so eine gute Idee an.

**⑧ Zwiebelringe**
Den Zwiebelkuchen zum Wein kennt jeder. Aber ein gut gewürztes Zwiebelbrot, als einen originellen Happen zum Wein, wird selbst den Zwiebelignoranten begeistern. Auch dann, wenn man beim Schneiden der Zwiebelringe Tränen vergießen muß.

# Pfälzer Zwiebelbrot

*Rezept für 4 Personen*

### Das braucht man:
125 g durchwachsenen Speck
2 EL Öl
4 Zwiebeln
2 Stangen Lauch
1 Knoblauchzehe
1 Bund Schnittlauch
1 Bund Petersilie
2 Eier
1 Tasse geriebenen Emmentaler
Salz
Pfeffer aus der Mühle
1 TL gemahlenen Kümmel
1 Messerspitze Muskat
4 Scheiben Bauernbrot

### So macht man's:
1. Speck in kleine Würfel schneiden und in einer Pfanne mit dem Öl auslassen.
2. Zwiebeln und Lauch entsprechend putzen, waschen und in Scheiben schneiden; zum Speck geben und kurz mitschwitzen.
3. Die Knoblauchzehe schälen und mit Salz zerreiben.
4. Schnittlauch und Petersilie verlesen, waschen, kleinschneiden und mit dem Knoblauch unter die Lauch-/Zwiebelmischung rühren.
5. Pfanne vom Feuer nehmen. Eier und Emmentaler verquirlen und unter die Masse heben.
6. Mit Salz, Pfeffer aus der Mühle, Kümmel und Muskat würzen.
7. Die Bauernbrotscheiben mit der Masse bedecken und im Ofen goldgelb überbacken.

*Kalorien pro Person: 475*
*Joule pro Person: 1995*

# Kleines Sellerieschnitzel

*Rezept für 4 Personen*

### Das braucht man:

Für die Sellerieschnitzel:
2 mittelgroße Sellerieknollen
1 Tasse Weißwein
1/2 Tasse Obstessig
1/2 l Fleischbrühe
Salz
einige Pefferkörner
einige Wacholderbeeren
1 Tasse Mehl
3 Eier
1 Tasse Semmelbrösel
Fett zum Ausbacken

Für die Sauce:
2 Becher Joghurt
4 EL mittelscharfen Senf
1 Bund Schnittlauch
1 Bund Zitronenmelisse
Saft einer Zitrone
einige Spritzer Worchestersauce
Salz
Pfeffer aus der Mühle

### So macht man's:

1. Die Sellerieknollen unter fließendem Wasser gründlich abbürsten und schälen.
2. Sellerie in 4 dicke Scheiben schneiden.
3. In einem Topf Weißwein, Obstessig und Fleischbrühe erhitzen und mit Salz, Pfefferkörner, Wacholderbeeren würzen und 5 Minuten kochen lassen.
4. Selleriescheiben im Sud 20 Minuten unter leichtem Kochen garen.
5. Herausnehmen und gut abtropfen lassen.
6. Selleriescheiben in Mehl, den verquirlten Eiern und den Semmelbröseln panieren.
7. Die Selleriescheiben mit Fett in der Pfanne goldgelb herausbraten.
8. Den Joghurt in einer Schüssel mit dem Senf glattrühren.
9. Den Schnittlauch verlesen, waschen und kleinschneiden,

zum Joghurt geben. Zitronenmelisse verlesen, waschen und fein hacken und unter den Joghurt mischen.

10. Mit Zitronensaft, Worchestersauce, Salz und Pfeffer abschmecken. Gut durchrühren.
11. Sauce über die Sellerieschnitzel verteilen und servieren.

*Kalorien pro Person: 290*
*Joule pro Person: 1220*

Auch wenn man einmal weniger Zeit hat, sind unsere Sellerieschnitzel ein Geheimtip. Man kann auf die Zubereitung der Sauce verzichten und greift auf Tomatenketchup oder fertige Grill- und Barbecuesaucen zurück.

## Knollensellerie: Man mag ihn, oder man mag ihn nicht!

Dabei sollte man ihn mögen, denn er regt mit seinem hohen Gehalt an ätherischen Ölen den Stoffwechsel an. Sein außergewöhnlicher Phosphoranteil ist gut für die Nerven.
Die Mineralstoffe Kalium und Natrium sowie der hohe Wasseranteil wirken zudem entwässernd, deswegen ist er auch für jede Entschlackungskur zu empfehlen.
Mit 38 Kalorien oder 159 Joule pro 100 g ist er auch sehr figurenfreundlich. Seine Wirkung als Aphrodisiakum ist allerdings bis heute nicht bewiesen.
Heute werden Sellerieknollen fast das ganze Jahr über angeboten. Von Mai bis August aber sind die Knollen klein und teuer.
Die guten Knollen erkennt man daran, daß sie mittelgroß sind und keine Nebenwurzeln haben.
Frische Sellerieknollen erkennt man außerdem daran, daß sie hart sind und keine dunklen Stellen haben.
Ein enger Verwandter des Knollenselleries ist der Staudensellerie, den es seit einigen Jahren auch bei uns das ganze Jahr über gibt und der vorwiegend importiert wird. Er schmeckt roh so gut wie gekocht und ist, ernährungsphysiologisch gesehen, noch wertvoller als die Knolle.

## Unser Tip

**Im Frühjahr wird der Knollensellerie mit Blattgrün verkauft, das man sparsam als Würze in der Küche mitverwenden kann.**

**Große Sellerieknollen lassen sich mit weniger Verlust schälen, wenn man sie erst in Scheiben schneidet und dann mit dem Schäler bearbeitet.**

**Der geschälte Sellerie verfärbt sich, weil das ätherische Öl in Verbindung mit dem Sauerstoff der Luft oxydiert. Deswegen den geschälten Sellerie sofort mit Zitronensaft oder etwas Essig beträufeln.**

**Sellerie soll nur »bißfest« gegart werden, weil damit sein Genuß größer wird. So oft wie möglich soll er auch als Rohkost verzehrt werden.**

# Fränkischer Apfeltoast

*Rezept für 4 Personen*

**Das braucht man:**
*3 feste Äpfel
3 EL Butter oder Margarine
Salz
Pfeffer aus der Mühle
1 Prise Zucker
1/2 Tasse Orangenlikör
3 Eier
4 Scheiben getoastetes Weißbrot
2 EL Semmelbrösel
4 Scheiben Emmentaler*

**So macht man's:**
**1.** Die Äpfel schälen und grob raspeln.
**2.** Fett in einer Pfanne erhitzen und die Äpfel darin glasig dünsten.
**3.** Mit Salz, Pfeffer und dem Zucker würzen.
**4.** Mit Orangenlikör ablöschen.
**5.** Eier verquirlen, unter die Äpfel rühren und stocken lassen.
**6.** Die Äpfel-Ei-Masse auf die Weißbrotscheiben verteilen.
**7.** Mit Semmelbröseln bestreuen und mit je einer Scheibe Emmentaler belegen.
**8.** Im Ofen oder unter dem Grill 5 Minuten überbacken, bis die Brote eine goldgelbe Farbe bekommen.

*Kalorien pro Person: 340
Joule pro Person: 1430*

*Wer den Apfel bisher nur als Obst, Kompott und höchstens im Kuchen gegessen hat, sollte, wenn es in der Küche schnell gehen muß, auf unseren Apfeltoast »umsteigen«, der sich als kleiner Happen zu Wein oder auch Bier anbietet.*

## So alt wie die Menschheit: Der Apfel

Äpfel sind so gesund wie kaum eine andere Frucht: Sie enthalten reichlich Vitamine, Mineralien und bekömmliche Fruchtsäuren. Außerdem sind sie das beste Hausmittel gegen Karies und, in geriebenem Zustand, auch gegen Darmkatarrh. Mit 50 Kalorien auf 100 g gerechnet, kann man sie durchaus als Schlankmacher bezeichnen.
Man sollte nicht in das Vorurteil verfallen und glauben, daß nur grünliche Äpfel frisch, knackig und aromatisch sind. Bei Winteräpfeln ist das Gegenteil richtig.
In der Wohnung halten sich Äpfel bis zu 14 Tage, wenn man sie luftig, kühl und dunkel aufbewahrt.
Rohe Äpfel werden mit Schale und Kerngehäuse gegessen, weil direkt unter der Schale die meisten Vitamine, im Kerngehäuse die meisten Mineralstoffe sitzen.
Das Fruchtfleisch läuft nicht braun an, wenn man es mit Zitronensaft oder Obstschnaps beträufelt.
Die meisten Winteräpfel sind bis zu vier Monaten lagerfähig. Das Lagern lohnt sich allerdings nur, wenn man einen unbeheizten Keller hat und die Äpfel preisgünstig bekommen kann. Die Lagertechnik des Handels ist heute so gut, daß man sie nicht überbieten kann.

# Gekräuterte Champignons

*Rezept für 4 Personen*

### Das braucht man:

12 große Wiesenchampignons
Saft einer Zitrone
250 g Tatar
1 Ei
1 Zwiebel
100 g geriebenen Emmentaler
1 Bund Petersilie
1 Bund Estragon
1 Bund Thymian
Salz
Pfeffer aus der Mühle
1 Messerspitze Muskat
einige Spritzer Worchestersauce
4 EL Butter oder Margarine
2 EL Semmelbrösel

### So macht man's:

1. Champignons entsprechend putzen, waschen und die Stiele herausdrehen.
2. Mit Zitronensaft beträufeln.
3. Das Tatar mit dem Ei, den geschälten und gehackten Zwiebeln vermischen.
4. 2/3 des Emmentalers und 2/3 der verlesenen, gewaschenen und gehackten Kräuter unter die Masse mischen. Gut durcharbeiten.
5. Mit Salz, Pfeffer, Muskat und einigen Spritzern Worchestersauce würzen. Wieder gut durcharbeiten.
6. Masse in die Champignonköpfe füllen.
7. Fett in einer feuerfesten Form verlaufen lassen. Die Champignons nebeneinander einsetzen.
8. Restlichen Käse und Kräuter mit den Semmelbröseln vermischen und auf den Champignons verteilen.
9. Einige Butterflöckchen obenauf setzen und im Ofen 15 Minuten überbacken.

*Kalorien pro Person: 340*
*Joule pro Person: 1430*

*Wenn man vor dem Garen die Gekräuterten Champignons mit einer Butterflocke abdeckt, bringt das ganz einfach mehr Geschmack.*

# Westfälischer Schinkenschaum

*Rezept für 4 Personen*

### Das braucht man:
500 g gekochten Schinken oder Schinkenreste
4 Eier
1 Tasse Sahne
1 Bund Petersilie
1 Bund Zitronenmelisse
1 Bund Kerbel
Salz
Pfeffer aus der Mühle
1 Prise Muskat
1 EL Senf
2 Eiweiß
2 EL Butter oder Margarine

*Der Westfälische Schinkenschaum ist die kulinarische Ouvertüre für einen schönen Abend. Mit frischem Stangenweißbrot und einem trockenen Weißwein kann man damit Freude machen.*

### So macht man's:
1. Schinken zweimal durch die feine Scheibe des Fleischwolfes drehen.
2. 400 g Schinken mit den Eiern, der Sahne und den gehackten Kräutern glattrühren.
3. Mit Salz, Pfeffer, Muskat und Senf abschmecken.
4. Backförmchen mit Fett ausstreichen und die Füllung hineingeben.
5. Eiweiß zu steifem Schnee schlagen.
6. Mit dem restlichen Schinken vermischen und auf die Förmchen verteilen.
7. Im Ofen bei 220° (Gasherd Stufe 4) 15 Minuten backen.

*Kalorien pro Person: 510*
*Joule pro Person: 2140*

# Schnelles Camembert-Brötchen

*Rezept für 4 Personen*

### Das braucht man:
250 g 45 %igen Camembert
50 g Butter oder Margarine
1/2 Tasse Weißwein
1 kleine Zwiebel
1 Bund Petersilie
1 Bund Schnittlauch
1 TL Paprika
Pfeffer aus der Mühle
4 EL Chilisauce oder Hot-Ketchup
4 frische Brötchen

### So macht man's:
1. Camembert mit einer Gabel so gut wie möglich zerdrücken.
2. Mit dem Fett und dem Weißwein zu einer cremigen Masse verrühren.
3. Zwiebel fein hacken.
4. Mit den verlesenen, gewaschenen und feingehackten Kräutern unter die Camembert-Masse rühren.
5. Mit Paprika, Pfeffer und Chilisauce abschmecken.
6. Brötchen aufschneiden und die Masse darauf gleichmäßig verteilen.

7. Camembert-Brötchen unter dem Grill oder in der Oberschiene des Bratrohres so lange überbacken, bis die Masse goldgelb wird.

*Kalorien pro Person: 395*
*Joule pro Person: 1660*

*Die andere Art, Käse zu genießen: angemachter Camembert, den man auf frischgebackene Brötchen verstreicht und im heißen Bratrohr schmelzen läßt.*

# Badische Rotweinschaukel

*Rezept für 4 Personen*

### Das braucht man:

2 EL Butter oder Margarine
1 Zwiebel
100 g Salami
100 g rohen Schinken
100 g gekochte Spaghetti
10 gefüllte Oliven
Salz
Pfeffer aus der Mühle
1 Prise Muskat
1 TL Oregano
2 EL Tomatenmark
1 Bund Petersilie
4 Scheiben Weißbrot
100 g geriebenen Emmentaler

### So macht man's:

1. Fett in einer Pfanne erhitzen und die feingehackte Zwiebel darin glasig schwitzen.
2. Salami und Schinken klein würfeln, zu den Zwiebeln geben und kurz mitschwitzen.
3. Spaghetti grob hacken und mit den in Scheiben geschnittenen Oliven in die Pfanne geben.
4. Mit Salz, Pfeffer aus der Mühle, Muskat und Oregano würzen.
5. Tomatenmark unterrühren.
6. Petersilie verlesen, waschen, fein hacken und ebenfalls unter die Masse geben.
7. Weißbrotscheiben auf ein Grillgitter legen; die Spaghettimasse darauf verteilen.
8. Mit Emmentaler bestreuen.
9. Unter dem Grill überbacken oder in der Oberschiene des Bratrohres überkrusten.

*Kalorien pro Person: 475*
*Joule pro Person: 1995*

## Kein Dickmacher: Eiernudeln

Die Zeiten sind vorbei, in denen einseitige Ernährungspläne den Erfolg einer Schlankheitskur garantieren sollten und Eiernudeln als vermeintlicher Dickmacher ausgespart waren. Hier der Beweis: 100 g ungekochte Eiernudeln enthalten circa 390 Kalorien. Als Beilage rechnet man mit rund 35 g Rohware, was einem Circa-Wert von 137 Kalorien entspricht.
Vergleicht man in den Kalorientabellen die 100 Nährwerte, zum Beispiel im Verhältnis zur Kartoffel, dann muß man den Portionswert der ungekochten Eiernudeln dagegenhalten, wenn man einen objektiven Vergleich haben will. Nicht vergessen sollte man, daß Eiernudeln wichtige Vitamine und Mineralstoffe enthalten und vor allem sehr wenig Fett.
Den Nudelspezialisten erkennt man daran, daß er die Teigwaren »al dente«, das heißt mit Biß kocht, was einer maximalen Kochzeit von 8–10 Minuten entspricht.

*Die Spaghetti-Mischung wird in unserem Rezept mit geriebenem Emmentaler bestreut. Man kann aber auch andere Sorten von Reibkäse dafür verwenden. Ganz besonders gut eignet sich natürlich Parmesan dazu.*

*Das versteht sich eigentlich von selbst: Zur Badischen Rotweinschaukel trinkt man einen leichten, trockenen Rotwein, den man heute nicht mehr mit der berühmt-berüchtigten »Zimmertemperatur« kredenzt, sondern leicht gekühlt serviert.*

## Exotisch und heimisch: Die Garnelen

Die Garnele ist ein kleinfingergroßes Mitglied der Familie von Meereskrebsen. An den deutschen Küsten werden sie in erster Linie Krabben genannt, manchmal auch Garnelen.
Und damit wird echte Verwirrung gestiftet, denn auch der Handel bedient sich nicht selten beider Bezeichnungen. Die sogenannten Krabben aber sind Nordseegarnelen, die zum Beispiel in England Shrimps und in Frankreich Crevetten genannt werden.
Ihr Panzer ist nicht stark und kann mit den Händen aufgebrochen werden. Der größte Teil der Fangquote wird aber geschält verkauft.
In den meisten Fällen kommen die Garnelen konserviert oder tiefgefroren in den Handel. Nur noch in den Küstengebieten bekommt man sie frisch, was aber relativ ist, denn es müßte heißen: fangfrisch gekocht!
Die zweite Art der Garnelen, die bei uns im Handel ist, sind Tiefseegarnelen, die aus exotischen Gewässern in fast allen Fällen als Tiefkühlware zu uns kommen. Umweltverschmutzung und eine allzu große Nachfrage haben den einstigen Reichtum doch etwas begrenzt. Man muß sich halt damit trösten, daß man nicht alles auf einmal haben und essen kann. Deswegen sollte man die kulinarische Köstlichkeit Garnele, die es geschmacklich durchaus mit ihren größeren Verwandten aufnehmen kann, besonders bewußt genießen.

## Kräutergarnelen vom Rost

*Rezept für 4 Personen*

**Das braucht man:**

Für die Garnelen:
*16 große geschälte Garnelenschwänze*
*4 Knoblauchzehen*
*Salz*
*1 EL Thymian*
*1 EL Oregano*
*1/2 Tasse Öl*

Für die Zitronensauce:
*4 Eigelb*
*1/2 Tasse Weißwein*
*Saft einer Zitrone*
*1 EL geriebene Zitronenschale*
*einige Spritzer Worchestersauce*
*etwas Speisewürze*
*Salz*
*Pfeffer aus der Mühle*
*250 g Butter*
*1 Bund Zitronenmelisse*

**So macht man's:**

1. Garnelen unter fließendem Wasser gut abwaschen.
2. Knoblauchzehen mit Salz fein zerreiben.
3. Knoblauchzehen mit Thymian, Oregano und Öl zu einer Marinade verrühren.
4. Dahinein die Garnelen legen und eine halbe Stunde ziehen lassen.
5. Auf dem Grill oder in einer Pfanne gut durchgaren.
6. Eigelb mit Weißwein und Zitronensaft in einem Topf glattrühren.

**7.** Mit der geriebenen Zitronenschale, der Worchestersauce, der Speisewürze, etwas Salz und Pfeffer abschmecken.

**8.** Im Wasserbad oder auf der Herdplatte zu einem Schaum aufschlagen, bis man die Spuren des Schneebesens erkennen kann.

**9.** Butter zerlaufen lassen.

**10.** Handwarm tropfenweise unter den Eischaum rühren.

**11.** Zitronenmelisse verlesen, waschen, feinhacken und unter die Sauce ziehen.

Kalorien pro Person: 750
Joule pro Person: 3150

Die Zitronensauce wird getrennt zu den Garnelen gereicht. Dies sollte man immer in kleinen Mengen tun, weil sonst die Sauce an der Oberfläche schnell antrocknet und ihr Aussehen darunter leidet.

# Salate fürs ganze Jahr

*Salat gilt vielen Normalessern noch immer nur als Beilage, und zu mehr taugen diese essigumwandeten Zusammenstellungen auch nicht. Die Zutaten sind meistens in Ordnung. Doch die Geschmacksgrundlage stimmt oftmals nicht. Das kann am falschen Essig liegen, am unpassenden Öl oder an einer mißglückten Kombination oder an allem zugleich.*

① **Feldsalat**
Wer sich unter Feldsalat nichts vorstellen kann, dem ist vielleicht Ackersalat, Rapunzelsalat oder Nüßlisalat ein Begriff. Wie immer man den Feldsalat nennt, er hat es verdient, in einer besonders attraktiven Salatversion auf den Tisch zu kommen.

② **Schwarzwurzeln**
Unser Geschmack ist wie die Mode dem Trend unterworfen. Das merkt man gerade am Schicksal der Schwarzwurzeln sehr deutlich, die in den letzten Jahren immer mehr in Vergessenheit geraten sind. Wir möchten sie wieder »küchenfein« machen.

③ **Weißkohl**
Ob Weißkohl, Weißkraut oder Kappes: gesund ist er wie fast kein anderes Salatgemüse. Er ist so eine Art Dornröschen unter den Gemüsepflanzen, eine schlafende Delikatesse, die auf denjenigen wartet, der sie mit einem guten Rezept wachrütteln kann.

④ **Spargel**
Mit der Spargelzeit begin der Sommer. Und dem Kenner ist die Spargelsa son viel zu kurz. Deswegen soll man die Spa gelfeste feiern wie sie fallen. Feinschmecker mögen Spargel auch ro was für die Salatzubereitung zu empfehlen ist.

##### ⑤ Frühlingszwiebeln
Deutschlands unverstandenes Gemüse sind die Zwiebeln. Kein Wunder, treiben sie uns doch immer die Tränen in die Augen. Die mildere Ausgabe oder die »weiße Schwester« der Haushaltszwiebel ist die Frühlingszwiebel.

##### ⑥ Rettich
Er gilt als der Verbündete von gut gezapftem Bier und wird dazu meistens als »Harmonika« geschnitten gegessen. Wer das »Radi«-Schneiden nicht so beherrscht, der sollte ihn ganz einfach in eine zünftige Salatkombination hineinhobeln.

##### ⑦ Spinat
Daß viele Zeitgenossen immer noch unter dem Spinat-Syndrom der Kindheit leiden, liegt an der damaligen »Allerweltszubereitung«. Als Salat hat er nicht nur ein neues Image bekommen, sondern echte Freunde gefunden.

##### ⑧ Tomaten
Rot ist die Liebe. Diese These trifft bei der Tomate zu. Sie ist Gemüse und Salat zugleich. Sie ist aber in jedem Fall zu köstlich, um nur als Salatzutat gesehen zu werden. Ihr gebührt der Platz in der Mitte, mit frischen Küchenkräutern und Zwiebeln.

# Schwetzinger Spargelsalat

Rezept für 4 Personen

**Das braucht man:**

Für den Salat:
600 g frischen Spargel
4 Tomaten
2 Bund Schnittlauch

Für das Dressing:
2 hartgekochte Eier
4 EL Mayonnaise
1 Becher Joghurt
1/2 Tasse Sahne
3 EL Weinessig
Saft einer Zitrone
2 EL mittelscharfen Senf
2 Gläser Eierlikör
Salz
Pfeffer aus der Mühle
1 Prise Zucker
1 Bund Petersilie

**So macht man's:**

1. Den Spargel schälen und in feine Scheiben schneiden.
2. Tomaten enthäuten, entkernen und würfeln.
3. Schnittlauch verlesen, waschen und fein schneiden.
4. Zutaten in eine Schüssel geben und vorsichtig miteinander vermischen.
5. Die Eier halbieren. Die Eidotter durch ein Sieb streichen, in eine Schüssel geben.
6. Mit der Mayonnaise, dem Joghurt, der Sahne, dem Weinessig, dem Zitronensaft, dem Senf und dem Eierlikör glattrühren.
7. Mit Salz, Pfeffer aus der Mühle und Zucker abschmecken.
8. Den Salat damit anmachen.
9. Auf Radicchio, Salatblättern oder in Sektschalen anrichten.
10. Mit gehackter Petersilie und dem gehackten Eiweiß bestreut servieren.

Kalorien pro Person: 305
Joule pro Person: 1285

# Filderstädter Krautsalat

*Rezept für 4 Personen*

**Das braucht man:**

<u>Für den Salat:</u>
1/2 Krautkopf
1 grüne Paprikaschote
1 rote Paprikaschote
2 Zwiebeln
250 g Pökelzunge

<u>Für das Dressing:</u>
1 Tasse Mayonnaise
1 Becher saure Sahne
1 Tasse Essig
2 Knoblauchzehen
Salz
Pfeffer aus der Mühle
1 EL gemahlenen Kümmel
2 Bund Schnittlauch

**So macht man's:**

1. Krautkopf halbieren, den Strunk entfernen und fein hobeln.
2. In Salzwasser kurz blanchieren, herausnehmen, gut abtropfen lassen und in eine Schüssel geben.
3. Paprikaschoten putzen, waschen, entkernen und in dünne Streifen schneiden.
4. Zwiebeln schälen, fein hacken.
5. Pökelzunge in Streifen schneiden.
6. Zutaten in einer Schüssel vorsichtig miteinander vermischen.
7. Mayonnaise, saure Sahne und Essig in einer Schüssel glattrühren.
8. Knoblauchzehen mit Salz zerreiben und unter das Dressing geben.

9. Mit Salz, Pfeffer aus der Mühle und dem Kümmel abschmecken.
10. Den Salat damit anmachen.
11. Vor dem Servieren mit frisch geschnittenem Schnittlauch bestreuen.

*Kalorien pro Person: 314*
*Joule pro Person: 1320*

*Salatzutaten werden immer erst ohne Dressing miteinander vermischt, damit sie Form und Aussehen behalten.*

## Weißkohl ist billig und sehr gesund

Egal, ob man ihn Weißkohl, Weißkraut oder Kappes nennt: Er ist für die Ernährung des Menschen von großer Bedeutung.
Wird er wie in unserem Rezept als Salat verarbeitet, muß er kurz in kochendem Wasser blanchiert oder mit kochendem Wasser überbrüht werden, weil er dann zum Essen geschmeidiger und bekömmlicher wird.
Die äußeren Blätter werden immer entfernt, dann wird er geviertelt. Danach schneidet man die Strunken heraus. Geerntet wird er fast das ganze Jahr: die frühen Sorten im Mai und Juni, die mittleren von Juli bis Oktober, die späten im November und Dezember. Ein Großteil der jährlichen Ernte in Deutschland wird zu Sauerkraut verarbeitet. Er ist ideal zum Kombinieren mit anderen Gemüsesorten, wie zum Beispiel Karotten, Sellerie und Lauch. Wenn man davon ausgeht, daß der Mensch, um gesund zu bleiben, mindestens 12 g Ballaststoffe täglich zu sich nehmen sollte, ist der Weißkohl mit 0,8 g auf 100 g gerechnet ein wertvoller Zulieferer. Weißkohl enthält neben dem üblichen, als frei bezeichneten Vitamin C noch gebundenes Vitamin C, das nur durch Kochen freigelegt wird.

## Unser Tip

Wenn Kohl gegart wird, muß die Wohnung nicht danach riechen. Die Ursache des Kohlgeruchs ist im zu starken, offenen Kochen zu sehen. Weißkohl sollte immer zugedeckt, wasserarm und bei milder Hitze gegart werden.

———

Zum Garen als Gemüse nicht hobeln, nur vierteln und vor dem Servieren mit flüssiger Butter übergießen.

———

Wenn dem Kohl Schwerverdaulichkeit nachgesagt wird, liegt es an der Zubereitung. Er sollte nicht mit viel Fett und lange Zeit gedünstet werden. Gerade für die Gemüsezubereitung sollte man auch bei Kohl auf das wasserarme Garverfahren zurückgreifen.

# Schwarzwurzelsalat Norderney

*Rezept für 4 Personen*

### Das braucht man:

Für den Salat:
500 g Schwarzwurzeln (frisch gekocht oder aus der Dose)
250 g Kassler
2 Zwiebeln
2 Orangen
2 Kästchen Gartenkresse

Für das Dressing:
1 kleines Glas Mayonnaise
1/2 Tasse Ketchup
4 EL Weinessig
1 Spritzer Worchestersauce
2 Gläschen Weinbrand
Salz
Pfeffer aus der Mühle
1 Prise Zucker
1 Bund Estragon

*Weil das weiße Fleisch der Schwarzwurzeln beim Schälen braun anläuft, soll man die geschälten Stangen sofort in eine Beize legen, die aus kaltem Wasser, etwas Mehl und einem reichlichen Schuß Essig besteht. Vor dem Schälen sollte man aber die erdigen Schwarzwurzeln unter fließendem Wasser gründlich abbürsten.*

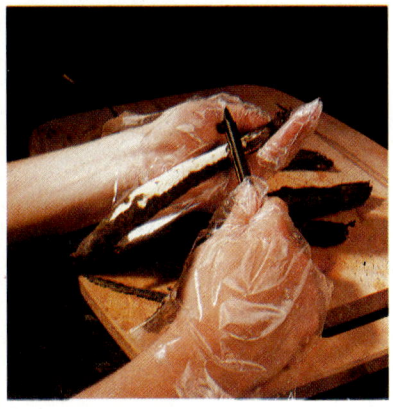

### So macht man's:

1. Schwarzwurzeln waschen, abbürsten, schälen und in 2 cm große Stücke schneiden – zum Schälen Plastikhandschuhe verwenden.
2. Kassler in Streifen schneiden.
3. Zwiebeln schälen und in dünne Streifen schneiden.
4. Orangen filieren.
5. Gartenkresse verlesen, waschen und grob hacken.
6. Die Zutaten in einer Schüssel vorsichtig vermischen.
7. Dressingzutaten miteinander verrühren, mit Salz, Pfeffer und Zucker abschmecken.
8. Den Salat damit anmachen.
9. Vor dem Servieren mit frisch gehacktem Estragon bestreuen.

Kalorien pro Person: 360
Joule pro Person: 1510

## Alles über Schwarzwurzeln

Die Schwarzwurzeln, auch »Winterspargel« genannt, sind zu einem Außenseiter in Deutschlands Küchen geworden, denn ihr Verbrauch geht laufend zurück.
Bei Schwarzwurzeln ist es sinnvoll, sich beim Einkauf nach den Handelsklassen zu orientieren.
Handelsklasse I sind unbeschädigte und damit auch hocharomatische Stangen.
Handelsklasse II dürfen auch leicht beschädigte und daher weniger aromatische Stangen sein.
Reichlich Mineralstoffe wie Kalzium, Phosphor, Eisen sowie viel Vitamin C machen dieses Gemüse besonders wertvoll.
Wenn man Schwarzwurzeln als Gemüse zubereitet, muß man für 4 Personen mit 1 kg rechnen, denn rund 40 % Abfall beim Schälen muß man einkalkulieren.
Weil Schale und Saft beim Schälen dunkle Flecken an den Händen hinterlassen, sind sie in das »Küchenabseits« geraten. Gegen fleckige Finger beim Putzen helfen nur Gummihandschuhe. Wenn man aber gerade keine Gummihandschuhe im Haus hat, schält man die Schwarzwurzeln unter fließendem, lauwarmem Wasser.

# Feldsalat Germania

*Rezept für 4 Personen*

**Das braucht man:**

500 g Feldsalat
200 g frische Champignons
Saft einer Zitrone
2 Stangen Lauch
2 Zwiebeln
1/2 Tasse Öl
1 Tasse Weißwein
1/2 Tasse Essig
2 Knoblauchzehen
Salz
Pfeffer aus der Mühle
1 Prise Zucker
1 Glas Weinbrand
1 Bund Schnittlauch

**So macht man's:**

1. Den Feldsalat verlesen, waschen und auf einem Sieb abtropfen lassen.
2. Champignons putzen, waschen, in Scheiben schneiden und mit Zitronensaft beträufeln, mit dem Feldsalat vermischen.
3. Den Lauch der Länge nach halbieren, waschen und in feine Streifen schneiden.
4. Zwiebeln schälen und fein hacken.
5. Öl in einer Pfanne erhitzen, Lauch und Zwiebeln darin anschwitzen.
6. Weißwein und Essig angießen.
7. Die Knoblauchzehen mit Salz zerreiben und dazugeben.
8. Mit Salz, Pfeffer und Zucker abschmecken.
9. Mit Weinbrand aromatisieren.
10. Vom Feuer nehmen und warm über den Salat geben.
11. Mit fein geschnittenem frischen Schnittlauch bestreuen.

*Kalorien pro Person: 215*
*Joule pro Person: 905*

*Lauch und Zwiebeln im heißen Öl nur glasig dünsten, auf keinen Fall Farbe annehmen lassen. Während des Dünstens ständig umrühren.*

*Der Weinbrand sollte abgebrannt werden, weil durch das Abbrennen sein Aroma besser ausgebildet wird. Nach dem Hineingießen die Pfanne schräg halten und mit einer Flamme den Pfanneninhalt kurz entflammen.*

# Tomatensalat mit Basilikum

*Rezept für 4 Personen*

**Das braucht man:**

Für den Salat:
12 feste Tomaten
2 Zwiebeln
2 Bund Basilikum

Für das Dressing:
2 Tassen süße Sahne
1/2 Tasse Obstessig
2 Knoblauchzehen
Salz
Pfeffer aus der Mühle
1 Prise Zucker

*Durch sein leicht süßliches, pfefferiges Aroma verleiht feingehacktes Basilikum fast jedem Gericht einen besonderen Geschmack. Besonders Tomatengerichte sind in Verbindung mit Basilikum eine Köstlichkeit. Unser Rezept ist der beste Beweis.*

**So macht man's:**

1. Tomaten waschen, mit einem Messer den Strunk herausschneiden und in Scheiben schneiden.
2. Tomatenscheiben in einer Schale anrichten.
3. Zwiebeln schälen, fein würfeln und über die Tomaten verteilen.
4. Basilikum verlesen, waschen, fein hacken und die Tomaten damit bestreuen.
5. Sahne mit Essig verrühren.
6. Knoblauchzehen mit Salz fein zerreiben und unter die Sahne rühren.
7. Mit Salz, Pfeffer aus der Mühle und Zucker würzen.
8. Den Salat mit dem Dressing anmachen und gut durchziehen lassen.

*Kalorien pro Person: 280*
*Joule pro Person: 1175*

# Laubenpieper-Salat

*Rezept für 4 Personen*

**Das braucht man:**

Für den Salat:
1 Honigmelone
400 g Spinat
200 g rohen Schinken
1 Kästchen Kresse

Für das Dressing:
Saft einer Zitrone
1/2 Tasse Eierlikör
1/2 Tasse Obstessig
1/2 Tasse Öl
1 Tasse Weißwein
Salz
Pfeffer aus der Mühle
1 Messerspitze Cayenne-Pfeffer
1 EL Zucker
1 Bund Estragon

**So macht man's:**

1. Honigmelone halbieren, entkernen und Kugeln ausstechen.
2. Spinat entsprechend putzen, waschen und kleinzupfen.
3. Schinken in Scheiben schneiden.
4. Kresse verlesen und waschen.
5. Zutaten in einer Schüssel vorsichtig miteinander vermischen.
6. Die Dressingzutaten in einer Schüssel verrühren und den Salat damit anmachen.
7. In Melonenhälften anrichten und mit Estragonzweigen garnieren.

*Kalorien pro Person: 468*
*Joule pro Person: 1970*

*Es muß ja nicht immer Gemüse sein. Frischer Spinat ergibt einen knackigen Salat. Ideal, weil er als Rohkost wertvolle Vitamine und Mineralstoffe liefert.*

*Das ist der Partner des Rettichs: frischer Schnittlauch. Er ist ein Verwandter der Zwiebel und gehört zu den beliebtesten Küchenkräutern. Ganz frisch verwendet, enthält Schnittlauch einen hohen Anteil an Vitamin C. Zu unserem Rettichsalat Bavaria kann man Butterbrote servieren, die man mit Schnittlauch bestreut.*

# Rettichsalat Bavaria

*Rezept für 4 Personen*

### Das braucht man:

Für den Salat:

1 großen Rettich
2 Bund Radieschen
2 Zwiebeln
600 g Lyoner Wurst
2 Bund Schnittlauch
1 Bund Petersilie

Für das Dressing:

1/2 Tasse Öl
1/2 Tasse Weinessig
1 Tasse Fleischbrühe
Salz
Pfeffer aus der Mühle
1 Prise Zucker

### So macht man's:

**1.** Den Rettich schälen und hobeln.
**2.** Radieschen putzen, waschen und in Scheiben schneiden.

**3.** Zwiebeln schälen und ebenfalls in Scheiben schneiden.
**4.** Lyoner Wurst enthäuten und in Scheiben schneiden.
**5.** Schnittlauch verlesen, waschen und in hauchdünne Ringe schneiden.
**6.** Petersilie verlesen, waschen und fein hacken.
**7.** Die Zutaten in einer Schüssel vorsichtig miteinander vermischen.
**8.** Dressingzutaten miteinander verrühren, mit Salz, Pfeffer und Zucker abschmecken.
**9.** Den Salat damit anmachen und eine halbe Stunde im Kühlschrank ziehen lassen.

*Kalorien pro Person: 675*
*Joule pro Person: 2835*

*Zu diesem zünftigen Wurst-Rettich-Salat trinkt man natürlich frisch gezapftes Bier und reicht ihn mit knusprigen Salzbrezeln.*

## Das Beste aus der Zwiebelei: Die Frühlingszwiebeln

Frühlingszwiebeln sind für den Gourmet die Zwiebeln unter den Zwiebeln, weil sie sich durch einen besonders milden, feinwürzigen Geschmack auszeichnen. Das grüne Laub wird mitgegessen, weil darin das meiste Vitamin C ist. Entfernt wird lediglich das verwelkte oder beschädigte Laub.
Frühlingszwiebeln müssen nicht geschält werden und sind wegen ihrer Beschaffenheit zum schnellen Verzehr bestimmt.
Sie sind eine Köstlichkeit für die Salatzubereitung, aber auch als mit Biß gegartes Gemüse ein Genuß.
Für unsere Gesundheit ist die Frühlingszwiebel mitsamt ihren Verwandten ein echter Segen, denn neben den Vitaminen und Mineralstoffen enthält sie antibiotisch wirksame Stoffe und ätherische Öle, welche die Durchblutung fördern, den Blutdruck senken, die Verdauung anregen und der Erkältung vorbeugen.
Und sie haben noch einen großen Vorteil ihren anderen Artgenossen gegenüber:
Beim Schneiden muß man nicht so sehr weinen!

*Man kann Ananas aus der Dose verwenden, die man aber gut abtropfen lassen muß. Noch besser aber schmeckt der Salat, wenn man frische Ananas verwendet. Die ganze Frucht schälen. Wenn etwas übrigbleibt, in Frischhaltefolie verpacken und in den Kühlschrank legen.*

# Frühlingszwiebelsalat

*Rezept für 4 Personen*

### Das braucht man:

Für den Salat:
2 Bund Frühlingszwiebeln
1 Stange Lauch
1 Orange
1 Apfel
2 Ananasringe
1 Bund Zitronenmelisse

Für das Dressing:
4 EL Öl
1 Tasse Rotwein
1/2 Tasse Weinessig
4 EL Tomatenketchup
Salz
Pfeffer aus der Mühle
1 Prise Zucker
1 Bund Petersilie

### So macht man's:

1. Die Frühlingszwiebeln putzen, waschen und in Ringe schneiden.
2. Den Lauch halbieren, waschen und in Streifen schneiden.
3. Orange filieren.
4. Den Apfel schälen, entkernen und in Scheiben schneiden.
5. Ananasringe in Würfel schneiden.
6. Zitronenmelisse verlesen, waschen und fein hacken.

**7.** Die Zutaten in eine Schüssel geben und vorsichtig miteinander vermischen.

**8.** Dressingzutaten miteinander verrühren.

**9.** Mit Salz, Pfeffer und Zucker abschmecken.

**10.** Den Salat damit anmachen.

**11.** Vor dem Servieren mit frisch gehackter Petersilie bestreuen.

Kalorien pro Person: 230
Joule pro Person: 970

Durch ihren säuerlichen, frischen Geschmack kann man die Zitronenmelisse für alle Speisen verwenden, für die man auch Zitronen in das Rezept einbeziehen würde. Man soll aber nur die frischen Blätter nehmen und sie, bei heißen Gerichten, nicht mitkochen, sondern nur zum Schluß dazugeben.

# Rund ums Ei

Ob man es nun glauben will oder nicht: Das Ei ist ungefähr das hochwertigste Nahrungsmittel, das es gibt. Es ist reichlich mit fast allem ausgestattet, was unser Körper braucht.
Wer mehr über Eier-Wahrheiten oder Eier-Weisheiten, aber auch über Eier-Lügen erfahren will, braucht nur umzublättern. Dort steht es schwarz auf weiß.

# Lübecker Eiersalat

*Rezept für 4 Personen*

**Das braucht man:**

Für den Salat:
4 Eier
2 Rote Bete
4 Stangen Chicorée
2 Äpfel
1 Bund Schnittlauch

Für das Dressing:
2 Eigelb
2 EL Senf
Saft einer Zitrone
3 EL Essig
1 Tasse Öl
1 Tasse saure Sahne
Salz
Pfeffer aus der Mühle
1 Prise Zucker
1 Glas deutschen Kaviar

*So macht man's:*

1. Eier kochen, kalt abschrecken, schälen und vierteln.
2. Rote Bete schälen und in dünne Streifen schneiden.
3. Chicorée putzen, waschen, halbieren, den Strunk herausnehmen und in Streifen schneiden.
4. Äpfel schälen, entkernen, vierteln und in dünne Scheiben schneiden.
5. Schnittlauch verlesen, waschen und fein schneiden.
6. Die Zutaten in eine Schüssel geben und vorsichtig miteinander vermischen.
7. In einer Schüssel die Eigelbe mit dem Senf, dem Zitronensaft und dem Essig verrühren.
8. Das Öl tropfenweise einrühren.
9. Saure Sahne unterziehen.
10. Mit Salz, Pfeffer und Zucker abschmecken.
11. Den Kaviar unterziehen.
12. Den Salat vorsichtig mit dem Dressing anmachen.
13. Obenauf mit Kaviar garnieren.

Kalorien pro Person: 455
Joule pro Person: 1910

# Alpenländische Rühreier

*Rezept für 4 Personen*

**Das braucht man:**

8 Eier
1 Tasse helles Bier
Salz
Pfeffer aus der Mühle
1 Messerspitze Muskat
1 Prise Zucker
1 Bund Schnittlauch
1 Bund Petersilie
2 Ecken Kräuterschmelzkäse
4 EL Butter oder Margarine

**So macht man's:**

1. Eier in eine Schüssel geben und mit dem Bier kräftig verquirlen.
2. Mit Salz, Pfeffer, Muskat und Zucker würzen.
3. Kräuter verlesen, waschen und fein hacken bzw. fein schneiden.
4. Schmelzkäse in kleine Stücke schneiden.
5. Fett in einer Pfanne auslassen.
6. Jeweils ein Viertel der Eimasse in die Pfanne geben und leicht stocken lassen.
7. Mit Kräutern und Schmelzkäsestücken bestreuen.

8. Mit einem großen Spatel die Eimasse von einem Rand zum anderen vorsichtig zusammenschieben, bis die Eier gestockt, aber nicht zu fest sind.
9. Die restlichen Rühreiportionen zubereiten und sofort servieren.

*Kalorien pro Person: 390*
*Joule pro Person: 1640*

*Schmelzkäse ist kochfreundlich. Für unser Rezept verwenden wir die Schmelzkäsezubereitung mit Kräutern. Man kann das Gericht aber variieren, wenn man bei gleichem Grundrezept Schmelzkäse mit unterschiedlichen Geschmacksrichtungen verwendet.*

## Nützliche Eier-Geschichten

Ob ein Ei frisch ist, kann man leicht überprüfen: Man legt das Ei in kaltes Wasser. Frische Eier bleiben auf dem Boden liegen, da sie eine kleine Luftkammer haben. Nicht mehr frische Eier stellen sich auf die Spitze, und verdorbene Eier schwimmen sogar oben.
Wenn man Eier in der Pfanne zubereitet, ist zu beachten, daß die Pfanne nicht zu heiß ist, weil sich sonst die Eier am Pfannenboden festsetzen und zu trocken werden.
Die Wochennummern auf der Eierpackung geben an, in welcher Woche des Jahres die Eier verpackt wurden.
Am besten schmecken Eier, die circa 4 Tage alt sind. Aber ein 10 Tage altes Ei schmeckt, im Kühlschrank aufbewahrt, auch noch gut zum Frühstück. Danach sollte man es nur noch zum Kochen verwenden.
Eier der Güteklasse A sind im allgemeinen ungestempelt, Eier der Klassen B und C müssen auf der Schale rot gestempelt sein.
Werden Eier in Kleinpackungen angeboten, findet der Käufer die vorgeschriebenen Angaben auf der Packung, zum Beispiel Güteklasse, Gewichtsklasse und Zahl der verpackten Eier.

## Unser Tip

Man ärgert sich über das Frühstücksei, wenn es beim Kochen platzt. Das kann man vermeiden, wenn man die Eier mit einem Eierstecher oder einer Nadel an der stumpfen Seite ansticht, bevor man sie ins Wasser legt.
Ein Ei, das direkt aus dem Kühlschrank kommt, platzt garantiert. Deswegen schon lange vorher herausnehmen oder kurz in warmes Wasser legen.

---

Unter 24 Stunden alte Eier lassen sich nicht zu Eischnee schlagen. Zu lange gelagerte Eier ergeben ein geringeres Schlagvolumen. Durch Zugabe von ein paar Tropfen Zitronensaft oder eine Prise Salz erhöht sich das Volumen und bleibt stabiler, da beide Zutaten das Festwerden der Schaummasse begünstigen.

# Feuereier

Rezept für einen 4-Personen-Haushalt

**Das braucht man:**
100 g frischen Meerrettich
1/2 l Essig
1 Flasche Sangrita pikante
4 Lorbeerblätter
1 TL Wacholderbeeren
1 EL schwarze Pfefferkörner
2 Knoblauchzehen
1 EL Salz
1 EL Curry
1 EL Paprika
1 Bund Dill
20 Eier

**So macht man's:**
1. Meerrettich schälen und fein raspeln.
2. In einem Topf Essig und Sangrita erhitzen, die Lorbeerblätter, die Wacholderbeeren und die Pfefferkörner dazugeben und 5 Minuten köcheln lassen.
3. Knoblauchzehen schälen, schneiden, mit Salz gut zerreiben und in den Sud geben.
4. Mit Curry und Paprika würzen.

5. Den Sud in ein entsprechendes Glas geben und den Dillzweig hineinstecken.
6. Die Eier in 10 Minuten hartkochen, abschrecken, schälen und in den Sud geben.
7. Zugedeckt eine Woche im Kühlschrank ziehen lassen.

Kalorien pro Person: 450
Joule pro Person: 1890

*Frischer Meerrettich ist ideal für Beizen und Marinaden. Seine Schärfe, sein typischer Geruch und Geschmack stammen vom Senföl. Frisch geriebenen oder geschabten Meerrettich sofort mit Zitronensaft beträufeln, damit er nicht braun wird.*

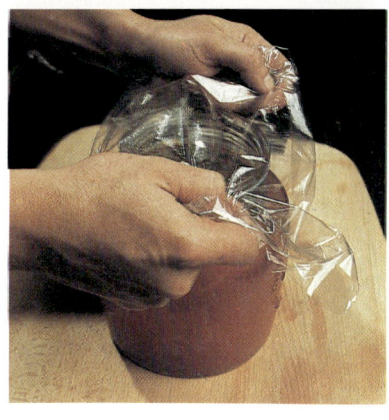

## Das Ei ist ein Gesundheitstresor

Das Ei ist so ziemlich das hochwertigste Nahrungsmittel, das es gibt. Es besitzt zwar kein Vitamin C, ist aber sonst bestens mit allem ausgestattet, was der Körper braucht.
Trotzdem sollte man sich nicht ausschließlich von Eiern ernähren, weil jede einseitige Ernährung ungesund ist. Im Gegensatz zur landläufigen Meinung sind hartgekochte Eier leichter verdaulich als weichgekochte, und rohe Eier sind überhaupt nicht gesund, denn sie entziehen dem Körper Vitamin B.
Vor einer sogenannten »Eierkur« muß gewarnt werden, weil sie nicht ohne Risiko für die Gesundheit ist.
Eier sind dann keine Auslöser für einen zu hohen Cholesterinspiegel im Blut, wenn man sie in Maßen genießt. Deswegen ist das tägliche Frühstücksei nicht unbedingt eine Empfehlung der Ernährungswissenschaft. Man sollte es halten wie beim Alkohol: Zwischen den einzelnen Eiergenüssen kleine Pausen einlegen, dann sind sie die gesündeste Sache der Welt.
Ganz abgesehen davon, daß Eier, über einen längeren Zeitraum hinweg in größeren Mengen gegessen, einseitig und fade im Sinne einer variablen Ernährung sind.

# Eier im Bett

*Rezept für 4 Personen*

**Das braucht man:**
4 Eier
1 l klare Ochsenschwanzsuppe
10 Blatt weiße Gelatine
1 Bund Radieschen
1 Kästchen Kresse
2 feste Tomaten

**So macht man's:**
1. Eier in 10 Minuten hartkochen, abschrecken und schälen.
2. Ochsenschwanzsuppe in einem Topf erhitzen.
3. Die gewässerte Gelatine gut ausdrücken und in der Suppe auflösen.
4. Radieschen putzen, waschen und in Scheiben schneiden.
5. Kresse verlesen, waschen und grob hacken.
6. Tomaten waschen, in Scheiben schneiden.
7. Tomaten, Eier, Radieschen und Kresse auf 4 Förmchen verteilen.
8. Die Suppe angießen.
9. Im Kühlschrank erstarren lassen und kalt servieren.

*Kalorien pro Person: 190*
*Joule pro Person: 800*

*Die Förmchen vor Gebrauch frosten. Dann etwas von der mit Gelatine angereicherten Suppe kurz vor dem Gelieren auf dem Boden der Förmchen ausgießen, damit die Zutaten vollends mit Aspik überzogen sind.*

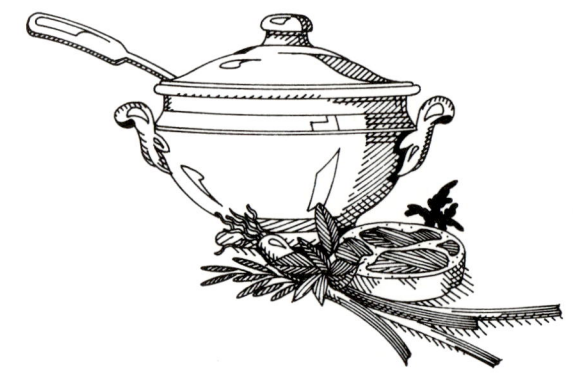

# Eier im Silberfrack

*Rezept für 4 Personen*

**Das braucht man:**
4 große Kartoffeln
4 Stück Alufolie
(Kantenlänge 20 cm)
4 TL Butter oder Margarine
Salz
Pfeffer aus der Mühle
1 Messerspitze gemahlenen Kümmel
1 Messerspitze Muskat
2 Tomaten
1 Bund Petersilie
1 Bund Zitronenmelisse
4 Eier
1 Tasse geriebenen Emmentaler

**So macht man's:**
1. Kartoffeln unter fließendem Wasser abbürsten und einen Deckel abschneiden. Mit einem Teelöffel aushöhlen.
2. Die Alufolie zu Nestchen formen.

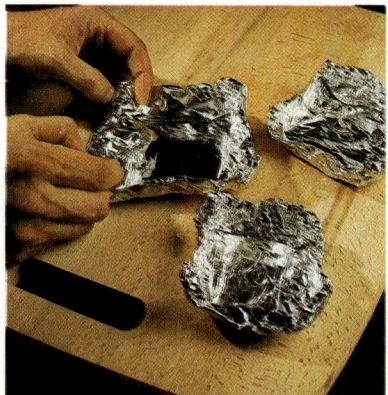

Man muß darauf achten, daß bei der Alufolie immer die matte Seite außen und die glänzende Seite innen ist. Die matte Seite ist der bessere Wärmeleiter und bewirkt eine gleichmäßige Garung.

3. Die Kartoffeln einsetzen und das Kartoffelfleisch auf die Nestchen verteilen.
4. Mit Salz, Pfeffer, Kümmel und Muskat würzen.
5. Butterflöckchen obenauf setzen und im Ofen bei 180° (Gasherd Stufe 2) 40 Minuten garen.
6. Tomaten waschen und in Würfel schneiden.
7. Kräuter verlesen, waschen und fein hacken.
8. Gegarte Kartoffeln aus dem Ofen nehmen, Tomaten und Kräuter auf die Nestchen verteilen.
9. Mit je einem Ei abdecken.
10. Mit geriebenem Emmentaler bestreuen und im Ofen weitere 10 Minuten überbacken.

*Kalorien pro Person: 263*
*Joule pro Person: 1105*

# Seemanns Eierschmaus

*Rezept für 4 Personen*

**Das braucht man:**
4 große Brötchen
2 EL Remouladensauce
2 EL Curry-Ketchup
100 g Krabben oder Crevetten
4 Eier
Salz
Pfeffer aus der Mühle
1/2 Bund Dill
1/2 Bund Petersilie
1 Ecke Kräuterschmelzkäse

**So macht man's:**
1. Von den Brötchen einen Deckel abschneiden und aushöhlen.
2. Remoulade und Curry-Ketchup miteinander verrühren und in die Brötchen verstreichen.
3. Krabben oder Crevetten in die Brötchen verteilen.
4. Je ein Ei obenauf setzen.
5. Salzen und pfeffern.
6. Kräuter verlesen, waschen, fein hacken und die Eier damit bestreuen.

7. Kräuterschmelzkäse in kleine Würfel schneiden und auf die Eier setzen.
8. Im Ofen oder unter dem Grill überbacken, bis die Eier gestockt sind.

*Kalorien pro Person: 325*
*Joule pro Person: 1365*

*Das ist genau das Richtige, wenn überraschend Besuch kommt. Eine Kleinigkeit, die vorzüglich schmeckt und die man sehr gut zu Wein servieren kann.*

# Königsberger Eier

*Rezept für 4 Personen*

**Das braucht man:**

1 Zwiebel
30 g Butter oder Margarine
30 g Mehl
1 Tasse Fleischbrühe
1 Tasse Weißwein
1 Tasse Creme fraîche
Salz
Pfeffer aus der Mühle
Saft einer Zitrone
einige Spritzer Worchestersauce
1 Röhrchen Kapern
8 hartgekochte Eier

## Kapern – die falsch verstandenen Blüten

Kapern sind die Blütenknospen des Kapernstrauchs. Sie sind rund, etwa erbsengroß und dunkelolivgrün.
Gute Kapern sind möglichst klein, fest und geschlossen. Sie schmekken leicht scharf.
Die bei uns angebotenen Kapern kommen aus Frankreich, Italien, Spanien und Griechenland.
Das Alter spielt bei den Kapern eine entscheidende Rolle.
Die jungen Blütenknospen sind die besten.
Bei uns kommen sie nur konserviert in den Handel, und zwar eingelegt in Essig, Öl oder Salzwasser.

**So macht man's:**

1. Zwiebel schälen und fein hacken.
2. Fett in einem entsprechenden Topf auslassen und die Zwiebel darin glasig dünsten.
3. Mit Mehl bestäuben.
4. Mit heißer Fleischbrühe und Weißwein auffüllen. Glattrühren.
5. Creme fraîche unterrühren und 10 Minuten köcheln lassen.
6. Mit Salz, Pfeffer, Zitronensaft und Worchestersauce abschmecken.
7. Die Kapern abtropfen lassen und in die Sauce geben.
8. Die Eier pellen und in der Sauce erhitzen.

*Kalorien pro Person: 413*
*Joule pro Person: 1733*

*Wer kein Freund von Kapern ist, kann das Rezept mit gleichem Aufbau zubereiten. Anstelle von Kapern verwendet man frischen Dill oder frischen Schnittlauch.*

## Gefüllte Eier

*Rezept für 4 Personen*

**Das braucht man:**
8 hartgekochte Eier
1/4 l Estragon-Essig
1/4 l Weißwein
2 EL Zucker
4 EL saure Sahne
2 Eigelb
Salz
Pfeffer aus der Mühle
1 kleines Glas Keta-Kaviar
einige Estragonblättchen

## Ein Hauch Grün gehört zu jedem Ei

Frischkräuter können nicht nur ein Gericht würzen und verfeinern, sondern ihm einen typischen Charakter verleihen.
Bei der Vielzahl von Kräutern, die man heute kaufen oder selber anpflanzen kann, muß man aber schon wissen, welche kulinarische Zuordnung sinnvoll ist.
Dem Ei kann man ebenfalls nicht alle Kräuter aufdrängen. Daß Petersilie fast zu allem paßt, gilt auch im Hinblick auf das Ei.
Thymian, Basilikum, Dill, Liebstöckel und Schnittlauch sind gerngesehene Geschmackskomponenten, wenn es um Eierspeisen geht.
Kerbel ist ein typisches Küchenkraut, das in der Eierspeise erst so richtig zur Geltung kommt.
Das klassische Eierkraut ist der Estragon, weil er einen milden, aber ausgeprägten Geschmack hat. Man verwendet von einem Estragonzweig nur die Blätter, die aber erst nach dem Waschen und Abtropfen zerkleinert werden.

*Die Eiermasse läßt sich besser spritzen, wenn man den Spritzbeutel vorher mit kaltem Wasser gründlich ausspült. Eine Spritztülle mit breiter Musterung verwenden, dann geht es auch leichter.*

**So macht man's:**
1. Eier pellen, Essig, Weißwein und Zucker verrühren.
2. Die Eier darin über Nacht zugedeckt ziehen lassen.
3. Herausnehmen, halbieren und das Eigelb mit einem Löffel vorsichtig herausheben.
4. Durch ein Sieb streichen.

**5.** Mit saurer Sahne und den rohen Eigelben zu einer Masse verarbeiten.

**6.** Mit Salz und Pfeffer abschmecken.

**7.** Mit einem Spritzbeutel in die Eiweißhälften füllen.

**8.** Mit Kaviar und Estragonblättchen garniert servieren.
Kalorien pro Person: 280
Joule pro Person: 1180

Keta-Kaviar ist nicht unbedingt billig. Man kann aber ohne weiteres auch deutschen Kaviar verwenden. Eine ebenfalls billigere Variante ist, wenn man das Ei mit dünnen Matjesstreifen garniert.

# Beliebt wie eh und je: Fisch

Der Hauptgrund dafür: Man kann sehr viel aus ihm machen, kann Zubereitungsarten und Zutaten variieren. Weil Fisch wenig Bindegewebe hat, ist er leichter verdaulich als etwa Rindfleisch und hat dabei aber den gleichen Nährwert. Es gehört zu den schönsten Segnungen der modernen Kühltechnik, daß man Fisch heutzutage unabhängig von der Fangsaison und der geographischen Lage stets frisch genießen kann, bis tief ins Binnenland hinein.

① **Rotbarsch**
Der Rotbarsch ist ein sehr populärer Konsumfisch. Wenn er nicht gerade durch eine fettreiche Panade »verstümmelt« wird, schmeckt er auch ganz gut. Es ist schon eine Kunst, aus einem einfachen Fisch ein hochwertiges Gericht zu zaubern.

② **Karpfen**
Am besten schmeckt der Karpfen mit einem durchschnittlichen Gewicht von circa 1,5 kg. Die allgemein verbreitete Meinung, daß man Karpfen nur in den Wintermonaten essen könne, ist nicht berechtigt. Karpfen schmeckt auch in den übrigen Monaten.

③ **Schellfisch**
Ein Seefisch mit Geschmack, den es als Filet, aber auch im ganzen gibt. Für unser Rezept ist wichtig, daß der Fisch ganz ist, weil davon das Gelingen abhängt.

④ **Makrele**
Die Makrele gehört zu de Thunfischarten und gilt a eine der gesündesten un saubersten Fischarten überhaupt. Sie nimmt se leicht Geschmack an, de halb ist sie für unser Räu cherrezept bestens geeignet.

## ⑤ Forelle
Sie gibt es in verschiedenen Sorten. Die beliebteste und am häufigsten vorkommende Art ist die Regenbogenforelle. Kenner schätzen die Bach- oder die Seeforelle. Für unser Rezept sind alle anderen Salmoniden zu verwenden.

## ⑥ Hering
War der Hering noch vor Jahren als Billigfisch verschrien, ist er heute nicht nur im Geschmacks-, sondern auch im Preisbewußtsein gestiegen. Aber dennoch sollte man Bratfisch wieder einmal selber einlegen. Die Genießer danken dafür.

## ⑦ Aal
Er wird in Binnengewässern, aber auch in der Nord- und Ostsee gefangen und fast ausschließlich geräuchert angeboten. Dabei gibt es viele attraktive Zubereitungsarten. Eine der besten haben wir für Aalfreunde wiederentdeckt.

## ⑧ Kabeljau
Er ist wohl einer der bekanntesten Konsumfische, der vorwiegend als Filet auf dem Markt zu haben ist. Sehr reich an Vitaminen, paßt er sich fast jeder Zubereitungsweise an, besonders der, die wir aufgeschrieben haben.

# Salinenfisch

*Rezept für 4 Personen*

**Das braucht man:**
1,5 kg Schellfisch mit Haut
Saft einer Zitrone
einige Spritzer Worchestersauce
1 Bund Petersilie
1 Bund Zitronenmelisse
4 Eiweiß
1 Tasse Mehl
1,5 kg Salz
2 mit Salz zerriebene
Knoblauchzehen
Alufolie

**So macht man's:**
1. Den küchenfertigen Fisch mit Zitronensaft und Worchestersauce beträufeln.
2. Die Kräuter verlesen, waschen und den Fisch damit füllen.
3. Die Eiweiße sehr steif schlagen.
4. Mehl, Salz und zerriebene Knoblauchzehe vorsichtig unter den Eischnee arbeiten.
5. Alufolie auf einem Backblech auslegen.
6. Die Hälfte des Teigs auf die Alufolie streichen.
7. Den Fisch darauflegen und mit der restlichen Teigmasse vollständig bedecken.
8. Mit etwas Wasser glattstreichen, so daß der Fisch rundherum geschlossen ist.
9. Im auf 250° vorgeheizten Backrohr (Gasherd Stufe 5) 45 Minuten garen.
10. Herausnehmen und mit einem Messer die sehr harte Kruste vorsichtig aufschlagen.
11. In der Kruste sofort servieren.

*Kalorien pro Person: 185*
*Joule pro Person: 777*

# Räucherfisch

*Rezept für 4 Personen*

**Das braucht man:**

4 Makrelen
Saft von 2 Zitronen
Salz
Pfeffer aus der Mühle
1 Handvoll Sägespäne
einige Lorbeerblätter
einige Wacholderbeeren
einige Nelken
einige Fichtenzweige
1 Bund Dill
1 Bund Estragon

Außerdem:
1 alten ausgedienten Topf mit Deckel
1 altes Kuchengitter
1 Tuch
Steine zum Beschweren

*So macht man's:*

1. Die küchenfertigen Makrelen unter fließendem Wasser abwaschen und gut abtupfen.
2. Mit Zitronensaft beträufeln, leicht salzen und pfeffern.
3. Sägespäne, Lorbeerblätter, Wacholderbeeren, Nelken und die Fichtenzweige auf dem Topfboden verteilen.
4. Das Kuchengitter einsetzen und die Fische darauflegen.
5. Die verlesenen, gewaschenen und feingehackten Kräuter über die Fische streuen.

6. Den Topf mit einem nassen Tuch und dem Deckel abdecken.
7. Mit Steinen beschweren.
8. Topf auf die heiße Herdplatte stellen. 10 Minuten auf Stufe 3 und weitere 15 Minuten auf Stufe 1 gut durchräuchern lassen.
9. Den Topf vom Herd nehmen, öffnen und den Siebeinsatz mit den Fischen herausnehmen.

*Kalorien pro Person: 450*
*Joule pro Person: 1890*

*Die Makrele ist ein delikater Frischfisch, der hauptsächlich vom Grill gegessen wird. Von einer nicht minder wohlschmeckenden Seite zeigt sie sich als warmgeräucherter Frischfisch, der aus dem Rauch kommt, den man selbst bestimmt.*

## Stark im Kommen: Die Makrele

Die Makrele ist der Frischfisch, den sowohl die Ernährungswissenschaftler als auch die Umweltforscher als den Fisch bezeichnen, auf den man in seiner Speiseplanung öfter zurückgreifen sollte.

Man kann schon beim Einkauf sehen, ob man frischen Fisch bekommt: Die Augen sind klar und glänzen, die Kiemen schimmern rötlich, die Schwanzflosse ist feucht, nicht angetrocknet.

Ein qualitätsbewußter Fischhändler behandelt seine Ware pfleglich; er bewahrt sie unter und nicht auf zerstoßenem Eis auf, damit sie erst gar nicht mit der Luft in Berührung kommt.

Vor der Zubereitung soll man den Fisch erst »parieren«, das heißt, mit einer Küchenschere alle Flossen wegschneiden. Nur die Schwanzflosse bleibt dran.

Danach soll man den Fisch unter fließendem Wasser abwaschen. In der beim Ausnehmen geöffneten Bauchhöhle sind meistens Blutrückstände, die man während des Waschens mit dem Daumennagel herauskratzt.

Anschließend soll man den Fisch gut abtropfen lassen, damit die Marinade nicht zu sehr verwässert wird.

## Unser Tip

**Öfter Fisch essen! Er enthält gut ausnutzbares hochwertiges Eiweiß sowie die Mineralstoffe Jod, Kalzium, Phosphor und Eisen. An Vitaminen liefert der Fisch vor allem die fettlöslichen Vitamine A und D, aber auch die Vitamine B 1, B 2 und B 12. Sein lockeres Bindegewebe macht ihn besonders leicht verdaulich. Außerdem hat er wenig Kalorien.**

---

**100 g Makrelenfleisch haben circa 195 Kalorien. Makrelen lassen sich in der Küche zum Dünsten, Braten, Grillen, Räuchern, Beizen und Einlegen vielseitig verwenden.
Ein weiterer Grund, öfter Makrelen auf den Tisch des Hauses zu bringen: Das Fleisch ist sehr grätenarm.**

# Bratfisch

*Rezept für 4 Personen*

### Das braucht man:

4 grüne Heringe à 300 g
Saft von zwei Zitronen
einige Spritzer Worchestersauce
4 EL Butter oder Margarine
2 Zwiebeln
1 Stange Lauch
1/4 l Weißwein
1 Tasse Dill-Essig
1 Lorbeerblatt
1 TL Senfkörner
1 TL Piment
einige Wacholderbeeren
1 Bund Dill
Salz
Pfeffer aus der Mühle

### So macht man's:

1. Die küchenfertigen Heringe unter fließendem Wasser abwaschen und trockentupfen.
2. Die Heringe mit Zitronensaft und Worchestersauce beträufeln.
3. Fett in einer Pfanne auslassen und die Heringe darin rundherum goldgelb braten.
4. Zwiebeln und Lauch entsprechend putzen, waschen und in Scheiben schneiden.

5. Aus dem Weißwein und dem Essig einen Sud bereiten, mit Lorbeerblatt, Senfkörnern, Pimentkörnern und Wacholderbeeren würzen.
6. Den Lauch dazugeben und 5 Minuten köcheln lassen.
7. Den Dillbund dazugeben.
8. Mit Salz und Pfeffer abschmecken.
9. Die gebratenen Heringe in ein Glas, einen Keramik- oder Steinguttopf geben und mit den Zwiebelscheiben bedecken.
10. Den Sud darübergeben.
11. Erkalten lassen und bis zum Servieren im Kühlschrank belassen.

*Kalorien pro Person: 515*
*Joule pro Person: 2163*

*Vom Hering gibt es Gutes zu vermelden: Dank einsichtiger Schutzmaßnahmen hat er sich wieder stark vermehrt. Er wird also auch in Zukunft in großen Schwärmen ins Netz gehen und weiterhin dem Fischkenner das Leben verschönern. Mit unserem Rezept gerät dieser dabei ins Schwärmen.*

## Nicht nur als Katerfrühstück: Heringe

Auch wenn sie als solches bekannt sind: Heringe sind eine Delikatesse, auf deren Geschmack man erst kommt, wenn man sie nicht nur zur Bekämpfung des »Katers« genießt.
Völlig zu Unrecht werden Heringe mancherorts noch als Salzheringe bezeichnet, was auf die früheren Jahre zwar zutraf, heute aber nicht mehr stimmt.
Der Salzgehalt von Heringen und auch Matjes liegt sehr viel niedriger, als man denkt. Dadurch ist im Gegensatz zu früher aber die Haltbarkeit beeinträchtigt; deswegen soll man alle Heringsarten kühl lagern.
Der Hering ist gesund, weil er gesund lebt: Eiskalt und sauber muß das Wasser sein, wo er sich wohl fühlt und tüchtig vermehrt. Weil die klassischen Heringsfanggebiete weit von Deutschland entfernt sind, erklärt sich auch, warum der Hering, obwohl er wieder vermehrt auftritt, nicht billiger wird, sondern höchstens preiswert bleibt.
Als besondere Delikatesse gelten die zarten Heringe und Matjes aus den ersten Fängen im Juni und Juli eines Jahres. Sie sind nur schwach gesalzen. Deswegen braucht man sie nicht zu wässern.

# Kräuterfisch

Rezept für 4 Personen

**Das braucht man:**

4 Rotbarschfilets à 250 g
Salz
Pfeffer aus der Mühle
Saft einer Zitrone
einige Spritzer Worchestersauce
2 Karotten
1 kleine Stange Lauch
2 EL Butter oder Margarine
1 Zwiebel
2 Ecken Kräuterschmelzkäse
1/2 Tasse Creme fraîche
1 Bund Dill
1 Bund Petersilie

**So macht man's:**

1. Rotbarschfilets salzen und pfeffern, mit Zitronensaft und Worchestersauce beträufeln.
2. Karotten schälen, in längliche Stifte schneiden.
3. Lauch putzen, waschen, vierteln und in längliche Stücke schneiden.
4. Fett in einer Pfanne zerlaufen lassen, die Fischfilets und die Gemüsestifte dazugeben. Den Fisch auf jeder Seite 5 Minuten braten.
5. In der Zwischenzeit die Zwiebel schälen und fein hacken.
6. Kräuterschmelzkäse mit Creme fraîche, den Zwiebeln und den gehackten Kräutern zu einer Masse verarbeiten.
7. Die Fischfilets in eine feuerfeste Form geben. Die mitgebratenen Gemüsestifte danebenlegen und mit der angerührten Kräutercreme gleichmäßig bestreichen.
8. In der Oberschiene des mit 220° (Gasherd Stufe 3–4) vorgeheizten Backofens goldgelb überbacken.

*Kalorien pro Person: 490*
*Joule pro Person: 2058*

*Die Zitrone ist zum Säuern des Fischs sehr wichtig. Sie bewirkt eine Geschmacksverbesserung und macht das Fischfleisch fester. Außerdem wird der Fischgeruch vermindert. Nach dem Beträufeln soll der Zitronensaft rund zehn Minuten einziehen.*

# Roter Kabeljau

*Rezept für 4 Personen*

**Das braucht man:**

4 Kabeljaufilets à 200 g
Salz
Pfeffer aus der Mühle
Saft einer Zitrone
einige Spritzer Worchestersauce

Für den Sud:

1 Stange Lauch
1/4 l Weißwein
1 Tasse Fleischbrühe
1/2 Tasse Essig
1 Lorbeerblatt
einige Wacholderbeeren

Für die Sauce:

2 EL Butter oder Margarine
1 Zwiebel
2 EL Tomatenmark
1 Tasse Fleischbrühe
6 Tomaten
Salz, Pfeffer aus der Mühle
1 Tasse Sahne
2 Eigelb
1/2 Bund Basilikum
1/2 Bund Oregano

**So macht man's:**

1. Kabeljaufilets salzen, pfeffern, mit Zitronensaft und Worchestersauce beträufeln.

Als Kochwein – wie beim Fischsud – nimmt man immer den Wein, den man auch trinken würde. Es ist falsch zu glauben, daß der billigste Wein zum Kochen ausreicht. Ein Wein, der kein Aroma hat, kann in der Zubereitung auch keines entfalten.

2. Suppengemüse waschen, mit Weißwein, Fleischbrühe, Essig, Lorbeerblatt, Wacholderbeeren und dem in Scheiben geschnittenen Lauch in den Topf geben, 5 Minuten köcheln lassen.
3. Die Fischfilets in den Sud geben, 15 Minuten garziehen lassen.
4. Fett in einer Pfanne auslassen.
5. Die feingehackte Zwiebel dazugeben, glasig schwitzen, Tomatenmark unterrühren.
6. Mit der Fleischbrühe auffüllen und verkochen.
7. Tomaten enthäuten, entkernen, pürieren, in die Sauce geben.
8. Mit Salz und Pfeffer abschmecken.
9. Sahne und Eigelb verrühren.
10. Die Sauce vom Herd nehmen und mit der Sahne-Eigelb-Mischung legieren.
11. Die feingehackten Kräuter unter die Sauce geben.
12. Fischfilets aus dem Sud nehmen, mit der Sauce überziehen.

Kalorien pro Person: 400
Joule pro Person: 1680

# Eckernförder Aalragout

*Rezept für 4 Personen*

**Das braucht man:**

1 kg küchenfertigen grünen Aal
100 g durchwachsenen Speck
4 Zwiebeln
1 Salatgurke
2 Bund Dill
1 Tasse Weißwein
2 Tassen Fleischbrühe
2 EL Senf
Saft einer Zitrone
einige Spritzer Worchestersauce
Salz, Pfeffer aus der Mühle
1 Prise Zucker
1 Tasse saure Sahne

**So macht man's:**

1. Den Aal in 8 cm große Stücke schneiden.
2. Speck würfeln und auslassen.
3. Zwiebeln schälen, in Würfel schneiden und zum Speck geben. Kurz mitschwitzen.
4. Salatgurke schälen, halbieren, entkernen und in zentimetergroße Stücke schneiden. In den Topf geben und mitschwitzen.
5. Dill verlesen, putzen, waschen, fein hacken und dazugeben.
6. Mit Weißwein ablöschen. Mit heißer Fleischbrühe auffüllen.

7. Mit Senf, Zitronensaft, Worchestersauce, Salz, Pfeffer und Zucker abschmecken.
8. Die Aalstücke dazugeben und 15 Minuten köcheln lassen.
9. Vor dem Servieren die saure Sahne unterziehen.

Kalorien pro Person: 695
Joule pro Person: 2920

Aal – mit dieser Bezeichnung ist stets der Flußaal gemeint. Er ist der fettreichste aller Süßwasserfische. Im Handel gibt es den begehrten Spitzkopfaal, der hauptsächlich geräuchert wird. Der sogenannte Breitkopfaal ist fettärmer und wird deswegen überwiegend als Frischaal, als grüner Aal, angeboten.

## Dillforelle

*Rezept für 4 Personen*

**Das braucht man:**

4 Forellen à 300 g
Salz
Pfeffer aus der Mühle
Saft einer Zitrone
einige Spritzer Worchestersauce

Für den Sud:
1/4 l Weißwein
1/4 l Fleischbrühe
1 Tasse Essig
1 gespickte Zwiebel

Für die Sauce:
2 EL Butter oder Margarine
1 Zwiebel
2 EL Mehl
2 Tassen Fischfond
1 Tasse Creme fraîche
2 Bund Dill

## Der Dill liebt den Fisch

Bei uns ist Dill mehr als Salatgurkengewürz bekannt. Die Skandinavier würzen fast alles mit ihm. Der Dill, auch Dillkraut genannt, schmeckt mild, etwas kümmelartig.
Man kann gerade für die Zubereitung von Fisch reichlich davon nehmen. Allerdings darf man frischen Dill nicht mitkochen, weil er sonst grau wird, obwohl der Geschmack sich nicht verändert.
In den besten Fischrezepten wird Dill verwendet, und gerade bei Aal oder auch Forelle ist er so etwas wie ein ständiger Geschmacksbegleiter.
Man kann ihn auch sehr gut in den »Winterschlaf« legen: fein hacken, in Eiswürfelförmchen oder kleine Plastiktütchen füllen und einfrieren. Gefroren in die Sauce geben und ohne Kochen heiß werden lassen.

Man kann die Sauce noch attraktiver und interessanter machen, indem man sie grün färbt. Den Dill erst hakken, dann in ein Taschentuch legen, eindrehen und den grünen Saft durch Zudrehen und gleichzeitiges Pressen in die Sauce träufeln. Den ausgepreßten Dill danach dazugeben.

**So macht man's:**

1. Die küchenfertigen Forellen salzen, pfeffern, mit Zitronensaft und Worchestersauce 10 Minuten marinieren.
2. Einen Sud aus Weißwein, Fleischbrühe, Essig und der gespickten Zwiebel zubereiten, salzen und pfeffern und 5 Minuten köcheln lassen.
3. Die Forellen dazugeben und garziehen lassen.
4. Fett in einem entsprechenden Topf auslassen.
5. Die feingehackte Zwiebel dazugeben und glasig schwitzen.
6. Mit Mehl bestäuben und mit 2 Tassen Fischfond auffüllen, glattrühren und verkochen lassen.
7. Creme fraîche unterziehen und weitere 5 Minuten köcheln.
8. Nochmals abschmecken.
9. Den verlesenen, gewaschenen und gehackten Dill unter die Sauce mischen und getrennt zu den Forellen servieren.

*Kalorien pro Person: 485*
*Joule pro Person: 2037*

# Nicht nur kulinarische Weihnachtstradition: Der Karpfen

Nicht weit vom Nürnberger Christkindlesmarkt ist die Heimat des berühmten Aischgründer Karpfens, eines Fisches, der bei uns ein Stück kulinarische Weihnachtstradition geworden ist.

An die erfreuliche Diagnose, einer sei »gesund wie ein Fisch im Wasser« (man wünscht es jedem und hört es immer seltener), knüpft die moderne Ernährungslehre, wenn sie sagt, Gesundheit sei eßbar, besonders mit Fisch.

Dem gibt es nur noch hinzuzufügen, daß der Karpfen dann besonders gut schmeckt, wenn er mit geschmacksintensiven Flüssigkeiten gegart wird, zum Beispiel mit Bier, Edellikören, Weißwein oder, wie in unserem Rezept, mit Apfelwein, der im benachbarten Hessen zu Hause ist.

Damit er schön blau wird, sollte man schon beim Kauf darauf achten, daß der Karpfen frisch, nach dem Töten, in nasses Pergamentpapier eingewickelt wird. Ganz sicher gelingt es, wenn man ihn vor der eigentlichen Zubereitung kurz mit heißem Essigwasser übergießt.

## Mainfränkischer Schifferkarpfen

*Rezept für 4 Personen*

### Das braucht man:

1 Karpfen, ca. 1,5 kg
Salz
Pfeffer aus der Mühle
Saft von 2 Zitronen
einige Spritzer Worchestersauce
2 Zwiebeln
3 Äpfel
1 TL Wacholderbeeren
1 TL Pfefferkörner
1 TL Piment
1 TL Nelken
3 Lorbeerblätter
2 EL frisch geriebenen Meerrettich
1 Flasche Apfelwein
1/4 l Fleischbrühe

*In unserem Rezept werden die Karpfenstücke mit Apfelwein eingegossen. Ersatzweise kann man dafür auch einen trockenen Weißwein verwenden.*

### So macht man's:

1. Den küchenfertigen Karpfen in 4 Teile schneiden.
2. Salzen, pfeffern, mit Zitronensaft und Worchestersauce beträufeln.
3. Zwiebeln schälen und in feine Scheiben schneiden.
4. Äpfel schälen, entkernen, vierteln und ebenfalls in Scheiben schneiden.
5. Zwiebel- und Apfelscheiben in einer entsprechend großen Pfanne auslegen.

**6.** Mit Wacholderbeeren, Pfefferkörnern, Piment und Lorbeerblättern bestreuen.

**7.** Den Meerrettich darüber verteilen.

**8.** Die Karpfenstücke darauflegen.

**9.** Mit Apfelwein und Fleischbrühe angießen.

**10.** Zugedeckt bei mittlerer Temperatur ca. 30 Minuten garen.

*Kalorien pro Person: 495*
*Joule pro Person: 2080*

*Apfelwein ist besonders an heißen Tagen eine Erfrischung, die weit über die Grenzen Hessens hinaus beliebt ist. Leicht und bekömmlich wird er besonders dann, wenn man ihn mit kohlensäurehaltigem Mineralwasser »spritzt«. Zu unserem Karpfen ist er auch genau das passende Tischgetränk.*

# Erfolg mit zarten Braten

»Es wird«, sagt Wilhelm Busch, »mit Recht ein guter Braten, gerechnet zu den guten Taten!«
Die Spargroschen kann man sich beim Schlachter holen, wenn man die zweitedelsten Teile vom Schlachtvieh so zubereitet, daß man die edelsten nicht vermißt. Der deftige Reiz eines Bratenstücks darf nicht zerstört werden. Goldbraun und knusprig muß er aus dem Bratrohr kommen.

### ① Kalbsbrust
Die Kalbsbrust erhält erst durch die Fülle ihre appetitliche Rundung. Wir lassen sie uns zum Füllen vom Metzger vorbereiten. Alles andere steht im Rezept.

### ② Kalbskeule
Aus dem Schlegel schneidet man eigentlich Schnitzel, aber für besonders feine Braten lassen sich seine unterschiedlichen Teile gut verwenden. Für unser Rezept ist die sogenannte große Nuß genau das Richtige.

### ③ Rinderhüfte
Aus der Rinderhüfte eignen sich viele Teile zum Braten. Man muß aber nicht immer zu den teuren Teilen greifen, denn richtig gegart sind auch die preiswerten Stücke, wie zum Beispiel die Kugel, auch Bürgermeisterstück genannt, eine runde Sache.

### ④ Lammkeule
Am zartesten wird die Lammkeule, wenn sie m destens eine Woche abg hangen ist. Wenn man d ganze Keule ohne Knochen braten will, bittet m den Metzger, sie hohl au zulösen.

⑤ **Schweinebauch**
Frischer Schweinebauch wird mit Schwarten und Knochen angeboten. Wir wollen ihn rollen, deswegen sollte er ohne Knochen sein. Die Schwarte kann bleiben, denn sie gibt eine appetitliche Kruste.

⑥ *Schweinenacken*
Den Schweinenacken auslösen lassen. Er gibt immer einen saftigen Braten, weil er gut durchwachsen ist. Der Schweinenacken wird auch als Schweinekamm angeboten. Der beste Teil ist das Mittelstück.

⑦ *Kotelettstück vom Schwein*
Der ausgelöste Schweinerücken liefert besonders zarten Braten und hat in der Regel auch weniger Fett. Wem es dennoch zuviel ist, kann es wegschneiden. Aber bitte erst nach dem Braten.

⑧ **Schweineschulter**
Die Schweineschulter – Bug – soll man sich vom Metzger auslösen lassen. Weil er in der Regel auch die schärferen Messer hat, sollte er die Schwarte kreuzförmig einschneiden, dann hat man es beim Zubereiten leichter.

# Frankfurter Würstchenbraten

*Rezept für 4 Personen*

### Das braucht man:
1 kg Kalbsbrust ohne Knochen
200 g gemischtes Hackfleisch
1 Ei
2 EL Senf
1 TL Paprikapulver
Salz
Pfeffer aus der Mühle
3 Frankfurter Würstchen
Fett zum Braten
2 Zwiebeln
1/4 l Weißwein
1 Tasse Fleischbrühe
Saft einer Zitrone
2 Lorbeerblätter
1 TL Thymian

### So macht man's:
1. In die Kalbsbrust eine Tasche einschneiden.
2. Hackfleisch mit dem Ei und dem Senf zu einer glatten Masse verarbeiten.
3. Mit Paprika, Salz und Pfeffer würzen.
4. Hackfleisch und Würstchen in die Fleischtasche drücken und das Fleisch zusammenbinden.
5. Fett in einem Bräter erhitzen und das Fleisch auf allen Seiten gleichmäßig Farbe nehmen lassen.
6. Die geschälten und in Scheiben geschnittenen Zwiebeln dazugeben.
7. Während des Bratvorgangs öfter mit Weißwein, Fleischbrühe und Zitronensaft ablöschen.
8. Nach einer halben Stunde die Lorbeerblätter und den Thymian in die Sauce geben.
9. Bei 200° (Gasherd Stufe 3–4) circa 75 Minuten garen.
10. Vor dem Servieren die Sauce nachwürzen.

*Kalorien pro Person: 620
Joule pro Person: 2605*

# Erdinger Gemüsebraten

*Rezept für 4 Personen*

### Das braucht man:

1 kg Kalbskeule ohne Knochen
2 Karotten
1 kleine Sellerieknolle
2 Kohlrabi
2 Zwiebeln
Salz
Pfeffer aus der Mühle
4 EL Fett zum Braten
2 EL Tomatenmark
1/4 l Rotwein
1/2 l Bratensauce
1/2 Tasse Essig
1 Prise Zucker
1 Bund Kerbel

### So macht man's:

1. Das Fleisch mit Küchenkrepp trockentupfen.
2. Karotten, Sellerie und Kohlrabi entsprechend putzen, waschen und in Stifte schneiden.
3. Das Fleisch mit Gemüse spicken.
4. Das restliche Gemüse in Stücke schneiden.
5. Zwiebeln schälen und in Scheiben schneiden.
6. Das Fleisch salzen und pfeffern.
7. Fett in einem Bratgeschirr erhitzen und den Braten rundherum anbraten.
8. Die Zwiebeln und das restliche Gemüse dazugeben.
9. Während des Bratvorgangs mit Rotwein ablöschen und bei 200° (Gasherd Stufe 3–4) 75 Minuten garen.
10. Vor dem Servieren den Braten herausnehmen und den Bratenfond mit fertiger Bratensauce und Essig loskochen.
11. Mit Salz, Pfeffer und Zucker abschmecken.
12. Vor dem Servieren den verlesenen, gewaschenen und feingehackten Kerbel unter die Sauce ziehen.

*Kalorien pro Person: 400*
*Joule pro Person: 1680*

Wer Kalorien sparen und dennoch leckeren Braten essen will, der kann wie in diesem Rezept anstelle von fettem Speck zum Spicken Streifen von Frischgemüse verwenden. Aber nicht nur wegen der Kalorien, sondern auch wegen der Optik.

## Kalbfleisch ist besser als sein Ruf

Er liegt uns nicht im Magen, sondern in den Ohren: der sogenannte Östrogen-Skandal, der vor ein paar Jahren das Kalbfleisch arg in Verruf brachte. Heutzutage sieht es aber schon sehr viel besser aus, nachdem der Gesetzgeber, aufgerüttelt durch die Verbraucherreaktion, die Kontrollen und Bestimmungen verschärft hat. Ein paar »schwarze Schafe« wird es aber immer geben.
Hat man früher das Kalbfleisch mit der hellen Farbe bevorzugt, weiß man heute, daß gerade das mit der rosa bis hellroten Farbe geschmacklich besser ist.
Preislich liegt es immer noch höher als beispielsweise Rind- oder Schweinefleisch, was zum Teil darin liegt, daß es fast fettlos oder nur mit geringen Fettschichten zu haben ist.
Es liegt aber auch daran, daß es sehr leicht verdaulich ist und daß überwiegend die edlen Teile, wie Schnitzel oder Filet, gefragt sind.
Abgesehen von einem echten Festtagsbraten, wie in diesem Rezept, eignen sich aber auch die billigeren Teile des Kalbes bestens zum Kochen, wie man es mit diesem Buch noch des öfteren ausprobieren kann.

## Unser Tip

Das Bratenstück nach Ende der Garzeit noch mindestens 10 Minuten im ausgeschalteten Bratrohr belassen, dann tritt beim anschließenden Tranchieren weniger Fleischsaft aus. Beim Tranchieren darauf achten, daß man gegen die und nicht mit der Fleischfaser schneidet.

Den nicht verwerteten Bratenfond nicht wegschütten, sondern mit Wein, Fleischbrühe, Gemüsesud oder Wasser loskochen, passieren und erkalten lassen.
Im Kühlschrank aufbewahren und vor der weiteren Verwendung das festgewordene Fett ganz einfach abnehmen. Man kann den Bratensaft aber auch abschmecken, entfetten und in Formen einfrieren, dann hat man immer etwas vorbereitet.

# Blauer Bock

Rezept für 4 Personen

### Das braucht man:

150 g Speck zum Spicken
1 kg Rinderhüfte ohne Knochen
Salz
Pfeffer aus der Mühle
Fett zum Braten
2 Zwiebeln
2 Äpfel
1 Flasche Apfelwein
150 g Rindermark
1 Tasse Schwarzbrotbrösel
1/2 l Bratensauce
3 EL Meerrettich
1 Prise Zucker

### So macht man's:

1. Den Speck in feine Streifen schneiden und einige Stunden in die Tiefkühltruhe legen, damit er sich besser spicken läßt.
2. Die Rinderhüfte gleichmäßig mit der Fleischfaser spicken.
3. Salzen, pfeffern und in einem entsprechenden Bratgeschirr mit dem Fett rundherum so lange anbraten, bis das Fleisch eine schöne Farbe hat.
4. Zwiebeln schälen, in Würfel schneiden und zum Fleisch geben.
5. Äpfel schälen, entkernen, vierteln, in Scheiben schneiden und ebenfalls zum Fleisch geben.
6. Während des Bratvorgangs öfter mit Apfelwein ablöschen.
7. Bei 200° (Gasherd Stufe 3–4) 90 Minuten schmoren.
8. 20 Minuten vor Garende das in feine Scheiben geschnittene Rindermark dazugeben.
9. Die Schwarzbrotbrösel unterrühren.
10. Mit fertiger Bratensauce auffüllen.
11. Den Meerrettich unterziehen.
12. Nach Ende der Garzeit mit Salz, Pfeffer und Zucker abschmecken.

Kalorien pro Person: 788
Joule pro Person: 3308

*Das ist etwas für Kenner: ein Rinderbraten mit Knochenmark, das man als Einlage für leckere Saucen oder Fleischsuppen verwenden kann. Die Röhrenknochen werden ausgekocht, denn sie ergeben eine kräftige Brühe.*

## Der echte Geheimtip: Mark

Rinderknochen werden meistens für eine gute Brühe verwendet. Man sollte aber speziell Markknochen verlangen, das sind die großen Röhrenknochen vom Rind mit dem wertvollen Inhalt, dem Mark.
Damit man es zu Hause leichter hat, bittet man den Metzger, daß er die Markknochen in kurze Stücke sägt.
Dann legt man sie für ungefähr eine Stunde in kaltes Wasser, damit das Mark weiß wird und sich leichter herauslösen läßt.
Dann mit dem Daumen das Mark herausdrücken und entsprechend schneiden.
Man kann es aber auch für 2 bis 3 Minuten in den heißen Ofen stellen. Dann läßt es sich ebenfalls herausdrücken und gut schneiden.
Mark kann man ohne alles als Einlage für die Fleischbrühe verwenden.
Auf der Basis einer Semmelknödelmasse, in die man Mark kleingeschnitten mischt, lassen sich Markklößchen herstellen.
Für die Suppeneinlage sind sie klein geformt, als Beilage zu Bratengerichten wählt man größer geformte Klößchen.

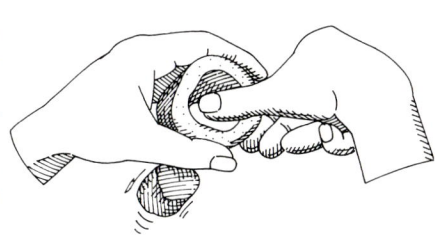

# Inntaler Heubraten

Rezept für 4 Personen

**Das braucht man:**

1 kg Lammkeule
Salz
Pfeffer aus der Mühle
Fett zum Braten

Für die Mischung:
2 Knoblauchzehen
1 EL Pfefferminze
1 EL Majoran
1 EL Rosmarin
1 EL Thymian
feingeriebene Schale einer Zitrone
4 EL Öl
4 cl Weinbrand

Außerdem:
1 große Tüte Heu

**So macht man's:**

1. Lammkeule salzen und pfeffern.
2. In einem entsprechenden Bratgeschirr im heißen Fett rundherum Farbe nehmen lassen.
3. Knoblauchzehe schälen, fein schneiden und mit Salz gut zerreiben.
4. Mit den Gewürzen und dem Öl zu einer Marinade rühren.
5. Den Weinbrand unterziehen und die Keule damit gleichmäßig bestreichen.
6. Bei 180° (Gasherd Stufe 3) circa 25 Minuten anbraten und mehrfach wenden.
7. Danach eine zweite Pfanne mit dem Heu auslegen, den halbgaren Braten darin versenken und gänzlich mit Heu bedecken, in das Bratrohr schieben und weitere 20 Minuten bei gleicher Temperatur garen.

Kalorien pro Person: 590
Joule pro Person: 2480

Daß der Knoblauch sehr gesund ist, weiß jeder. Aber daß man durch das Zerreiben mit Salz den penetranten Knoblauchgeruch auf ein Minimum reduzieren kann, wissen die wenigsten. Während des Zerreibens, das man mit einem stabilen Messer besorgt, verflüchtigen sich geruchsbildende, ätherische Öle des Knoblauchs.

# Deidesheimer Schweinebraten

*Rezept für 4 Personen*

### Das braucht man:

1 kg mageren Schweinebauch
Salz
Pfeffer aus der Mühle
2 EL Butter oder Margarine
2 Zwiebeln
2 Blutwürste
200 g Sauerkraut
1 EL Majoran
1 EL gemahlener Kümmel
1 Tasse Fleischbrühe
1 Bund Schnittlauch
Fett zum Braten
1 Bund Suppengemüse
1/4 l Weißwein
1/4 l Fleischbrühe
2 Lorbeerblätter
einige Wacholderbeeren

### So macht man's:

1. Den Schweinebauch so halbieren, daß er an einer Seite noch zusammenhängt.
2. Salzen und pfeffern.
3. Fett in einer Pfanne auslassen und die feingewürfelten Zwiebeln darin glasig schwitzen.

*Der Schweinebauch ist äußerst preiswert und in der Küche sehr vielseitig verwendbar. Man kann ihn sehr lecker füllen. Dazu muß man ihn tief einschneiden und dann zum Füllen auseinanderklappen. Das läßt man sich am besten vom Metzger besorgen.*

4. Die Blutwürste in kleine Würfel schneiden und zu den Zwiebeln geben. Kurz mitschwitzen.
5. Sauerkraut zerpflücken und dazugeben.
6. Mit Majoran, Kümmel, Salz und Pfeffer würzen.
7. Mit der Fleischbrühe auffüllen und 5 Minuten köcheln lassen.
8. Schnittlauch verlesen, waschen, fein schneiden und unter die Masse rühren; den Schweinebauch damit bestreichen.
9. Zusammenrollen und binden.
10. Fett erhitzen, den Schweinebauch anbraten lassen.
11. Suppengemüse putzen, waschen, in kleine Würfel schneiden und zum Fleisch geben.
12. Während des Bratvorgangs öfter mit Weißwein und Fleischbrühe ablöschen. Lorbeerblätter und Wacholderbeeren dazugeben.
13. Bei 200° (Gasherd Stufe 3–4) 80 Minuten garen.

*Kalorien pro Person: 1010*
*Joule pro Person: 4242*

# Kutscherbraten

*Rezept für 4 Personen*

### Das braucht man:

1 kg Schweinenacken ohne Knochen
Salz
Pfeffer aus der Mühle
1/2 l Rotwein
1/4 l Fleischbrühe
1 Tasse Essig
1 Lorbeerblatt
4 Sardellenfilets
1 Zwiebel
1 Bund Thymian
1 Bund Majoran
4 EL Johannisbeergelee
1 Messerspitze Nelkenpulver
Fett zum Braten

### So macht man's:

1. Schweinenacken kurz waschen, abtupfen, mit Salz und Pfeffer einreiben.
2. Rotwein, Fleischbrühe, Essig in einen Topf geben und 5 Minuten köcheln lassen.
3. Lorbeerblatt, Sardellenfilets, geschälte Zwiebel, gewaschene und verlesene Kräuter fein hacken und in den Sud geben.
4. Johannisbeergelee im Sud auflösen.

5. Mit Salz, Pfeffer und Nelkenpulver würzen.
6. Das Fleisch in eine Schüssel geben und mit dem erkalteten Sud übergießen. Zwei Tage an einem kühlen Ort zugedeckt ziehen lassen.
7. Fleisch herausnehmen, mit Küchenkrepp gut trockentupfen.
8. Fett erhitzen und den Braten darin rundherum anbraten.

*Das kann schnell ein Lieblingsbraten werden. Zuerst in Rotwein, Essig, vielen Gewürzen und Johannisbeergelee beizen und dann zart anbraten; die durch Kochen reduzierte Marinade als leichte Sauce dazugeben.*

9. Im auf 220° (Gasherd Stufe 4) vorgeheizten Backofen 75 Minuten garen.
10. Während des Bratvorgangs öfter mit der Marinade begießen.
11. Vor dem Servieren den Bratensaft mit etwas Stärkemehl binden und separat zum Fleisch reichen.

*Kalorien pro Person: 755*
*Joule pro Person: 3175*

## Dem Schwein gebührt die Krone

Über das Schweinefleisch wissen wir Deutsche am meisten. So verwundert es niemanden, wenn davon im Durchschnitt doppelt soviel verzehrt wird als vom Rind.
Eine sehr wichtige Angelegenheit ist der Einkauf. Dafür sollte man sich etwas Zeit nehmen. Gerade beim Schweinefleisch gibt es immer wieder Teile, die als Sonderangebot in den Tageszeitungen, meistens mittwochs oder donnerstags, per Inserat angeboten werden.
Wer erst kurz vor Ladenschluß einkaufen geht, bekommt meistens nicht mehr den Fleischanteil, den er gerne haben möchte.
Man soll Schweinefleisch durchaus mit Fett kaufen, weil es dann aromatischer und saftiger schmeckt. Wer kalorienärmer ißt, kann das Fett ja immer noch wegschneiden.

## Schweinebraten Jennerwein

*Rezept für 4 Personen*

### Das braucht man:

*1 kg Kotelettstück vom Schwein, ohne Knochen*
*Salz*
*Pfeffer aus der Mühle*
*1 Bund Suppengemüse*
*1 Tasse Essig*
*1 Tasse Rotwein*
*1 Tasse Fleischbrühe*
*einige Wacholderbeeren*
*einige Pfefferkörner*
*2 Lorbeerblätter*
*2 Nelken*
*1/4 l gebundene Bratensauce*
*2 EL Preiselbeeren*
*50 g Edelpilzkäse*
*1 TL Estragon*
*1 Tasse geschlagene Sahne*

### So macht man's:

1. Kotelettstück salzen, pfeffern und in eine entsprechende Schüssel geben.
2. Suppengemüse putzen, waschen, kleinschneiden und über das Fleisch verteilen.
3. Aus dem Essig, dem Rotwein und der Fleischbrühe einen Sud kochen.
4. Wacholderbeeren, Pfefferkörner, Lorbeerblätter und Nelken dazugeben, 5 Minuten köcheln, vom Herd nehmen und erkalten lassen.
5. Sud über das Fleisch geben und im Kühlschrank zugedeckt zwei Tage ziehen lassen.
6. Fleisch herausnehmen, gut trockentupfen.
7. Fett in einem Bräter erhitzen und das Fleisch rundherum Farbe nehmen lassen.
8. Bei 200° (Gasherd Stufe 3–4) 75 Minuten garen. Während des Bratvorgangs öfter mit der durchgeseihten Marinade ablöschen.
9. 5 Minuten vor Garende die gebundene Bratensauce dazugeben.
10. Preiselbeeren und den zerbröckelten Edelpilzkäse in die Sauce rühren. Einige Minuten ohne Kochen ziehen lassen.
11. Vor dem Servieren 1 Tasse geschlagene Sahne und 1 TL Estragon unter die Sauce heben.

*Kalorien pro Person: 900*
*Joule pro Person: 3770*

*Diesen Braten kann man auch Schwindelbraten nennen, denn durch die Hinzugabe des Edelpilzkäses entsteht ein leichter Wildgeschmack. Und wenn man dann unser Rezept als Wildschweinrezept »verkauft«, werden nicht alle auf Anhieb den kleinen Schwindel merken.*

## Eiskalt aus der Badewanne

Mit dem Bier ist es so ähnlich wie mit einem Menschen: Man muß gut zu ihm sein, damit es zeigt, was in ihm steckt.
Die meisten Fehler werden gemacht, wenn es um die Lagertemperatur geht. Man spricht von »kühlem Bier«. Kühl soll es schon sein, aber nicht eiskalt.
Die Flaschen zum schnellen Kühlen auf keinen Fall ins Tiefkühlfach packen oder gar den Kühlschrank auf höchste Stufe stellen.
Zu kaltes Bier schäumt nicht mehr und wird trüb.
Erwartet man eine große Gesellschaft, empfiehlt es sich, den Bierhändler anzurufen, denn der weiß, wo es Stangeneis gibt. Auch im Hochsommer. Das legt man in die Badewanne und obenauf die Bierflaschen.
Bier soll auch im Dunkeln gelagert werden und nicht älter als sechs Wochen sein. Danach ist es zwar noch nicht schlecht, es schmeckt bloß nicht mehr so gut.

## Dortmunder Krustenbraten

*Rezept für 4 Personen*

### Das braucht man:
1 kg Schweineschulter mit Schwarte ohne Knochen
Salz
Pfeffer aus der Mühle
3 EL Schweineschmalz
2 Zwiebeln
1 Stange Lauch
2 Karotten
1 Stück Sellerie
2 Lorbeerblätter
1 Messerspitze Nelkenpulver
1 TL gemahlener Kümmel
1 TL Zucker
1/2 l Fleischbrühe
1 Glas Bier

*Die Kruste wird noch schöner, wenn man im Bier etwas Zucker auflöst. Mit dieser Mischung bestreicht man das Fleisch. Die Zuckerlösung karamelisiert und gibt eine schöne Farbe.*

### So macht man's:
1. Den Braten rundherum mit Küchenkrepp trockentupfen. Salzen und pfeffern.
2. Die Schwarte mit einem scharfen Messer kreuzweise einschneiden.
3. Schweineschmalz in einem entsprechenden Brattopf auslassen und den Braten rundherum Farbe nehmen lassen.
4. In den auf 200° (Gasherd Stufe 3–4) vorgeheizten Backofen schieben, mit der Schwarte nach oben braten.

**5.** Gemüse entsprechend putzen, waschen und in Würfel schneiden, zum Fleisch geben.

**6.** Lorbeerblätter, Nelkenpulver, Kümmel und Zucker darüberstreuen.

**7.** Mit Fleischbrühe angießen.

**8.** Den Braten 80 Minuten garen.

**9.** Während des Bratvorgangs öfter mit Bier bestreichen.

Kalorien pro Person: 848
Joule pro Person: 3560

Ein geiziger Mensch wurde früher Kümmelspalter genannt. Mit Kümmel soll man vor allem dann nicht geizen, wenn im gleichen Gericht auch Bier als Rezeptzutat auftaucht. Kenner trinken auch gerne Kümmelschnaps dazu.

# Kochfleisch im Sud

Der Komponist heiterer Opern, Giacomo Rossini, war den leiblichen Genüssen sehr zugetan. Er pendelte zwischen Klavier und Küche, wenn er nicht im Bett komponierte oder Leckereien erfand. Rossini versicherte, er habe im Leben nur dreimal geweint: 1. Als seine Oper »Der Barbier von Sevilla« bei der Premiere ausgepfiffen wurde, 2. bei einer Arie der hochgerühmten Sängerin Carufa, 3. als es ihm nach einem Wien-Besuch nicht gelang, den legendären Tafelspitz nachzukochen. Kochfleisch ist tatsächlich eine Art Weltanschauung geworden. Damit man es richtig sieht, stehen die Rezepte auf den nächsten Seiten.

# Würzburger Wurzelfleisch

Rezept für 4 Personen

### Das braucht man:

1 kg Schweinebauch
ohne Knochen
Salz
Pfeffer aus der Mühle
2 Karotten
2 Stangen Lauch
1/2 l herben Weißwein
1/2 l Fleischbrühe
1 Tasse Essig
1 Bund Suppengrün
1 EL Zucker
2 Lorbeerblätter
einige Wacholderbeeren
einige Senfkörner

### So macht man's:

1. Schweinebauch mit Küchenkrepp trockentupfen und mit einem scharfen Messer der Länge nach halbieren, so daß das Fleisch an einer Seite zusammenhängt. Salzen und pfeffern.
2. Karotten und Lauch entsprechend putzen, waschen und in lange Stifte schneiden.
3. Gemüse auf das Fleisch legen, zusammenrollen und binden.
4. In einem entsprechenden Topf Weißwein, Fleischbrühe und Essig erhitzen.
5. Das Suppengrün dazugeben.
6. Zucker, Lorbeerblätter, Wacholderbeeren und Senfkörner mitkochen.
7. Das Fleisch in den kochenden Sud geben und 70 Minuten garen.

Kalorien pro Person: 870
Joule pro Person: 3654

# Pfungstädter Schweinenacken

Rezept für 4 Personen

### Das braucht man:

1 kg Schweinenacken
1/2 l Fleischbrühe
1/2 l helles Bier
1 Tasse Obstessig
1 Zwiebel
2 Lorbeerblätter
4 Nelken
2 EL Rübensirup
1 TL Zucker
1 EL Kümmel
1 EL Majoran
4 EL frisch geriebenen Meerrettich
1 Bund Suppengrün

### So macht man's:

**1.** Schweinenacken mit Küchenkrepp trockentupfen.

**2.** In einem entsprechenden Topf Fleischbrühe, helles Bier und Obstessig zum Kochen bringen.

**3.** Zwiebel mit Lorbeerblättern und Nelken spicken und in den Sud geben.

**4.** Rübensaft, Zucker und Kümmel, Majoran in den Sud geben und 5 Minuten mitkochen.

**5.** Den Meerrettich schälen, reiben und in den Sud geben.

**6.** Das Fleisch in den kochenden Sud geben und 70 Minuten garen.

**7.** 30 Minuten vor Ende der Garzeit das Suppengrün dazugeben.

Kalorien pro Person: 775
Joule pro Person: 3255

*Kochfleisch und Brühe brauchen frisches Suppengrün. Aber mit dem bloßen Hineinwerfen ist es nicht getan. Auch für das Suppengrün gibt es küchenfachliche Spielregeln.*

## Zwei, die zusammengehören: Kochfleisch und Fleischbrühe

Wenn man eine gute, kräftige Fleischbrühe und ein saftiges Kochfleisch gleichzeitig haben will, muß man einiges beachten: Beide, also Kochfleisch und Fleischbrühe, brauchen ihr Suppengrün. Darunter versteht man Lauch, Sellerie, Karotten und Petersilienwurzeln. Man soll es nicht gleich von Anfang an in die Brühe geben, sondern erst im letzten Drittel der Garzeit, weil es sonst verkocht, die Brühe trübt und so ausgelaugt ist, daß es nach nichts mehr schmeckt.
Zutaten, die nur würzen, dürfen von Anfang an mitgekocht werden.
Das Suppengrün wird mit einer Küchenschnur gebunden, damit es nicht lose herumschwimmt.
Salz wird erst zum Schluß an die Brühe gegeben, weil durch das Einreduzieren und Verdampfen der Flüssigkeit leicht übersalzen werden kann.
Wenn die Brühe zu kochen beginnt, das Fleisch dazugeben und nicht sprudelnd, sondern langsam kochen, fast ziehen lassen. Ohne Deckel kochen und mehrmals abschäumen. Fleischbrühe, die übrig bleibt, kann man nach dem Erkalten auch einfrieren.

### Unser Tip

**Die Fleischbrühe wird als Suppe weiterverwendet. Manchmal ist sie zu fett und muß deswegen entfettet werden. Das geht am besten, wenn man sie ausgekühlt in den Kühlschrank stellt. Nach einigen Stunden kann man das fest gewordene Fett abnehmen. Wird die Brühe sofort verwendet, schöpft man das Fett vorsichtig ab.**

---

**Jede Fleischbrühe bekommt eine besonders kräftige Farbe, wenn man die Zwiebelhälften mit der Schnittfläche auf die heiße Herdplatte legt und schwarz werden läßt. Danach spickt man sie mit Nelken und Lorbeerblättern und gibt sie zur Brühe.**

# Oberbayerisches Kräuterfleisch

*Rezept für 4 Personen*

**Das braucht man:**

1 kg Kochfleisch vom Rind
1 Lorbeerblatt
Salz
einige Pfefferkörner
1 Bund Suppengrün

Für die Sauce:

50 g Mayonnaise
50 g Magerquark
1 Tasse geschlagene Sahne
2 gekochte Eier
1 EL Senf
1 EL Meerrettich
1 Bund Petersilie
1 Bund Schnittlauch
1 Bund Zitronenmelisse

**So macht man's:**

1. Salzwasser in einem Topf zum Kochen bringen, Lorbeerblatt, Pfefferkörner und das Fleisch dazugeben.
2. Bei mittlerer Temperatur 90 Minuten garen.
3. Nach 60 Minuten das Suppengrün dazugeben.
4. In der Zwischenzeit die Mayonnaise mit dem Quark und der geschlagenen Sahne glattrühren.

5. Eier pellen und fein hacken.
6. Mit Senf, Meerrettich und den verlesenen, gewaschenen und gehackten Kräutern unter die Sauce rühren. Mit Salz und Pfeffer abschmecken.
7. Fleisch noch warm in Scheiben schneiden, anrichten. Mit etwas Brühe übergießen.
8. Fleisch mit der Sauce nur zur Hälfte bedecken.

*Kalorien pro Person: 690*
*Joule pro Person: 2898*

*Frische Küchenkräuter finden auch in der Kochfleischzubereitung bevorzugt Verwendung. Man kann sie der Brühe beigeben, oder, wie in unserem Rezept, mit ihnen eine würzige Sauce zubereiten.*

## Rindfleisch muß man kennen

Die Kennzeichnung von Rindfleisch ist in zwei Kategorien unterteilt, die eine freiwillige Kennzeichnung voraussetzen.
Da ist einmal das junge Rindfleisch, das mehr kostet, weil es von Tieren stammt, die nicht älter als maximal fünf Jahre geworden sind.
Zum anderen gibt es das Kuhfleisch, das von Tieren stammt, die älter als fünf Jahre geworden sind.
Schlachtfrisches Rindfleisch ist zäh. Zum Kochen ist es nach 4 bis 6 Tagen, zum Braten nach 8 bis 10 Tagen am besten geeignet.
Wenn Kochfleisch kalt aufgeschnitten wird, läßt man es in der Brühe erkalten, weil es dann saftiger bleibt.
Kochfleisch beim Wenden oder Herausnehmen auf keinen Fall mit der Gabel anstechen, weil sonst der Saft ausläuft.
Beim Kochen von Rindfleisch ist unbedingt zu beachten, daß das Fleisch vollends mit dem Kochwasser bedeckt ist.
Wer eine besonders kräftige Brühe haben will, gibt von Anfang an Mark- oder Röhrenknochen bei; dagegen kommt das Fleisch erst dazu, wenn das Wasser kocht.

# Krumbacher Tiegelesfleisch

Rezept für 4 Personen

## Das braucht man:

1 kg Schweinehals
1 1/2 l Wasser
2 Tassen Essig
3 EL Zucker
1 EL Salz
2 Lorbeerblätter
einige Wacholderbeeren
1 Prise Muskat
einige Senfkörner
4 große Zwiebeln
etwas Speisewürze
1 Bund Schnittlauch

## So macht man's:

1. Schweinehals mit Küchenkrepp trockentupfen.
2. Wasser und Essig in einem entsprechenden Topf zum Kochen bringen.
3. Zucker, Salz, Lorbeerblätter, Wacholderbeeren, Muskat und Senfkörner dazugeben.
4. Zwiebeln schälen, in Scheiben schneiden und in den Sud geben. Zum Kochen bringen.
5. Fleisch hineingeben und circa 70 Minuten garen.
6. Fleisch aus dem Sud nehmen und in Scheiben schneiden.
7. Sud mit Speisewürze abschmecken, über das Fleisch geben und mit Schnittlauch bestreuen.

Kalorien pro Person: 755
Joule pro Person: 3170

Muskat, besser die Muskatnuß, ist ein Gewürz, das geradezu ideal für Fleischbrühen und damit auch für das Kochfleisch geeignet ist. Es gibt zwar heute auch Muskat bereits gemahlen. Aber nichts geht über die Muskatnuß, die nach Bedarf, mit einer speziellen Reibe, frisch dazugerieben wird.

# Kloppenburger Sudhaxe

*Rezept für 4 Personen*

### Das braucht man:

1 große Schweinshaxe
einige Sellerieblätter
1 Stück Sellerie
2 Karotten
1 Stange Lauch
2 Petersilienwurzeln
1 Zwiebel
2 Lorbeerblätter
4 Nelken
1 1/2 l Wasser
1 Tasse Essig
einige Pfefferkörner
einige Senfkörner
2 EL Salz
1 EL Zucker

*Für dieses Rezept muß man nicht ausschließlich die Schweinshaxe verwenden. Man kann auch Schweinsfüße nehmen, die billiger sind.*

### So macht man's:

1. Schweinshaxe mit Küchenkrepp trockentupfen.
2. Sellerieblätter, Sellerie, Karotten, Lauch und Petersilienwurzeln entsprechend putzen, waschen und in Streifen schneiden.
3. Zwiebeln halbieren, mit den Lorbeerblättern und den Nelken spicken.
4. Wasser und Essig in einem entsprechenden Topf zum Kochen bringen.
5. Die Gewürze dazugeben.
6. Haxe in den kochenden Sud geben. Bei mittlerer Hitze 90 Minuten garen.
7. Nach 60 Minuten das Gemüse dazugeben und mitgaren.

*Kalorien pro Person: 490*
*Joule pro Person: 2058*

# Ammerländer Lammschulter

*Rezept für 4 Personen*

### Das braucht man:

1 kg Lammschulter
1 l Fleischbrühe
1 Tasse Essig
1 Tasse Weißwein
Salz
Pfeffer aus der Mühle
1 EL Kümmel
1 EL geriebene Zitronenschale
1 EL Majoran
2 Knoblauchzehen
250 g Kartoffeln
2 Karotten
1 Stange Lauch
1 kleines Glas rote Bete
4 Gewürzgurken

### So macht man's:

1. Lammschulter mit Küchenkrepp saubertupfen.
2. Fleischbrühe, Essig, Weißwein in einem Topf zum Kochen bringen.
3. Mit Salz, Pfeffer, Kümmel, Zitronenschale und Majoran würzen.
4. Knoblauchzehen mit Salz zerreiben und mit dem Fleisch in den Sud geben.
5. Bei mittlerer Hitze 30 Minuten köcheln.

6. In der Zwischenzeit Kartoffeln, Karotten und Lauch putzen, waschen und in Würfel schneiden. Nach den 30 Minuten zum Fleisch geben.
7. Weitere 40 Minuten garen.
8. Rote Bete abtropfen lassen und kleinschneiden.
9. Gewürzgurken in Scheiben schneiden.
10. 10 Minuten vor Ende der Garzeit rote Bete und Gewürzgurken unter das Gemüse mischen.

*Kalorien pro Person: 650*
*Joule pro Person: 2730*

*Wer Lammfleisch mag, muß unbedingt dieses Rezept ausprobieren. Lammfleisch ist auch gekocht ein echter Leckerbissen.*

## Senf ist nicht gleich Senf

Er kann scharf sein, mild oder süß. Er kann nach Kräutern, Knoblauch oder Wein schmecken.
Die Grundsubstanzen sind gelbe, grüne oder braune Senfkörner, die mit vielen Zutaten verarbeitet werden. Auch exotische Gewürze sind in den meisten Senfrezepten zu finden. Was dem Senf Geschmack verleiht, sind rund 30 Prozent in den Senfkörnern enthaltenes fettes Öl und ätherisches Senföl.
Senf ißt man dazu, oder man kocht mit ihm. Welchen Senf man bevorzugt, bleibt jedem einzelnen überlassen. Grundsätzlich eignet sich aber nur der scharfe Senf zum Kochen, der auch nicht eine spezielle Geschmacksrichtung haben soll.

# Siegerländer Rinderbrust

*Rezept für 4 Personen*

### Das braucht man:

1,5 kg Rinderbrust mit Knochen
1 1/2 l Wasser
1 gespickte Zwiebel
2 Bund Suppengrün
Salz
Pfeffer aus der Mühle

Für die Sauce:
4 große Zwiebeln
2 EL Butter oder Margarine
4 EL Senf
1 Bund Petersilie

### So macht man's:

1. Rinderbrust mit Küchenkrepp saubertupfen.
2. Wasser in einem entsprechenden Topf zum Kochen bringen.
3. Die gespickte Zwiebel dazugeben.
4. Das Fleisch dazugeben und bei mittlerer Hitze zwei Stunden garen.
5. Nach 90 Minuten das Suppengrün, Salz und Pfeffer dazugeben.
6. Zwiebeln schälen und in Scheiben schneiden.
7. Fett in einer Pfanne erhitzen und die Zwiebeln darin goldgelb rösten.
8. Zwiebeln mit etwas Rinderbrühe im Mixer pürieren.
9. In einen Topf geben, nochmals erhitzen und den Senf unterziehen.
10. Rinderbrust in Scheiben schneiden, mit der Sauce und frisch gehackter Petersilie servieren.

*Kalorien pro Person: 555*
*Joule pro Person: 2330*

*Wenn Zwiebeln mit Senf zusammenkommen, dann schmeckt es immer. Beides zu einer gekochten Rinderbrust ist mehr als nur ein Alltagsessen. Zusätzlichen Geschmack gibt frische Petersilie.*

## Amerika wurde des Pfeffers wegen entdeckt

So kann man es in den Geschichtsbüchern nachlesen: Um Portugal, das den Pfefferhandel fest in der Hand hielt, ein Schnippchen zu schlagen, hatten die allerchristlichsten Majestäten Isabella und Ferdinand die Pläne von Kolumbus unterstützt, auf der Westroute nach Indien zu gelangen. Seit der Zeit hat der Pfeffer Geschichte gemacht.

Schwarzer und weißer Pfeffer stammen beide von der gleichen Pflanze, werden nur unterschiedlich geerntet. Beide Sorten kommen als Körner – eigentlich müßte man Beeren dazu sagen – oder gemahlen in den Handel.

Der schwarze Pfeffer ist schärfer als der weiße.

Roter Pfeffer oder Cayennepfeffer ist eigentlich eine Paprikaart.

Sehr beliebt wurde in den letzten Jahren der grüne Pfeffer. Er ist noch unreif und dadurch weniger scharf. Er ist nur begrenzt haltbar.

Wer was vom Pfeffer hält, hat eine Pfeffermühle, weil er erst unmittelbar vor der Verwendung zerkleinert wird und dadurch intensiver schmeckt.

# Lübecker National

*Rezept für 4 Personen*

### Das braucht man:
*500 g Schweinefleisch aus der Keule*
*2 Zwiebeln*
*250 g Kartoffeln*
*250 g Karotten*
*1/4 l helles Bier*
*1 l Fleischbrühe*
*Salz*
*weißen Pfeffer*
*1 EL Zucker*
*1 geriebenen Apfel*
*Saft einer Zitrone*
*1 Bund Petersilie*

*Je nach Saison kann man auch zusätzliche Gemüsesorten verwenden, die nicht in unserem Rezept aufgeführt sind, beispielsweise Kohlrabi, Knollensellerie und Lauch.*

### So macht man's:
1. *Schweinefleisch mit Küchenkrepp saubertupfen und in Würfel schneiden.*
2. *Gemüse entsprechend putzen, waschen und in Würfel schneiden.*
3. *Bier und Fleischbrühe in einem entsprechenden Topf zum Kochen bringen. Das Schweinefleisch dazugeben und 30 Minuten bei mittlerer Temperatur köcheln.*
4. *Das Gemüse dazugeben und weitere 30 Minuten garen.*
5. *Mit Salz, weißem Pfeffer und Zucker abschmecken.*

**6.** Den geriebenen Apfel mit Zitronensaft unterziehen.

**7.** Mit der verlesenen, gewaschenen und feingehackten Petersilie bestreut servieren.

Kalorien pro Person: 360
Joule pro Person: 1510

Petersilie ist fast in jeder Speise zu finden, dabei muß auch sie geschmacklich zugeordnet werden. Zu Kochfleisch oder Eintopf ist sie ideal, sowohl als Würze wie auch als Garnitur.

# Gerollt und gebraten: Rouladen

Der Deutschen Lieblingsessen – das ist die Roulade. Man weiß zwar bis heute nicht genau warum, aber immer dann, wenn man ein Rouladengericht im Gasthaus bestellen will, ist es als erstes »aus«.
Es ist schon ein kleines Geheimnis um das gerollte, gefüllte Fleisch und durchaus auch um seine Zubereitung. Mit Rouladen kann man selbst bei anspruchsvollen Gästen nicht »schief liegen«. Wichtig ist aber, immer etwas Abwechslung und neue Raffinessen in die Rouladen hineinzuzaubern.

① **Gurkenrouladen**
*Das werden Riesenrouladen, auch wenn man nur dünne Schweineschnitzel dafür verwendet. Eine ausgehöhlte, mit Wurstbrät gefüllte Salatgurke wird damit umhüllt.*

② **Blutwurstroulade**
*Das ist wie Himmel und Erde: geräucherte Blutwurst, säuerliche Äpfel und frische Küchenkräuter. Alles appetitlich in frischem Weißkohl verpackt.*

③ **Wirsingroulade**
*Was man in frischem Wirsing so alles verstecken kann: Schweinehack mit Zwiebeln, gut gewürzt mit Majoran und Paprika. Die Zubereitung ist ganz einfach.*

④ **Sauerkrautroulade**
*Rouladenkenner müßten jubeln: eine deftige Rinderoulade, mit Sauerkraut und Würstchen gefüllt, in einer pikanten Sauce. Da macht den richtigen Durs*

**⑤ Wildrouladen**
Interessant gewürztes Wildhack wird in Rotkrautblätter gehüllt. Dazu gibt es eine Rotweinsauce, die dann mit Kirschlikör und Sahne verfeinert wird.

**⑥ Pilzrouladen**
Eine Roulade, die so wunderbar schmeckt, daß sie in jeder guten Küche bald ihren Stammplatz haben wird: Pilze, Leberwurst, Preiselbeeren und Frischkräuter sind das ganze Geheimnis.

**⑦ Mettrouladen**
Das ist echte Hausmannskost. Schweinehack und durchgedrehtes Kalbfleisch werden, pikant angemacht, auf die Rouladen gestrichen und dann, mit Frischgemüse bedeckt, eingerollt.

**⑧ Mandelrouladen**
Das ist etwas für die Damen: Semmelbrösel werden mit Mandeln, mit Orangen- und Zitronenaromen und Eiern vermischt. Mit dieser feinen Masse werden unsere Rouladen gefüllt.

# Sauerkrautroulade

*Rezept für 4 Personen*

**Das braucht man:**

4 Scheiben Rindsrouladen à 120 g
Salz
Pfeffer aus der Mühle
4 TL scharfen Senf
1 gestrichenen TL Paprikapulver
4 Scheiben durchwachsenen
Speck à 30 g
2 Wiener Würstchen
2 Zwiebeln
1 Tasse Sauerkraut
50 g Mehl
Fett zum Braten
1/4 l Bratensauce (Fertigprodukt)
1/4 l Sangrita pikante

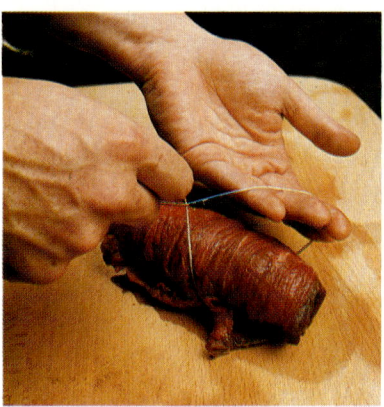

**So macht man's:**

1. Die Rouladen klopfen.
2. Auf einem Holzbrett ausbreiten, salzen, pfeffern und jeweils mit einem TL scharfen Senf bestreichen.
3. Mit etwas Paprika bestreuen und die Speckscheiben der Länge nach darauflegen.
4. Würstchen halbieren, je eine Hälfte darauflegen.
5. Mit jeweils dem vierten Teil der geschälten, in feine Scheiben geschnittenen Zwiebel und dem Sauerkraut bedecken.
6. Die Rouladen von unten nach oben einrollen.
7. Von links nach rechts zur Mitte hin mit einer dünnen Schnur abbinden.
8. Kurz in Mehl wenden und rundherum scharf anbraten.
9. In einem Topf die Bratensauce und Sangrita erhitzen.
10. Die Rouladen damit ablöschen.
11. Bei mittlerer Temperatur 60 Minuten zugedeckt schmoren lassen.

*Kalorien pro Person: 460*
*Joule pro Person: 1930*

# Mandelroulade

*Rezept für 4 Personen*

**Das braucht man:**
4 Kalbsschnitzel à 150 g
Salz
Pfeffer aus der Mühle
1 EL Butter oder Margarine
1 EL Semmelbrösel
2 EL gehackte Mandeln
1 Ei
1 Bund Petersilie
1 EL geriebene Orangenschale
1 EL geriebene Zitronenschale
2 EL hitzeverträgliches Bratfett
2 Zwiebeln
1 Tasse Weißwein
2 Tassen helle Sauce
1 Tasse Sahne
1 Bund Zitronenmelisse

**So macht man's:**
1. Die Kalbsschnitzel dünn klopfen und auf einer Arbeitsfläche auslegen, salzen und pfeffern.
2. Aus dem Fett, Semmelbrösel, Mandeln, Ei, gehackter Petersilie, geriebener Orangen- und Zitronenschale eine Paste rühren.

Die gehackten oder geriebenen Mandeln geben diesem Rezept einen phantastischen Geschmack. Man kann anstelle von Mandeln zur Abwechslung auch einmal Hasel- oder Walnüsse nehmen.

3. Die Schnitzel damit einstreichen.
4. Zusammenrollen und mit einer Küchenschnur binden.
5. Fett in einer entsprechenden Pfanne zerlaufen lassen und die Rouladen darin gleichmäßig anbraten.
6. Die feingewürfelten Zwiebeln dazugeben und kurz Farbe nehmen lassen.
7. Mit Weißwein ablöschen und im Ofen bei 200° (Gasherd Stufe 3) 20 Minuten garen.
8. Helle Sauce erhitzen, mit der Sahne und der gewaschenen, feingehackten Zitronenmelisse verrühren.
9. 5 Minuten vor Ende der Garzeit die Sauce angießen und verkochen lassen.
10. Sauce zu den Rouladen servieren.

*Kalorien pro Person: 375*
*Joule pro Person: 1575*

# Mettroulade

*Rezept für 4 Personen*

**Das braucht man:**
4 dünne Schweineschnitzel à 150 g
250 g gemischtes Hackfleisch
1 Brötchen
1 Zwiebel
2 Karotten
1 Gewürzgurke
1 Ei
2 EL mittelscharfen Senf
1 Bund Petersilie
Salz
Pfeffer aus der Mühle
3 EL hitzeverträgliches Bratfett
1/4 l Weißwein
1/4 l Fleischbrühe
4 cl Weinbrand
2 EL frische Pfefferminze
1 Prise Zucker

**So macht man's:**
1. Schweineschnitzel klopfen und auf einer Arbeitsplatte auslegen.
2. Hackfleisch in einer Schüssel mit dem geweichten Brötchen vermischen.
3. Zwiebel, Karotten entsprechend putzen, waschen und in kleine Würfel schneiden.
4. Gewürzgurke fein würfeln.
5. Die Zutaten mit dem Ei unter die Hackfleischmasse arbeiten.

Bunter geht's nicht: Schweinerouladen mit einer leckeren Gemüsefüllung und einer Sauce, die mit frischer Pfefferminze gewürzt und mit Weinbrand verfeinert wird.

6. Senf und feingehackte Petersilie unterziehen.
7. Mit Salz und Pfeffer würzen.
8. Fleischmasse auf die Schnitzel gleichmäßig verteilen.
9. Zusammenrollen und mit einer Küchenschnur binden.
10. Fett in einem entsprechenden Topf auslassen und die Rouladen gleichmäßig anbraten.
11. Nach und nach Weißwein und Fleischbrühe zugießen.
12. Bei 200° (Gasherd Stufe 3–4) circa 60 Minuten schmoren.
13. Weinbrand und gehackte Pfefferminze dazugeben.
14. Mit Salz, Pfeffer und Zucker abschmecken.

*Kalorien pro Person: 665*
*Joule pro Person: 2800*

## Pilze müssen nicht teuer sein

**D**as gilt aber nur dann, wenn man zum Beispiel auf die sogenannten Edelpilze verzichtet und sich mit dem zufriedengibt, was als Mischpilze auf dem Markt angeboten wird.

Wer ein Pilzkenner ist, wird während der Pilzsaison im Wald bestimmt das suchen, was an guten Pilzen eßbar ist.

Ein guter Tip sind getrocknete Pilze, weil sie nicht nur aromatischer schmecken als frische, sondern weil sie sich, luftdicht verpackt, fast unbegrenzt aufbewahren lassen und auch preiswerter sind als die Konservenware. Vom Gewicht her rechnet man mal zehn, das heißt 50 g Trockenpilze entsprechen 500 g Frischpilzen.

Wichtig: möglichst lange in lauwarmem Wasser weichen lassen!

# Pilzrouladen

Rezept für 4 Personen

### Das braucht man:

4 Schweineschnitzel à 150 g
100 g grobe Leberwurst
1 Zwiebel
1 Tasse Mischpilze
1 Bund Petersilie
1 EL Preiselbeeren
1 EL Semmelbrösel
Salz
Pfeffer aus der Mühle
1 Prise Muskat
2 EL hitzeverträgliches Bratfett
1/4 l Bratensauce
1 Tasse Rotwein
1 Tasse Sahne
2 cl Kirschlikör

*Für dieses Rezept nimmt man grobe Leberwurst. Man kann aber auch feine Leberwurst verwenden. Eine gute Variante ist die geräucherte Teewurst. Die übrigen Zutaten bleiben die gleichen.*

### So macht man's:

1. Schweineschnitzel dünn klopfen und auf einer Arbeitsfläche auslegen, salzen und pfeffern.
2. Leberwurst in einer Schüssel mit dem Kochlöffel weichrühren.
3. Zwiebeln, Mischpilze und Petersilie fein hacken.
4. Mit den Preiselbeeren unter die Leberwurst rühren.
5. Mit Muskat, Salz, Pfeffer abschmecken.
6. Masse auf die Schnitzel gleichmäßig verteilen.
7. Zusammenrollen und mit einer Küchenschnur binden.
8. Fett in einer entsprechenden Pfanne erhitzen und die Rouladen Farbe nehmen lassen.
9. Mit heißer Bratensauce und Rotwein angießen.
10. Im auf 220° (Gasherd Stufe 4) vorgeheizten Bratrohr circa 30 Minuten garen.
11. Die Rouladen herausnehmen, warmstellen.
12. Die Sauce mit Sahne und Kirschlikör verfeinern und die Rouladen damit überziehen.

Kalorien pro Person: 545
Joule pro Person: 2290

## Unsagbarer Rotkohl

Er hat dieses Superlativ verdient, denn meistens wird er unterschätzt: Rotkohl ist sehr gesund, weil er einen hohen Anteil an wertvollen Ballaststoffen hat. Diese Füllstoffe, auch Zellulose genannt, regen die Darmtätigkeit an und nehmen Schlackstoffe auf.

Sie können also den Körper von Schlacken und Schadstoffen befreien. Damit wirken sie nicht nur gegen Verstopfung, sondern auch gegen Krankheiten.

Rotkohl ist das ganze Jahr über zu haben und sieht nach der Ernte eigentlich bläulich aus. Darum wird er in Süddeutschland auch als Blaukraut bezeichnet. Erst beim Kochen verfärbt er sich rot, wobei bei der Färbung Essig kräftig nachhelfen kann.

Sehr schwer verdaulich machen ihn eigentlich nur die fetten Hauptgerichte, zu denen man ihn in der Regel als unbeachtete Beilage reicht.

## Wildroulade

Rezept für 4 Personen

### Das braucht man:
1 Kopf Rotkohl
4 dünne Scheiben fetten Speck
4 TL Preiselbeeren
250 g Wildfleisch
100 g Mischpilze
1 Brötchen
1 Zwiebel
1 Ei
1 TL Thymian
1 TL Majoran
Salz
Pfeffer aus der Mühle
3 EL hitzeverträgliches Fett

Für die Sauce:
1 Tasse Rotwein
1/4 l Bratensauce
1 Tasse Creme fraîche
2 EL Preiselbeeren
2 EL Essig
4 cl Kirschlikör

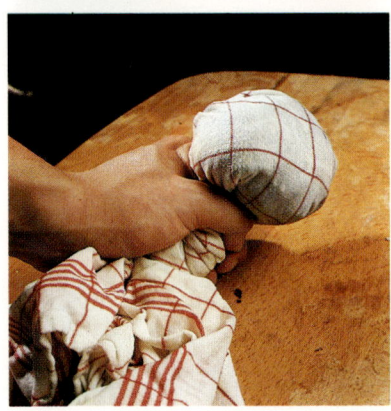

### So macht man's:
1. Kohlkopf putzen, dabei Strunk entfernen.
2. In kochendes Salzwasser legen und zehn Minuten kochen.
3. Die sich lösenden Blätter herausnehmen, abtropfen lassen. Anschließend den Kohlkopf in kaltes Wasser legen, abtropfen und die übrigen Blätter ablösen.
4. Blätter auf eine Arbeitsfläche ausbreiten und von außen nach innen übereinanderlegen.

**5.** Mit je einer Scheibe Speck und 1 TL Preiselbeeren belegen.

**6.** Wildfleisch durch die feine Scheibe des Fleischwolfs in eine Schüssel drehen.

**7.** Mischpilze abtropfen lassen und fein hacken.

**8.** Brötchen in lauwarmer Milch einweichen, anschließend ausdrücken.

**9.** Zwiebel fein hacken.

**10.** Alle Zutaten mit dem Wildfleisch zu einer Masse verarbeiten.

**11.** Mit Salz, Pfeffer, Thymian und Majoran abschmecken.

**12.** Füllung auf die Blätter verteilen. Soweit es geht, verschließen.

**13.** Je eine Roulade in ein Küchentuch einschlagen.

**14.** Das Küchentuch zusammen-, die Rouladen hineinlegen, wie einen Pilz verschließen, durch Abdrehen pressen, damit die Form stimmt.

**15.** Fett in einem entsprechenden Topf erhitzen und die Rouladen einsetzen.

**16.** Bei 220° (Gasherd Stufe 4) circa 40 Minuten garen.

**17.** Während des Garvorgangs mit Rotwein ablöschen und Bratensauce auffüllen.

**18.** Rouladen herausnehmen, warmstellen.

**19.** Die Sauce mit Creme fraîche, Preiselbeeren, Essig und Kirschlikör verkochen und die Rouladen damit überziehen.

*Kalorien pro Person: 545*
*Joule pro Person: 2290*

# Deftige Eintöpfe

*Eintopf ist vor allem bei Männern sehr beliebt. Was ein richtiger Hausvater ist, läßt sich nicht mit ein oder zwei Rezepten »abspeisen«, der will weitermachen.*

# Niederbayerischer Bauernkessel

*Rezept für 4 Personen*

**Das braucht man:**
400 g durchwachsenes Schweinefleisch
3 EL Öl
2 Zwiebeln
1 rote Paprikaschote
1 Rettich
1 EL Paprika edelsüß
1 EL Zucker
Salz
Pfeffer aus der Mühle
1/2 l Fleischbrühe
1 Dose geschälte Tomaten
1 Bund Schnittlauch
1 Bund Petersilie

**So macht man's:**
1. Schweinefleisch in Würfel schneiden.
2. Öl in einem entsprechenden Topf erhitzen und das Schweinefleisch darin scharf anbraten.
3. Zwiebeln schälen und in Scheiben schneiden.
4. Paprikaschoten entsprechend putzen, waschen und in Streifen schneiden.
5. Rettich schälen und in Scheiben schneiden.
6. Das Gemüse zum Fleisch geben und kurz mitschwitzen.
7. Mit Paprika, Zucker, Salz und Pfeffer würzen.
8. Die heiße Fleischbrühe angießen und bei mittlerer Temperatur 40 Minuten zugedeckt köcheln lassen.
9. Die geschälten Tomaten mit dem Saft in den Eintopf geben und weitere 10 Minuten verkochen.
10. Vor dem Servieren frisch geschnittenen Schnittlauch und frisch gehackte Petersilie darüberstreuen.

Kalorien pro Person: 430
Joule pro Person: 1805

# Leineweber Rosenkohltopf

*Rezept für 4 Personen*

**Das braucht man:**

400 g Paprikawurst
3 EL Butter oder Margarine
2 Zwiebeln
500 g Rosenkohl
4 Kartoffeln
1 l Fleischbrühe
1 Knoblauchzehe
1 TL Salz
1 EL Paprika
1 Messerspitze Muskat
1 Prise Zucker
Salz
Pfeffer aus der Mühle
1 Becher saure Sahne
1 Bund Liebstöckel

**So macht man's:**

1. Paprikawurst in Würfel schneiden.
2. In einem entsprechenden Topf Fett auslassen und die Wurst darin anschwitzen.
3. Zwiebeln schälen und grob würfeln.
4. Rosenkohl entsprechend putzen und waschen.
5. Kartoffeln schälen und in Würfel schneiden.
6. Gemüse zu der Wurst geben und kurz mitschwitzen.
7. Mit Fleischbrühe aufgießen und circa 30 Minuten bei mittlerer Hitze köcheln lassen.
8. Knoblauchzehe mit Salz gut zerreiben.
9. Mit der zerriebenen Knoblauchzehe, Paprika, Muskat und Zucker würzen, mit Salz und Pfeffer abschmecken.
10. Vom Feuer nehmen, saure Sahne unterziehen.
11. Vor dem Servieren mit frisch gehacktem Liebstöckel bestreuen.

*Kalorien pro Person: 615*
*Joule pro Person: 2585*

Man kann den Rosenkohltopf mit etwas Stärkemehl eindicken oder aber auch, wie in unserem Rezept, mit saurer Sahne oder Creme fraîche sämig machen bzw. verfeinern.

## Großer Genuß mit kleinem Kopf

Rosenkohl ist sehr gesund. Außer Vitamin C enthält er Vitamine der B-Gruppe, Carotin, wichtige Mineral- und Ballaststoffe.
Im Verhältnis zu anderen Kohlsorten ist er empfindlich. Einmal von seinem Strunk befreit, werden die äußeren Blätter schnell gelb und verlieren Vitamine. Rosenkohl, der so angeboten wird, sollte man nicht mehr kaufen.
Man sollte ihn grundsätzlich sofort verwenden oder höchstens ein bis zwei Tage im Gemüsefach des Kühlschranks aufbewahren.
Es werden auch bereits »geputzte« Rosenkohlköpfe angeboten und als solche ausgezeichnet. Der Kauf lohnt sich aber nicht, denn in der Form ist die Ware viel zu teuer.
Wenn der Rosenkohl nicht als Zutat, wie in unserem Eintopf, verarbeitet wird, sondern als Frischgemüse verzehrt werden soll, ist das wasserarme Garverfahren unbedingt anzuwenden.
Geschmacksvarianten sind ausgelassener Speck und darin leicht geröstete Zwiebeln oder Bananenscheiben, die man in Butter leicht bräunlich gebraten hat.
Beides gibt man vor dem Servieren über den Rosenkohl.

### Unser Tip

Auch wenn in Kochbüchern bei der Garung von Rosenkohl als Frischgemüse 25–30 Minuten steht, sollte man ihn maximal 12–15 Minuten garen, sonst würde man nur seine sattgrüne Farbe zerstören, das Vitamin C reduzieren. Außerdem wird er zu weich. Man würzt ihn mit ganz wenig Salz, etwas Muskat und, wenn man will, mit etwas Zucker.

Rosenkohl läßt sich auch gut einfrieren. Dazu muß man ihn putzen, waschen und in kochendem Salzwasser circa 3 Minuten blanchieren. Anschließend herausnehmen, gut abtropfen lassen und auf ein Kuchenblech legen. Dann frosten und in Gefrierbeutel füllen. Beschriften und in das Tiefkühlfach legen.

# Saarländer Kohlrabitopf

*Rezept für 4 Personen*

### Das braucht man:

3 Paar Bratwürstchen
2 Zwiebeln
6 mittelgroße Kohlrabi
3 EL Butter oder Margarine
1 Tasse Weißwein
3/4 l Fleischbrühe
Salz
Pfeffer aus der Mühle
1 Messerspitze Muskat
1 Prise Zucker
1 kleine Dose Pfifferlinge
2 Tassen Kartoffelpüreepulver
1 Tasse Sahne

### So macht man's:

1. Würstchen in Scheiben schneiden.
2. Zwiebeln schälen und fein würfeln.
3. Kohlrabi in Stifte schneiden.
4. Fett in einem entsprechenden Topf auslassen, Würstchen, Zwiebeln und Kohlrabisstifte darin glasig schwitzen.
5. Mit Weißwein ablöschen und mit Fleischbrühe auffüllen.
6. Mit Salz, Pfeffer, Muskat und Zucker abschmecken.
7. Bei mittlerer Hitze circa 30 Minuten garen.
8. Pfifferlinge gut abtropfen lassen und in den Eintopf geben. Fünf Minuten mitkochen.
9. Mit Kartoffelpüreepulver binden.
10. Vor dem Servieren die Sahne unterziehen.

*Kalorien pro Person: 770*
*Joule pro Person: 3235*

*Kohlrabi ist als Frischgemüse immer etwas Besonderes. Als Hauptzutat für einen rustikalen Eintopf läßt er neue Geschmacksbetrachtungen zu. Wetten, daß ... dieser Eintopf jede Küche erobert!*

## Frischer Kohlrabi: Die zarten Blätter sind das Beste

Es gibt zwar zwei Kohlrabi-Arten, die weißlich-grünen und die blau-violetten, aber keine nennenswerten Unterschiede.
Zwar brauchen die dunklen im Gegensatz zu den hellen etwas länger, um sich zu entwickeln.
Aber alles andere, zum Beispiel Nährwert, Größe, Haltbarkeit und Anbaugebiet, ist gleich.
Die Schale des Kohlrabi ist mit einer wächsernen Schicht bedeckt, welche die Knolle vor dem Austrocknen und vor Schädlingen schützt.
Leider kann man dem Kohlrabi von außen nicht ansehen, ob er holzig ist. Knollen, die mehr als 10 cm Durchmesser haben, sind häufiger holzig als kleinere.
In jedem Fall sind knorrige Risse ein »Alarmzeichen«. Bei der Zubereitung als Gemüse sollte man nicht nur die Knolle, sondern auch die gesunden, zarten Blätter mitverwenden, denn ihr Gehalt an Carotin, Vitamin C und vor allem an Mineralstoffen ist im Blatt höher als in der Knolle.
Besonders aromatisch ist der Kohlrabi in den Monaten Juni und Juli. Diese Monate sind die Haupterntezeiten auf den einheimischen Feldern.

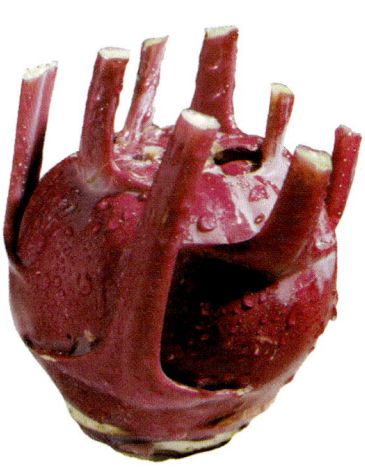

# Glückstädter Fischtopf

Rezept für 4 Personen

**Das braucht man:**
800 g Rotbarschfilet
Saft einer Zitrone
einige Spritzer Worchestersauce
2 Zwiebeln
1 Salatgurke
1 Stange Lauch
4 Tomaten
4 EL Butter oder Margarine
1/4 l Weißwein
1/2 l Fleischbrühe
Salz
Pfeffer aus der Mühle
1 Messerspitze Muskat
1 TL Zucker
1 Bund Dill

**So macht man's:**

1. Rotbarschfilet waschen, trockentupfen und in Würfel schneiden.
2. Mit Zitronensaft und Worchestersauce beträufeln.
3. Zwiebeln schälen und in Würfel schneiden.
4. Salatgurke schälen, halbieren, entkernen und in zentimetergroße Stücke schneiden.
5. Lauch entsprechend putzen, waschen und in Streifen schneiden.
6. Tomaten enthäuten, entkernen, vierteln und in Streifen schneiden.
7. Fett in einem entsprechenden Topf auslassen, Zwiebeln, Gurken und Lauch darin glasig schwitzen.
8. Mit Weißwein ablöschen und mit Fleischbrühe auffüllen.
9. Mit Salz, Pfeffer, Muskat und Zucker abschmecken.
10. Zugedeckt bei mittlerer Hitze 20 Minuten köcheln lassen.
11. Fischstücke und Tomaten in den Eintopf geben und 5 Minuten garziehen lassen.
12. Nochmals nachwürzen und mit frisch geschnittenem Dill bestreut servieren.

Kalorien pro Person: 440
Joule pro Person: 1850

Worchestersauce wird »Wustersauce« gesprochen und ist eine flüssige Würze aus Tamarindenpulpe, Essig, Wein, Zucker, Salz, Pfeffer, Chilis, Muskat, Nelken und weiteren Gewürzen, die man zum Abrunden der Speisen und zum Marinieren bestimmter Zutaten nimmt. Sie ist heute in allen Verbrauchermärkten und beim Händler um die Ecke zu haben.

# Nudeltopf

Rezept für 4 Personen

**Das braucht man:**

250 g gekochten Schinken
2 Zwiebeln
1 rote Paprikaschote
1 grüne Paprikaschote
1 Salatgurke
3 EL Butter oder Margarine
1 Tasse Rotwein
3/4 l Fleischbrühe
Salz
Pfeffer aus der Mühle
1 TL Thymian
1 Messerspitze Muskat
1 Prise Zucker
250 g gekochte Eiernudeln
1 Tasse saure Sahne
1 Bund Estragon

**So macht man's:**

1. Schinken in Streifen schneiden.
2. Zwiebeln schälen und in Streifen schneiden.

Für unseren Nudeltopf kann man alle Nudelsorten verwenden. Ein Rezept, das sich auch ganz hervorragend zur schmackhaften Resteverwertung eignet.

3. Paprikaschoten entsprechend putzen, waschen, entkernen und in Streifen schneiden.
4. Salatgurke schälen, halbieren, entkernen und in feine Scheiben schneiden.
5. Fett in einem entsprechenden Topf auslassen und die Zutaten darin glasig schwitzen.
6. Mit Rotwein ablöschen und mit Fleischbrühe auffüllen.
7. Mit Salz, Pfeffer, Thymian, Muskat und Zucker abschmecken.
8. Bei mittlerer Hitze 25 Minuten zugedeckt köcheln lassen.
9. Die gekochten Eiernudeln in den Eintopf geben. Ein paar Minuten heiß werden lassen.
10. Vor dem Servieren saure Sahne unterziehen und mit frischgehacktem Estragon bestreuen.

*Kalorien pro Person: 385*
*Joule pro Person: 1620*

# Berliner Eintopf

Rezept für 4 Personen

**Das braucht man:**

2 Zwiebeln
250 g Kassler
1 Stange Staudensellerie
4 Kartoffeln
1 kleinen Blumenkohl
3 EL Butter oder Margarine
1 Tasse Bier
3/4 l Fleischbrühe
1 TL Thymian
2 Lorbeerblätter
1 TL Zucker
Salz
Pfeffer aus der Mühle
1 Päckchen Erbsen (TK-Produkt)
1 Bund Schnittlauch

**So macht man's:**

1. Zwiebeln schälen und in Würfel schneiden.
2. Kassler in Würfel schneiden.
3. Staudensellerie entsprechend putzen, waschen und in Streifen schneiden.
4. Kartoffeln schälen und fein würfeln.
5. Blumenkohl putzen, waschen und in Röschen schneiden.
6. Fett in einem entsprechenden Topf erhitzen und die Zutaten darin glasig schwitzen.

7. Mit Bier ablöschen und mit Fleischbrühe auffüllen.
8. Mit Thymian, Lorbeerblättern, Zucker, Salz und Pfeffer würzen.
9. Bei mittlerer Temperatur zugedeckt 30 Minuten köcheln lassen.
10. 5 Minuten vor Garende die Erbsen dazugeben.
11. Vor dem Servieren mit frischem Schnittlauch bestreuen.

*Kalorien pro Person: 280*
*Joule pro Person: 1175*

Der Eintopf schmeckt nicht nur in Berlin: Kassler, Blumenkohl, Erbsen, Kartoffeln und Staudensellerie machen ihn zu einer Spezialität.

## Die Erbse ist die Gemüseprinzessin

Man muß sie adeln, denn Erbsen sind das eiweißreichste Gemüse. Weil sie zudem noch reich an Mineralstoffen und bestimmten Vitaminen sind, werden sie oft auch als »Nervennahrung« bezeichnet.

Heute gibt es etwa 70 Erbsensorten. In Deutschland werden für den Frischverzehr, für Tiefkühl- und Dosenwaren fast nur Markerbsen angebaut, die auch noch bei dickeren Körnern süß und zart sind.

Frankreich und Belgien bauen vorwiegend Palerbsen an, die nur in der kleinsten Sortierung süß sind.

Zuckerschoten haben an der Innenseite ihrer Schoten keine Pergamenthaut. Deshalb kann man sie mitsamt der Schote essen, und zwar so lange, wie ihre Erbsenkörner noch ganz klein sind.

# Friesischer Eintopf

*Rezept für 4 Personen*

### Das braucht man:
*250 g Lammfleisch*
*3 EL Öl*
*1 l Fleischbrühe*
*2 Tassen Weißwein*
*2 Lorbeerblätter*
*2 Knoblauchzehen*
*1 TL Thymian*
*1 TL Majoran*
*1/2 TL gemahlenen Kümmel*
*1 Zwiebel*
*1/2 Weißkohlkopf*
*250 g frische Erbsen*
*2 Kartoffeln*
*1 Stange Lauch*
*2 Karotten*
*Salz*
*Pfeffer aus der Mühle*
*1 Bund Liebstöckel*

*Die Erbsenschoten an den Enden abschneiden, aufbrechen und die Erbsen herauspulen. Man rechnet bei 500 g Schoten aber nur ganze 150 g frische Erbsen.*

### So macht man's:
1. *Lammfleisch in kleine Würfel schneiden.*
2. *Öl in einem entsprechenden Topf erhitzen und das Fleisch darin anbraten.*
3. *Mit Fleischbrühe und Weißwein auffüllen.*
4. *Lorbeerblatt, die mit Salz fein zerriebenen Knoblauchzehen, Thymian, Majoran und Kümmel dazugeben und bei mittlerer Hitze 30 Minuten köcheln lassen.*
5. *In der Zwischenzeit das Gemüse entsprechend putzen, waschen, in große Würfel schneiden und zum Fleisch geben. Weitere 25 Minuten köcheln lassen.*
6. *Mit Salz und Pfeffer abschmecken.*
7. *Vor dem Servieren mit frischgehacktem Liebstöckel bestreuen.*

*Kalorien pro Person: 280*
*Joule pro Person: 1175*

*Einen Eintopf serviert man in einer Terrine oder in einem zünftigen Kessel aus Guß oder Kupfer. Wer's ganz rustikal haben will, kann es auch mit dem legendären Blechnapf probieren.*

## Ein Hoch den Bohnen

Vielen Menschen fällt zum Thema Bohnen nur die Bohnensuppe ein, die fast auf keiner deutschen Speisekarte fehlt und in den meisten Fällen aus der Dose stammt.

Grüne Bohnen müssen sich beim Kauf immer straff und knackig anfühlen. Sie dürfen keine braunen oder faule Stellen haben.

Man soll sie nicht länger als zwei Tage im Gemüsefach des Kühlschranks lagern. Sehen sie aber dennoch welk aus, dann vor Gebrauch 15 Minuten in kaltes Wasser legen; so erholen sie sich wieder.

Man putzt sie, indem man Stengelende und Blüte abschneidet und den Faden abzieht. Je frischer die Bohnen, desto kürzer die Garzeit. Mit 20 Minuten im Durchschnitt kann man nichts falsch machen.

In rohem Zustand dürfen Bohnen nicht gegessen werden, weil die Hülsen und insbesondere die Kerne eine Stickstoffverbindung, das Phasin, enthalten, die in größeren Mengen giftig ist. Beim Garen wird das Phasin jedoch zerstört.

## Westfälischer Bohnentopf

*Rezept für 4 Personen*

### Das braucht man:
*150 g durchwachsenen Speck*
*2 Hähnchenbrüste*
*1 Zwiebel*
*2 Karotten*
*1 Stange Lauch*
*1 Stück Sellerie*
*200 g frische grüne Bohnen*
*1 Tasse Weißwein*
*3/4 l Fleischbrühe*
*1 TL Bohnenkraut*
*1 Messerspitze Muskat*
*Salz*
*Pfeffer aus der Mühle*
*1 Prise Zucker*
*1 Dose weiße Bohnen*
*1 Bund Petersilie*

Man kann natürlich auch weiße Bohnen selbst kochen. Dazu muß man sie mindestens 24 Stunden einweichen und anschließend weichkochen. Im Einweichwasser beträgt die Garzeit rund eine Stunde.

### So macht man's:
**1.** Speck in kleine Würfel schneiden und in einem entsprechenden Topf auslassen.

**2.** Hähnchenbrüste in Würfel schneiden, zum Speck geben und kurz mitschwitzen.

**3.** In der Zwischenzeit das Gemüse entsprechend putzen, waschen und schneiden.

**4.** Gemüse in den Topf geben und 5 Minuten mitschwitzen.

**5.** Mit Weißwein ablöschen und mit Fleischbrühe auffüllen.

**6.** Mit Bohnenkraut, Muskat, Salz, Pfeffer und Zucker abschmecken.

**7.** Bei mittlerer Temperatur circa 30 Minuten zugedeckt köcheln lassen.

**8.** Dose weiße Bohnen mit Fond dazugeben, unterrühren und 5 Minuten heiß werden lassen.

**9.** Vor dem Servieren mit frischgehackter Petersilie bestreuen.

*Kalorien pro Person: 470*
*Joule pro Person: 1975*

*Zu Bohnen paßt natürlich Bohnenkraut. Man sollte aber ganze Zweige zu den Speisen geben, weil das Bohnenkraut, fein gehackt, den Eigengeschmack des Gerichts übertönen und zu scharf machen würde.*

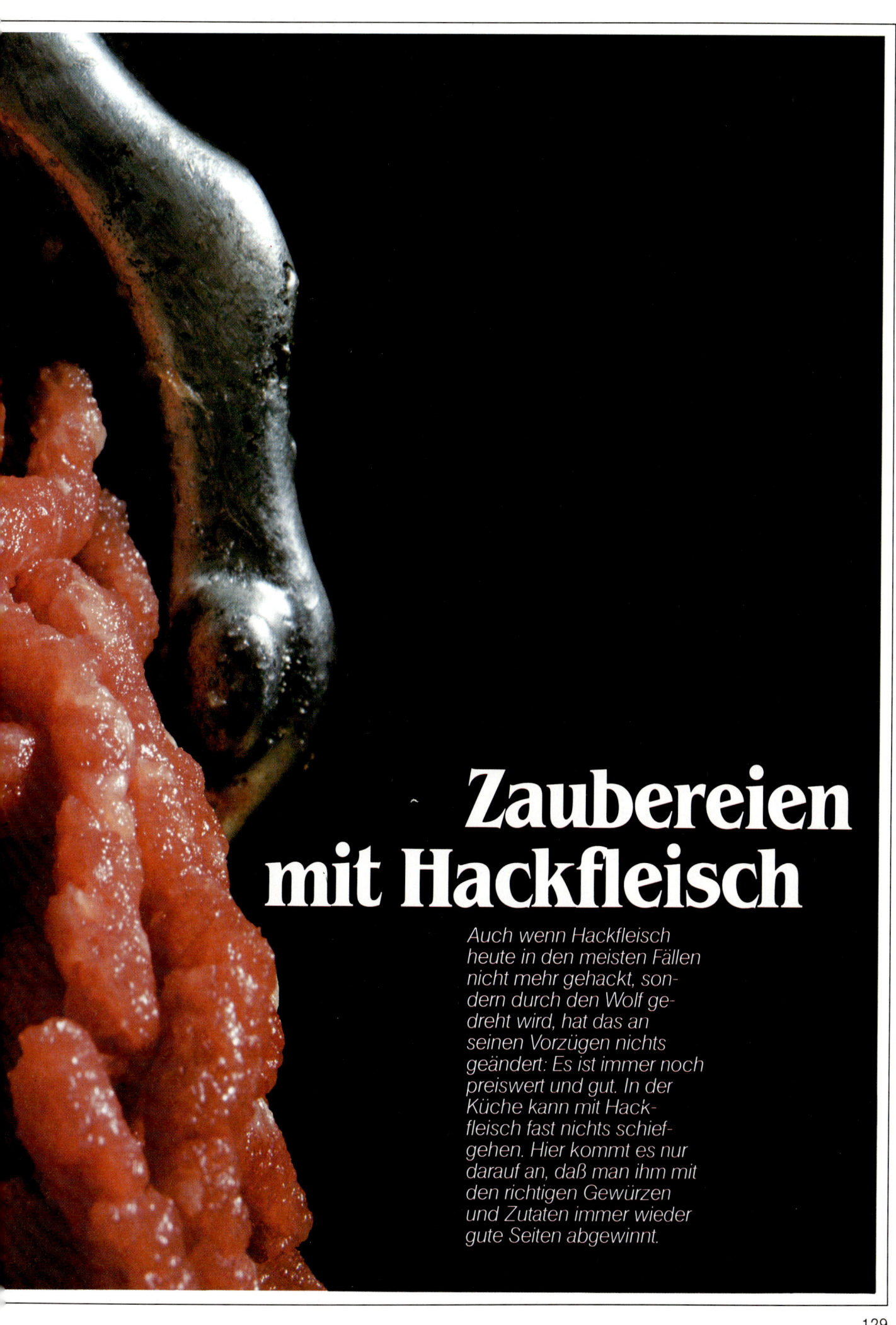

# Zaubereien mit Hackfleisch

*Auch wenn Hackfleisch heute in den meisten Fällen nicht mehr gehackt, sondern durch den Wolf gedreht wird, hat das an seinen Vorzügen nichts geändert: Es ist immer noch preiswert und gut. In der Küche kann mit Hackfleisch fast nichts schiefgehen. Hier kommt es nur darauf an, daß man ihm mit den richtigen Gewürzen und Zutaten immer wieder gute Seiten abgewinnt.*

# Münsterländer Zwiebeln

*Rezept für 4 Personen*

**Das braucht man:**
4 große Gemüsezwiebeln
300 g gemischtes Hackfleisch
1 Tasse Mischpilze
2 Eier
2 EL Tomatenmark
1 EL Senf
1 TL Majoran
1 TL Rosmarin
1 TL Paprikapulver edelsüß
Salz
Pfeffer aus der Mühle
1 TL grüne Pfefferkörner
1 Bund Petersilie
Semmelbrösel
100 g geriebenen Emmentaler
2 EL Butter oder Margarine

**So macht man's:**

1. Die geschälten Zwiebeln in Salzwasser 10 Minuten blanchieren. Anschließend in kaltes Wasser legen.
2. Herausnehmen, aushöhlen und das Ausgehöhlte fein hacken.
3. Die feingehackten Zwiebeln mit dem Hackfleisch, den gehackten Mischpilzen, den Eiern, dem Tomatenmark und dem Senf zu einer Masse verarbeiten.
4. Mit Majoran, Rosmarin, Paprika, Salz und Pfeffer würzen.
5. Grüne Pfefferkörner und feingehackte Petersilie unter die Masse arbeiten.
6. Eventuell mit Semmelbrösel binden.
7. Masse in die ausgehöhlten Zwiebeln füllen und festdrücken.
8. In eine gefettete Form stellen, mit geriebenem Käse bestreuen, mit Butterflöckchen bedecken.
9. Bei 200° (Gasherd Stufe 3–4) 25 Minuten garen.

*Kalorien pro Person: 465*
*Joule pro Person: 1955*

# Fleischklößchentopf

*Rezept für 4 Personen*

**Das braucht man:**

2 Zwiebeln
1 kleinen Spitzkohl
4 Kartoffeln
4 Tomaten
3 EL Butter oder Margarine
1 l Fleischbrühe

Für die Klößchen:

250 g gemischtes Hackfleisch
1 Brötchen
1 kleine Zwiebel
1 Ei
1 Bund Estragon
Salz
Pfeffer aus der Mühle
1 TL Paprika
1/2 TL gemahlenen Kümmel
1 Becher saure Sahne

**So macht man's:**

1. Zwiebeln schälen und in Würfel schneiden.
2. Spitzkohl entsprechend putzen, waschen und in Streifen schneiden.
3. Kartoffeln schälen und würfeln.
4. Tomaten enthäuten, entkernen, vierteln und in Würfel schneiden.
5. Fett in einem entsprechenden Topf erhitzen, Zwiebeln, Spitzkohl und Kartoffeln dazugeben und 5 Minuten dünsten lassen.
6. Mit Fleischbrühe auffüllen. Bei mittlerer Hitze 15 Minuten köcheln.
7. Hackfleisch mit dem eingeweichten Brötchen, der feingeschnittenen Zwiebel, dem Ei und dem feingehackten Estragon zu einer Masse verarbeiten.
8. Mit Salz, Pfeffer, Paprika und Kümmel würzen.
9. Zu Klößchen formen.
10. Klößchen zum Gemüse geben und weitere 15 Minuten bei mittlerer Temperatur garen.
11. Vor dem Servieren saure Sahne unterziehen.

*Kalorien pro Person: 385*
*Joule pro Person: 1620*

*Spitzkohl ist eine Weißkohlart, dessen Aussehen von seinem kegelförmigen Kopf geprägt ist. Er ist hauptsächlich im Frühjahr auf dem Markt. Das Rezept kann man aber ganzjährig ausprobieren, denn es läßt sich ebenso mit Weißkohl, Chinakohl oder Wirsing zubereiten.*

## So gelingt Hackfleisch immer

**W**ichtig bei der Verarbeitung von Hackfleisch ist, daß die sogenannte Hackfleischverordnung von jedermann beachtet wird.
Weil Hackfleisch fein zerkleinert ist, bietet es den Bakterien eine besonders große Angriffsfläche und verdirbt deshalb sehr schnell.
Als interessierter Normalverbraucher sollte man deshalb folgende Dinge wissen:

● Hackfleisch darf nur am Tag der Herstellung verkauft werden und muß bis zum Verkauf bei einer Temperatur unter acht Grad aufbewahrt werden, also in der Kühltheke.
● Wer rohes Hackfleisch länger als einen Tag aufbewahren will, muß es fertig zubereiten – und zwar so, daß es durch und durch gar ist. Dann kann man es noch zwei bis drei Tage in den Kühlschrank legen oder einfrieren.
● Rohes Hackfleisch einzufrieren ist nicht zu empfehlen. Die Industrie hat spezielle Schock-Gefrieranlagen. Aber auch für sie gelten besondere Vorschriften.
● Tiefgefrorenes Hackfleisch darf nur innerhalb von drei Monaten verkauft werden.

### Unser Tip

Gerichte aus Hackfleisch muß man binden. 500 g Hackfleisch bindet man mit einem ganzen Ei, einem erst in Milch eingeweichten Brötchen, das man danach ausdrückt, oder mit 3 EL Semmelbrösel und gibt in diesem Fall etwas Sahne dazu. Man kann aber auch das sogenannte Hackfleischmix kaufen.
Es gibt verschiedene Angebotsformen, die man wie folgt unterteilt:
– **Rinderhackfleisch**
  Gehacktes oder Gewiegtes
– **Schabefleisch**
  Tatar oder Beefsteakhack
– **Schweinehack**
– **Gemischtes Hack**
  Rindfleisch und Schweinefleisch
– **Zubereitetes Hackfleisch**
  Hackepeter, Mett oder andere Zubereitungsformen.

# Verschlossene Gurken

*Rezept für 4 Personen*

### Das braucht man:
2 schlanke Salatgurken
250 g gemischtes Hackfleisch
1 kleine Zwiebel
1 Knoblauchzehe
1 Tasse gekochten Reis
1 Ei
1 Bund Dill
1/2 Bund Borretsch
Salz, Pfeffer aus der Mühle
1 Messerspitze Cayennepfeffer
4 große Scheiben
gekochten Schinken
2 EL Butter oder Margarine
1 Tasse Weißwein

*Die Salatgurke stammt zwar vom Himalaja, ist aber bei uns sehr heimisch geworden. Als Schlankmacher mit viel Gesundheit ist sie sowohl für die Salat- als auch für die Gemüsezubereitung geeignet. Und wer sie noch nie in Verbindung mit Hackfleisch verarbeitet hat, sollte dieses Rezept schnell ausprobieren.*

### So macht man's:
1. Gurken schälen, der Länge nach und quer halbieren und mit einem Teelöffel das Kerngehäuse herausholen.
2. Hackfleisch in einer Schüssel mit feingehackten Zwiebeln, der mit Salz zerriebenen Knoblauchzehe, Reis, Ei und feingehacktem Dill sowie Borretsch zu einer Masse verarbeiten.
3. Mit Salz, Pfeffer und Cayennepfeffer würzen.
4. Hackfleisch auf die Gurkenhälften verteilen und zusammenklappen.
5. Mit je einer Scheibe gekochten Schinken umwickeln und mit Zahnstochern feststecken.
6. Eine Form ausfetten, die Gurkenrollen einsetzen, mit Weißwein angießen.
7. Im auf 180° (Gasherd Stufe 2–3) vorgeheizten Backrohr 30 Minuten schmoren.

*Kalorien pro Person: 450*
*Joule pro Person: 1890*

## Schlank und schön mit Gurken

Schon in der Vergangenheit, als die Kosmetik unserer Tage noch nicht zu haben war, pflegte die Damenwelt ihre Haut mit Gurken. Heute haben wir es schwarz auf weiß: Der Gurkensaft enthält einen Stoff, der die Durchblutung der Haut anregt. Gurken sind aber auch kalorienarm, verdauungsfördernd und entschlackend.
Man sollte nur frische Gurken kaufen, die man daran erkennt, daß sie eine straffe, glatte Schale haben und sich weder am Hals noch in der Mitte biegen lassen. Eine Gurke, die das mit sich machen läßt, ist sicherlich welk. Eine Gurke, die an einem Ende gelblich verfärbt ist, darf man dagegen ruhig mitnehmen: Sie ist nämlich nicht welk, sondern nur reifer als die grünen.
Zu Gurken passen Frischkräuter. Als typisches Gurkenkraut wird der Dill genannt. Aber insbesondere Borretsch ist eine köstlich würzende Beigabe.
Wer Kalorien sparen will, sollte statt der üblichen Knabbereien wie Erdnüsse und Chips in Streifen geschnittene Salatgurken auf den Tisch stellen. Erstens sind sie wesentlich erfrischender, gesünder und haben, auf 100 g gerechnet, nur 10 Kalorien.

# Fleischiger Blumenkohl

*Rezept für 4 Personen*

## Das braucht man:

1 großen Blumenkohl
400 g gemischtes Hackfleisch
1 Brötchen
3 EL Creme fraîche
1 kleine Zwiebel
1 Bund Schnittlauch
1 Ei
Salz
Pfeffer aus der Mühle
1 TL Paprika
1/2 TL Muskat
100 g durchwachsenen Speck
4 Scheiben Emmentaler
1 Glas Eierlikör
1/4 l helle Sauce
1 Tasse Sahne
1 Eidotter

## So macht man's:

1. Den geputzten Blumenkohl 10 Minuten in Salzwasser kochen, herausnehmen, gut abtropfen lassen und auskühlen.
2. Mit einem Messer den Strunk so herausschneiden, daß die Röschen zusammenbleiben.
3. Hackfleisch in einer Schüssel mit Brötchen, Creme fraîche, sehr fein gehackter Zwiebel und Ei zu einer Masse verarbeiten. Feingeschnittenen Schnittlauch dazugeben.
4. Mit Salz, Pfeffer, Paprika und Muskat abschmecken.
5. Den in kleine Würfel geschnittenen Speck in einer heißen Pfanne auslassen, über das angemachte Hackfleisch gießen und gut in die Masse einarbeiten.
6. Die Hackfleischmasse vorsichtig in den Blumenkohl drücken.
7. Blumenkohl in eine entsprechende Form setzen.
8. Mit den Emmentaler-Scheiben belegen.
9. Die helle Sauce erhitzen, vom Feuer nehmen und mit einem Glas Eierlikör verfeinern.
10. Sahne mit Eidotter verschlagen und am Rand des Herds die Sauce damit legieren.
11. Im auf 180° (Gasherd Stufe 2 bis 3) vorgeheizten Backrohr 30 Minuten garen.

Kalorien pro Person: 735
Joule pro Person: 3085

*Wichtig ist, daß man die Hackfleischmasse mit dem Löffel oder mit sauberen Händen so fest wie möglich in den Blumenkohlkopf drückt, damit sie sich auch im ganzen Kopf verteilen kann.*

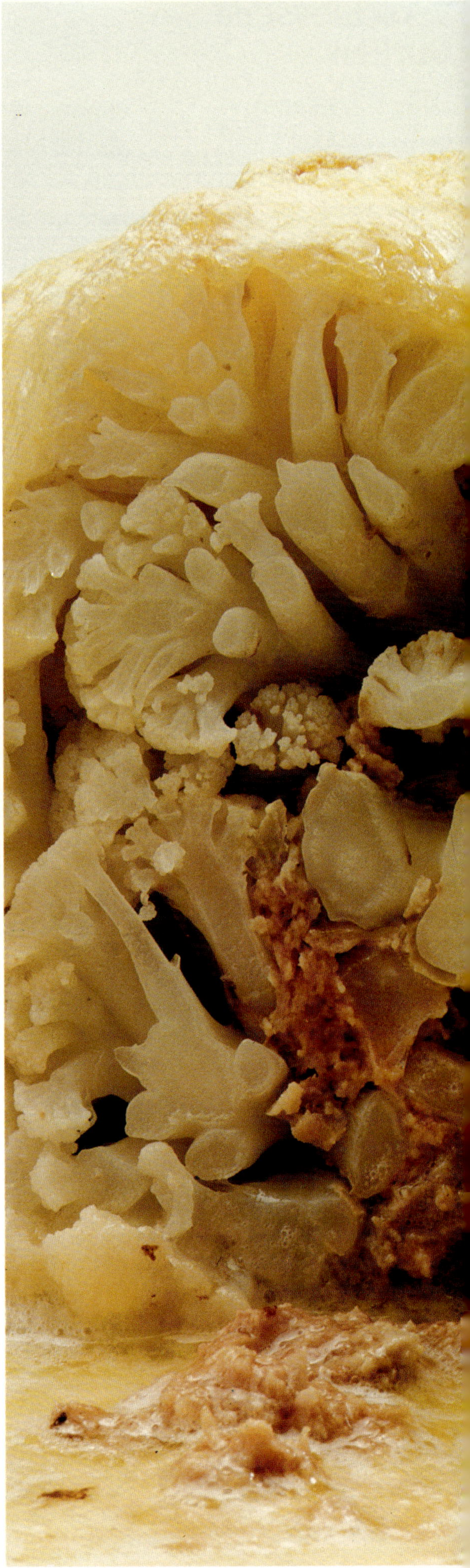

# Kastenbraten

*Rezept für 4 Personen*

**Das braucht man:**

500 g Kartoffeln
500 g gemischtes Hackfleisch
2 Zwiebeln
2 Eier
2 EL Senf
1 EL Majoran
1 TL Thymian
1 Bund Petersilie
1 Bund Schnittlauch
Salz
Pfeffer aus der Mühle
1 Prise Muskat
1 Prise Gewürznelken
2 EL Butter oder Margarine

*Für unseren Kastenbraten nimmt man eine feuerfeste Keramik- oder Glasform. Wer dies nicht zu Hause hat, kann aber auch mit einer ganz normalen Kuchenform aus anderen Materialien arbeiten.*

**So macht man's:**

1. Kartoffeln kochen, pellen und heiß durch die Kartoffelpresse drücken.
2. Mit Hackfleisch, feingehackten Zwiebeln, Eiern, Senf, Majoran, Thymian und den verlesenen, gewaschenen und gehackten Kräutern zu einer Masse verarbeiten.
3. Mit Salz, Pfeffer, Muskat und Gewürznelken würzen.
4. Eine Kastenform ausfetten.
5. Die Fleischmasse hineingeben und mit einer nassen Teigspachtel glattstreichen.
6. Im auf 200° (Gasherd Stufe 3 bis 4) vorgeheizten Backofen 45 Minuten garen.

*Kalorien pro Person: 630*
*Joule pro Person: 2645*

# Feuerburger

*Rezept für 4 Personen*

**Das braucht man:**

400 g Rinderhack
2 EL Öl
1 Essiggurke
1 Zwiebel
1 TL grüne Pfefferkörner
1 Pfefferschote
Salz
Pfeffer aus der Mühle
1 EL roten Paprika
4 EL Butter oder Margarine
4 Sesambrötchen
2 EL Remouladensauce
Salatblätter
Zwiebelringe
Paprikaschotenringe
4 EL Chilisauce

**So macht man's:**

1. Rinderhack in einer Schüssel mit Öl, feingehackter Essiggurke, feingehackter Zwiebel, zerdrückten grünen Pfefferkörnern und kleingeschnittener Pfefferschote zu einer Masse verarbeiten.
2. Mit Salz, Pfeffer, Paprika würzen.
3. Zu flachen Hacksteaks formen.
4. Bratfett auslassen und die Hacksteaks darin langsam anbraten.
5. Sesambrötchen halbieren und kurz unter dem Grill rösten.
6. Die unteren Hälften mit Remouladensauce bestreichen.
7. Einige Salatblätter darauflegen.
8. Hacksteaks darauflegen, Zwiebel- und Paprikaschotenringe darüber verteilen.
9. Pro Hacksteak einen Eßlöffel Chilisauce darüber verteilen und mit der anderen Brötchenhälfte abdecken. Sofort servieren.

*Kalorien pro Person: 255*
*Joule pro Person: 1070*

## Hackfleischauflauf

*Rezept für 4 Personen*

**Das braucht man:**

*500 g Kartoffeln*
*1 Tasse Sahne*
*1 Messerspitze Muskat*
*Salz*
*Pfeffer aus der Mühle*
*400 g gemischtes Hackfleisch*
*2 Zwiebeln*
*1 Glas eingelegte Paprikastreifen*
*3 EL Butter oder Margarine*
*1 Bund Petersilie*
*1 Bund Majoran*
*1/4 l Fleischbrühe*
*2 Knoblauchzehen*
*1 TL gemahlenen Kümmel*
*1 Messerspitze Nelkenpulver*
*100 g geriebenen Gouda*

## Das Küchenkraut fürs ganze Jahr: Majoran

**B**eheimatet ist er im Mittelmeergebiet und in Nordafrika, aber wohl nirgends so beliebt wie bei uns in Deutschland. Hierzulande wird er mittlerweile auch Wurstkraut, Kuchelkraut und Bratenkräutel genannt, womit auch schon fast gesagt ist, wozu er sich am besten eignet, nämlich zu allem, was fett ist und mit Fleisch etwas zu tun hat, aber auch zu Kartoffeln und Hülsenfrüchten.

Er läßt sich auch, am besten im Bündel aufgehängt, trocknen, wobei darauf zu achten ist, daß ihn die Sonne während des Trocknens nicht »erwischt«. Danach kurz ins warme Bratrohr legen und mit den Fingern die Blätter von den Stengeln reiben, weil man diese nicht verwenden sollte. Die »gerebelten« Majoranblätter in ein Schraubglas füllen und mit dem Deckel luftdicht verschließen.

*Das schichtweise Einfüllen von Kartoffelpüree und angebratenem Hackfleisch ergibt nicht nur ein schönes Auflaufbild, sondern sorgt auch für eine schöne Konsistenz. Wenn man die Auflaufform gut ausfettet, läßt sich der Auflauf zum Servieren auch gut stürzen.*

**So macht man's:**

1. Kartoffeln waschen, gut abbürsten und 20 Minuten kochen.
2. Herausnehmen, schälen und durch ein Sieb drücken.
3. Mit der Sahne glattrühren, mit Muskat, Salz und Pfeffer würzen.
4. Fett in einer entsprechenden Pfanne auslassen, Hackfleisch, feingeschnittene Zwiebeln und Paprikastreifen darin anschwitzen.
5. Kräuter verlesen, waschen, fein hacken und unter das Hackfleisch geben.
6. Mit Fleischbrühe angießen.
7. Knoblauchzehen mit Salz fein zerreiben und zusammen mit Kümmel, Nelkenpulver, Salz und Pfeffer in die Hackfleischmasse geben. Gut durcharbeiten.
8. Eine Auflaufform ausfetten, Kartoffelpüree und Fleischmasse schichtweise einfüllen.
9. Mit dem geriebenen Käse bestreuen.
10. Im auf 200° (Gasherd Stufe 3 bis 4) vorgeheizten Backrohr 20 Minuten garen.

*Kalorien pro Person: 720*
*Joule pro Person: 3025*

## Pfefferbrötchen

*Rezept für 4 Personen*

### Das braucht man:

4 Brötchen
400 g gemischtes Hackfleisch
1 Ei
1 EL grüne Pfefferkörner
1 Bund Petersilie
2 EL Senf
4 cl Weinbrand
1 TL Paprikapulver
1 TL Curry
Salz, Pfeffer aus der Mühle
50 g geriebenen Emmentaler

Dieses Rezept ist eine gute Möglichkeit zur Verwertung von Käseresten. Es muß nicht unbedingt Emmentaler Käse sein. Andere Sorten, wenn sie etwas trocken und reibefähig sind, eignen sich auch.

### So macht man's:

1. Von den Brötchen einen Deckel abschneiden.
2. Brötchen aushöhlen.
3. Hackfleisch in einer Schüssel mit Ei, Pfefferkörnern, gehackter Petersilie, Senf und Weinbrand zu einer Masse verarbeiten.
4. Mit Paprika, Curry, Salz und Pfeffer würzen.
5. Hackfleischmasse in die Brötchen füllen.

## Der Geist des Weines: Weinbrand

Der Weinbrand ist ein Branntwein, auch wenn er ausschließlich aus Wein gewonnen wird. Bei keinem anderen Branntwein bestehen in Deutschland so strenge Vorschriften in bezug auf Grund- und Geschmacksstoffe, wie bei dem im Inland hergestellten Weinbrand. Diese Vorschriften sind die Garantie für höchste Qualität.

Natürlich wird Weinbrand in erster Linie getrunken, und zwar im sogenannten Weinbrandschwenker. Man nimmt den Stil des Schwenkers zwischen die Finger und hält ihn in der Hand. Der Weinbrand muß, bevor er zum Mund geführt wird, im Glashohlraum kreisen. Durch die Erwärmung entfalten sich seine vollen Aromastoffe.

Auch beim Kochen ist er ein begehrter Bundesgenosse, wenn es um das Verfeinern von Saucen, Suppen, Süßspeisen und das Flambieren geht.

Durch den Wolf gedreht, sagt ihm aber auch Fleisch gut zu. Man muß nur an das Anmachen von Tatar denken oder an die Rezepte, wo drei Geschmackskomponenten aufeinandertreffen: Fleisch, grüner Pfeffer und Weinbrand, so wie das im nebenstehenden Rezept der Fall ist.

**6.** Mit Emmentaler bestreuen.
**7.** Im Ofen oder unter dem Grill 10 Minuten überbacken.

*Kalorien pro Person: 555*
*Joule pro Person: 2330*

# Essen mit Hirn

Wenn die Behauptung stimmt, die Kochkultur eines Landes oder eines Volkes lasse sich daran ablesen, wie mehr oder weniger raffiniert man dort bei der Zubereitung von Innereien vorgeht, dann steht es um die deutsche Küche nicht zum besten. Dabei war die Leber eines der wenigen inneren Organe, das sich schon immer einer gewissen Wertschätzung erfreut hat.
Wir wollen mit unseren Rezepten beweisen, daß Innereien zur Delikatesse geraten, wenn sie richtig zubereitet werden.

① **Herz**
Das Herz besteht aus zartem, magerem und wirklich gutem Fleisch. Am teuersten ist das Kalbsherz, das aber wegen seines guten Geschmacks bevorzugt wird. Wir stellen ein Rezept mit Rinderherz vor. Wetten, daß es schmeckt?

② **Bries**
Bries wird auch Milcher genannt und kommt nur beim Kalb vor. Rein äußerlich sieht es dem Hirn ähnlich, hat aber eine festere Konsistenz. Wichtig: Es muß immer ganz frisch sein.

③ **Hirn**
Hirn ist eine billige Delikatesse. Am beliebtesten ist das Kalbshirn, das ungefähr 500 g wiegt. Hirn kann nur frisch verwendet werden und läßt sich nicht einfrieren.

④ **Schweinenieren**
Mit Nieren ist es wie mit dem Knoblauch: Man ma[g] sie, oder man mag sie nicht. Wichtig ist, daß ma[n] sie immer sauber und gründlich wäscht, bevor man sie zubereitet. Dazu werden sie der Länge nach durchgeschnitten.

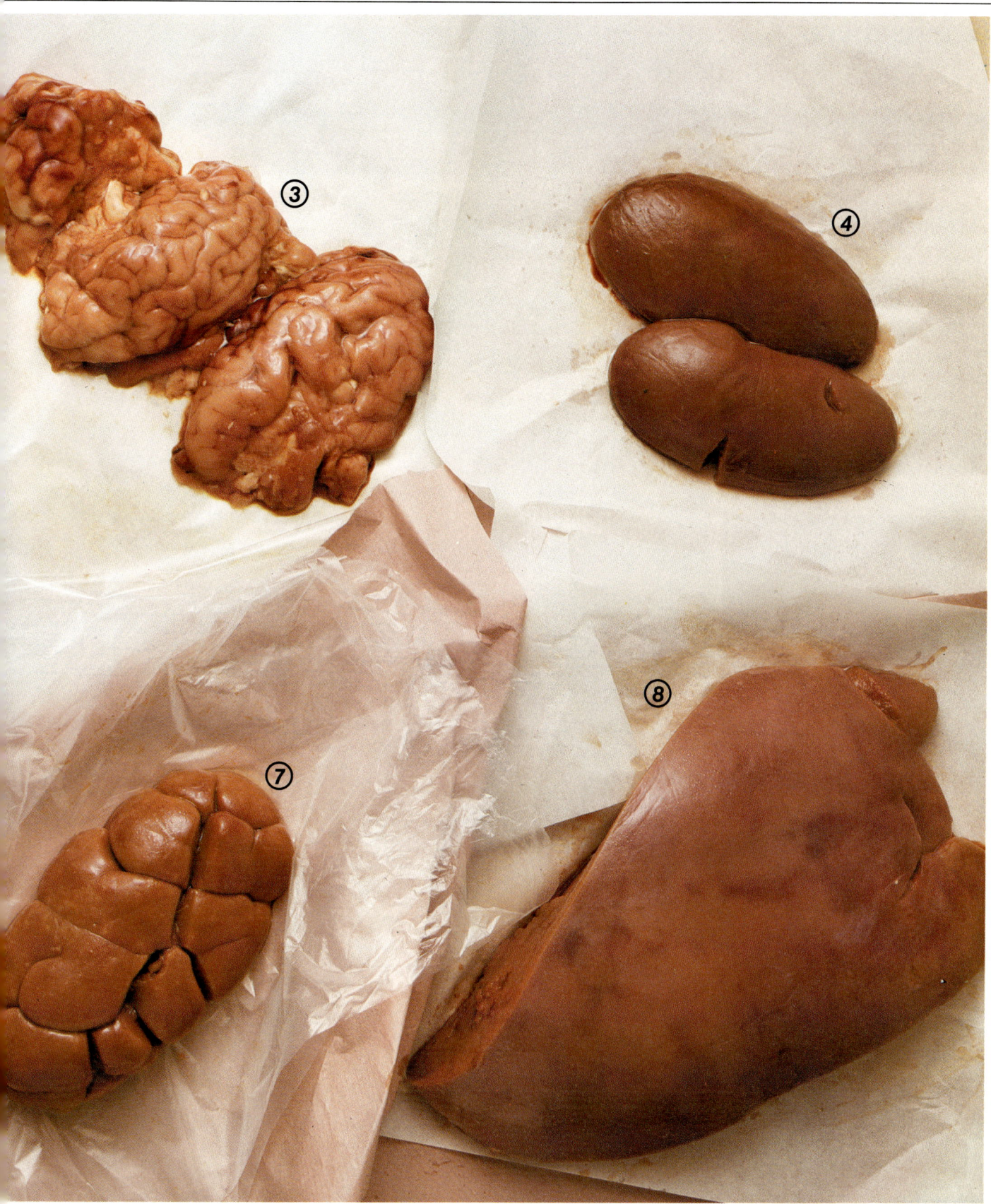

③

④

⑧

⑦

**⑤ Milz**
Die Milz ist ein Außenseiter in der deutschen Küche, obwohl sie international durchaus eine Rolle spielt. Nur in Süddeutschland sieht man sie ab und zu auf den Speisekarten, weshalb unser Rezept auch von dort stammt.

**⑥ Lunge**
Sie ist die billigste Innerei und erfreut sich vor allem in Bayern und Österreich eines regen Zuspruchs. Sie ist sehr kalorienarm. Zu empfehlen ist die Kälber- und Schweinelunge.

**⑦ Kalbsnieren**
Kalbsnieren sind etwas Besonderes, etwas für Kenner. Sie sind besonders zart und lassen sich mit feinsten Saucen, aber auch »nature« sowie flambiert zubereiten.

**⑧ Leber**
Die Leber ist die begehrteste Innerei und hat auch den größten Anteil an Vitaminen. Sie ist in der Küche auch am variabelsten einsetzbar. Kalbs-, Schweine-, Rinder- oder Geflügelleber verlangen aber unterschiedliche Zubereitungen.

# Gemüseherz

*Rezept für 4 Personen*

**Das braucht man:**
1 kg Rinderherz
1 TL Pfefferkörner
2 Lorbeerblätter
4 Nelken
1 große Zwiebel
1/2 Tasse Essig
1 Tasse Weißwein
3/4 l Fleischbrühe
2 Karotten
4 kleine Kartoffeln
1/2 kleinen Blumenkohl
1/2 kleinen Wirsing
1 kleine Sellerieknolle
2 EL geriebenen Meerrettich
Salz
Pfeffer aus der Mühle
1 Messerspitze Muskat
1 Bund Schnittlauch

**So macht man's:**

**1.** Salzwasser zum Kochen bringen und das küchenfertige Rinderherz dazugeben.

**2.** Zwiebel mit Lorbeerblättern und Nelken spicken, zum Herz geben und darin bei schwacher Hitze 2 Stunden garziehen lassen.

**3.** Essig, Weißwein und Fleischbrühe in einem Topf erhitzen.

**4.** Das Gemüse entsprechend putzen, waschen und in große Stücke schneiden.

**5.** Dazugeben und darin 20 Minuten garen.

**6.** Mit Meerrettich, Salz, Pfeffer und Muskat abschmecken.

**7.** Das fertige Herz aus dem Salzwasser nehmen, abtropfen lassen und in Scheiben schneiden.

**8.** Die Herzscheiben zum Gemüse geben, erhitzen.

**9.** Mit frisch geschnittenem Schnittlauch bestreut servieren.

*Kalorien pro Person: 615*
*Joule pro Person: 2585*

# Gefülltes Bries

Rezept für 4 Personen

**Das braucht man:**

600 g Kalbsbries
Salz
Pfeffer aus der Mühle
4 Scheiben Emmentaler
4 Scheiben gekochten Schinken
2 EL Petersilie
2 EL Schnittlauch
1 TL Basilikum
1 TL Thymian
1 Tasse Mehl
2 Eier
1 Tasse Semmelbrösel
4 EL Butter oder Margarine

**So macht man's:**

1. Das küchenfertige Bries mit einem Messer der Länge nach halbieren.
2. Beide Hälften leicht mit Salz und Pfeffer würzen.
3. Emmentaler- und Schinkenscheiben auf je eine Hälfte legen.
4. Mit der zweiten Hälfte abdecken. Leicht festdrücken.
5. Mit den Kräutern bestreuen.
6. Vorsichtig zuerst in Mehl, dann in den mit etwas Wasser verschlagenen Eiern und anschließend in Semmelbrösel wenden.

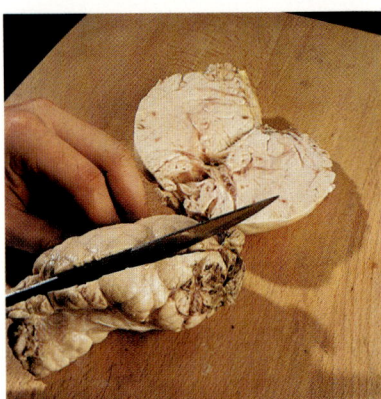

7. Fett in einer entsprechenden Pfanne auslassen und die Briesscheiben darin langsam goldgelb braten.

Kalorien pro Person: 760
Joule pro Person: 3190

*Die ätherischen Öle des Thymians sind bestimmend für sein intensives Aroma. Verwenden soll man die Blätter. Aber maßvoll bitte, weil zuviel Thymian in einem Gericht unangenehm schmecken kann.*

## Vom Umgang mit Bries

Bries muß vor jeder Zubereitung, egal um welches Rezept es sich handelt, wie folgt vorbearbeitet werden:

- Etwa zwei Stunden in kaltes Wasser legen, dann unter fließendem Wasser das Blut herauswaschen, die Häutchen und Adern herausziehen.
- Salzwasser mit einem Schuß Essig, Zitronensaft, einer gespickten Zwiebel, etwas Suppengrün aufkochen, das Bries hineingeben und rund 15 Minuten nur ziehen lassen.
- Danach sofort in kaltes Wasser legen, auskühlen lassen und auf einem Sieb gut abtropfen lassen.
- Ab diesem Arbeitsgang kann man, wie in den Briesrezepten beschrieben, verfahren.

Das Bries wird auch Milcher genannt. Es kommt nur beim Kalb vor und ist die Wachstumsdrüse, die im Brustkorb sitzt.

Weil Bries ein sehr feines und leichtverdauliches Essen darstellt und daher als Delikatesse gehandelt wird, sind die Preise dafür entsprechend hoch.

Bries sollte nicht ihm Kühlschrank stehen und keinesfalls eingefroren werden.

## Unser Tip

**Ein Bries wiegt zwischen 250 g und 350 g; 100 g enthalten rund 110 Kalorien.**

**Der Optik wegen kann man das vorgegarte und ausgekühlte Bries zwischen zwei Holzbrettern pressen. Das hat den Vorteil, daß es dann schöne Scheiben gibt.**

---

**Man kann Kalbsbries auf verschiedene Arten zubereiten. Besonders gut schmeckt es auch, wenn man es paniert, mit frischen Kräutern füllt, in Butter brät und aus dem Saft eine Rotweinsauce so bereitet, indem man Rotwein einreduzieren läßt und entsprechend abschmeckt.
Es schmecken auch glacierte Maronen dazu, die man neben dem Bries in der Butter knusprig werden läßt.**

# Zitronenhirn

*Rezept für 4 Personen*

### Das braucht man:
*2 Kalbshirne
1 Tasse Essig
1 l Salzwasser
Salz
Pfeffer aus der Mühle
1 Zitrone
1 Bund Zitronenmelisse
1 Tasse Mehl
2 Eier
1 Tasse Semmelbrösel
4 EL Butter oder Margarine*

### So macht man's:
1. *Die Kalbshirne in kaltes Wasser legen und enthäuten.*
2. *Essig und Salzwasser in einen Topf geben und die Hirnstücke darin zum Kochen bringen.*
3. *Mit einem Schaumlöffel herausnehmen und mit kaltem Wasser überbrausen.*
4. *Hirne leicht trockentupfen und halbieren. Leicht salzen und pfeffern.*
5. *Die Zitrone fein reiben.*
6. *Zitronenmelisse verlesen, waschen und fein hacken.*

7. *Geriebene Zitronenschale und Zitronenmelisse unter das Paniermehl mischen.*
8. *Die Hirnportionen zuerst in Mehl, dann in mit Wasser verschlagenen Eiern und anschließend in Semmelbrösel wenden.*
9. *Fett in einer entsprechenden Pfanne auslassen und das panierte Hirn darin goldgelb braten.*

*Kalorien pro Person: 505
Joule pro Person: 2120*

*Zitronenschalen geben den Speisen ebenso wie der Zitronensaft Säure und Aroma. Wenn man nicht die teuren unbehandelten Zitronenschalen verwenden will, soll man ein sauberes Tuch oder etwas Küchenkrepp mit Öl befetten und damit die Zitronenschalen gründlich abreiben. Mit dieser Methode lassen sich Schadstoffe weitestgehend beseitigen. Wasser bewirkt nichts, weil Schadstoffe in der Regel wasserresistent sind.*

## Hirn muß man einfach mögen

Hirn kann nur wirklich schlachtfrisch verwendet werden. Einfrieren kann man es nicht. Es sollte immer gewässert sein. Vor der eigentlichen Verwendung muß man es sorgfältig enthäuten. Legen Sie hierzu das Hirn in lauwarmes Wasser und ziehen Sie mit Hilfe eines spitzen Messers die äußeren Häutchen ab. Achten Sie darauf, daß es nicht unnötig gedrückt wird. Es soll, wenn Sie es z. B. paniert servieren wollen, eine appetitliche Form behalten.
Anschließend wird es genauso wie das Bries vorgegart, und erst danach sollte man es in die weiteren Rezepturen einarbeiten.
Man sollte es nicht zu oft essen, denn sein Cholesteringehalt ist der höchste von allen Nahrungsmitteln. Hirn nimmt weniger Würzmittel an, aber ist ein guter Partner für Zitrone, weißen Pfeffer, Petersilie, aber auch von frischer Zitronenmelisse, die man unter die Panade mischen kann.
Kalbshirn ist zwar am beliebtesten, doch bis auf die Größe sind die Unterschiede zu Schweine-, Rinder- oder Hammelhirn gering.
100 g Hirn enthalten circa 135 Kalorien.

# Nierengeschnetzeltes

*Rezept für 4 Personen*

### Das braucht man:

2 Schweinenierchen
100 g durchwachsenen Speck
2 Zwiebeln
200 g frische Champignons
2 EL Mehl
1/4 l Weißwein
1 Tasse Fleischbrühe
Salz
Pfeffer aus der Mühle
1 Prise Zucker
1 Tasse geschlagene Sahne
1 Bund Petersilie

### So macht man's:

1. Nieren aufschneiden, putzen, waschen, die Fettschicht entfernen und in dünne Scheiben schneiden.
2. Anschließend nochmals unter dem kalten Wasser abspülen, abtropfen lassen und trockentupfen.
3. Den gewürfelten Speck in einer Pfanne auslassen.
4. Die Nieren dazugeben und anbraten.
5. Die gewürfelten Zwiebeln und die geputzten, gewaschenen und in Scheiben geschnittenen Champignons dazugeben und kurz mitschwitzen.
6. Mit Mehl bestäuben, unter ständigem Rühren leicht Farbe nehmen lassen.
7. Mit Weißwein ablöschen und mit heißer Fleischbrühe auffüllen.
8. Mit Salz, Pfeffer und Zucker abschmecken.
9. Bei mittlerer Temperatur 10 Minuten köcheln, umrühren nicht vergessen.
10. Vor dem Servieren geschlagene Sahne unterziehen und mit frischgehackter Petersilie bestreuen.

*Kalorien pro Person: 435*
*Joule pro Person: 1830*

Wer gerne etwas intensiver würzen will, kann das Nierengeschnetzelte mit frischgehacktem Estragon versehen, den man ganz zum Schluß unter die Sauce gibt. Erst danach mit der geschlagenen, aber ungesüßten Sahne verfeinern.

149

# Milzsuppe

Rezept für 4 Personen

**Das braucht man:**

400 g Milz
1 Zwiebel
3 EL Butter oder Margarine
3 EL Mehl
1 Tasse Weißwein
3/4 l Fleischbrühe
Salz
Pfeffer aus der Mühle
Saft einer Zitrone
1 TL Majoran
1 Prise Zucker
1 Bund Petersilie
1 Bund Schnittlauch
1 Becher Creme fraîche

Die Milz muß herausgeschabt werden, was sich auch gut machen läßt. Dazu nimmt man ein Messer und streift das Innere der Milz von der Haut, die man für die Weiterverwendung nicht gebrauchen kann.

**So macht man's:**

1. Milz schaben.
2. Die Zwiebel fein würfeln.
3. Fett in einer entsprechenden Pfanne auslassen, Milz und Zwiebel darin rösten.
4. Mit Mehl bestäuben.
5. Mit Weißwein ablöschen, mit Fleischbrühe auffüllen und glattrühren.
6. Während des Kochens öfter mit einem Schneebesen umrühren.
7. Bei mittlerer Temperatur 20 Minuten köcheln lassen.
8. Mit Salz, Pfeffer, Zitronensaft, Majoran und Zucker abschmecken.
9. Die Kräuter verlesen, waschen, entsprechend kleinschneiden.
10. Mit der Creme fraîche unter die Suppe rühren, nochmals etwas einkochen lassen und servieren.

Kalorien pro Person: 490
Joule pro Person: 2060

# Lüngerl

Rezept für 4 Personen

**Das braucht man:**

800 g Kalbslunge
2 Tassen Essig
1 l Salzwasser
1 Bund Suppengemüse
2 Lorbeerblätter
einige Pfefferkörner
einige Wacholderbeeren
3 EL Butter oder Margarine
2 Zwiebeln
1 EL Puderzucker
2 EL Mehl
1 Tasse Weißwein
1 EL Sardellenpaste
1 EL mittelscharfen Senf
Salz
Pfeffer aus der Mühle
1 EL Majoran
1 Becher Creme fraîche

**So macht man's:**

1. Küchenfertige Lunge in grobe Stücke schneiden.
2. Essig und Salzwasser in einem Topf zum Kochen bringen.
3. Suppengemüse, Lorbeer, Pfefferkörner, Wacholder dazugeben.
4. Die Lunge bei mittlerer Hitze 50 Minuten garen.
5. Herausnehmen, beschweren, bis alle Kochflüssigkeit aus der Lunge gelaufen ist.

Die Lunge hat fast soviel Vitamin C wie die Zitrone. Außerdem ist sie reich an Eisen, Eiweiß und ist relativ fettarm. Pro 100 g gerechnet hat sie nur ganze 98 Kalorien.

6. Brühe durchsieben, 3/4 l beiseite stellen.
7. Lunge in Streifen schneiden.
8. Fett in einem Topf auslassen, die feingehackten Zwiebeln darin glasig schwitzen.
9. Mit Puderzucker und Mehl bestäuben.
10. Mit Weißwein ablöschen und mit Kochbrühe auffüllen.
11. Lunge dazugeben und ganz heiß werden lassen.
12. Mit Sardellenpaste, Senf, Salz, Pfeffer und Majoran abschmecken und weitere 10 Minuten köcheln lassen.
13. Creme fraîche unterziehen und mit Petersilie bestreut servieren.

Kalorien pro Person: 515
Joule pro Person: 2165

## Kräuter in die Flasche legen

In Essig läßt sich der Duft frischer Küchenkräuter lange konservieren. Deshalb nimmt man im Gegensatz zu Kräuterölen für Kräuteressige nur frische Kräuter.
Dafür sucht man sich attraktive Flaschen, steckt die Kräuterzweige im ganzen hinein, füllt mit Weinessig auf und läßt sie dann, gut verschlossen, vor dem Gebrauch mindestens zehn Tage ziehen.
Man kann auch anders verfahren, indem man die Kräuter auspreßt und den Extrakt mit dem Essig vermischt. Das ist zwar vom Geschmack her gesehen auch intensiv, sieht aber nicht so attraktiv aus.
Man kann die jeweilige Flasche, in der sich die Kräuter befinden, öfter nachfüllen, muß aber darauf achten, daß die Kräuterzweige immer vollends vom Essig bedeckt sind.

## Innereien-Salat

*Rezept für 4 Personen*

### Das braucht man:
2 Köpfe grünen Salat
2 Eier
2 große Zwiebeln
100 g Kalbsleber
300 g Kalbsnieren
3 EL Butter oder Margarine

### Für das Dressing:
1/2 Tasse Essig
1/2 Tasse Öl
1 Tasse Weißwein
Saft einer Zitrone
1 EL Zucker
1 TL Salz
Pfeffer aus der Mühle
1 TL Majoran
1 TL Thymian
1 Bund Petersilie
4 Scheiben Weißbrot
1 EL Butter
2 Knoblauchzehen

*Leber und Niere nicht vor dem Anbraten salzen, weil sie sonst hart und trocken werden. In diesem Rezept mit Salz ganz sparsam umgehen, weil im Dressing ebenfalls Salz enthalten ist.*

### So macht man's:

1. Den Salat verlesen, waschen und abtropfen lassen.
2. Die Eier hartkochen, schälen und halbieren.
3. Die Zwiebeln in Scheiben schneiden.
4. Fett in einer entsprechenden Pfanne auslassen und die in Scheiben geschnittene Kalbsleber und die Kalbsnieren unter ständigem Wenden anbraten.
5. Salzen, pfeffern, erkalten lassen und über den Salat in die Salatschüssel geben.
6. Aus Essig, Öl, Weißwein, Zitronensaft, Zucker, Salz, Pfeffer, Majoran und Thymian ein Dressing rühren und den Salat damit anmachen. Je nach Geschmack das Dressing mit Wasser etwas milder machen.
7. Mit den Eiern und den Zwiebelscheiben garnieren.
8. Mit dem feingeschnittenen Schnittlauch und der gehackten Petersilie bestreuen.
9. Butter in einer Pfanne auslassen, die mit Salz zerriebenen Knoblauchzehen und die in Würfel geschnittenen Weißbrotscheiben dazugeben und rösten.
10. Vor dem Servieren den Salat damit bestreuen.

*Kalorien pro Person: 525
Joule pro Person: 2205*

## Wo der Riesling zu Hause ist

Der sanft gewellte Landstrich des Rheingaus ist ein idealer Flecken für den Anbau der Rieslingrebe. Sie nimmt über 70 Prozent der Rebfläche im Rheingau ein.

Die Rieslingtraube bringt Weine, die heute dem echten Weinverständnis entsprechen und von Kennern sehr geschätzt werden.

Der Rheingau ist aber auch ein kulinarisches Fleckchen, wo Küche und Keller harmonisch übereinstimmen.

Der Weinbau läßt sich im Rheingau bis in das 8. Jahrhundert zurückverfolgen, wobei die Mönche des weltberühmten Klosters Eberbach und der Abtei Johannisberg das Ihrige dazu getan haben.

Ein Rheingauer Riesling ist es auch, den man zu dem nebenstehenden Rezept trinken kann, allen Rotweinfanatikern zum Trotz!

## Leberbraten

*Rezept für 4 Personen*

### Das braucht man:

1 kg Kalbsleber
2 Zitronen
2 EL Butter oder Margarine
2 Zwiebeln
1/2 Tasse Semmelbrösel
1 Tasse geriebenen Käse
1 Tasse Weißwein
1 Tasse Apfelmus
1 Becher saure Sahne
2 EL Essig
1 EL Zucker
Salz
Pfeffer aus der Mühle

Wer Rezepte nicht mag, bei denen mit Käse überbacken wird, kann gerne darauf verzichten. Bei unserem Rezept sollte man dann die gespickte Leber mit Butterflöckchen bedecken, die Geschmacks- und Farbgeber sind.

### So macht man's:

1. Küchenfertige Leber unter kaltem Wasser abspülen und trockentupfen.
2. Zitronen schälen und in Streifen schneiden.
3. Die Leber damit spicken.
4. In einem entsprechenden Topf Fett zerlaufen lassen.
5. Die Leber kurz anbraten.
6. Zwiebelwürfel dazugeben und kurz mitschwitzen.
7. Semmelbrösel mit dem Käse vermischen und über die Leber streuen.

**8.** Im auf 220° (Gasherd Stufe 4 bis 5) vorgeheizten Backrohr 30 Minuten garen.

**9.** Herausnehmen und warmstellen.

**10.** Den Bratenfond mit Weißwein ablöschen.

**11.** Apfelmus und saure Sahne unterrühren und verkochen.

**12.** Mit Essig, Zucker, Salz und Pfeffer abschmecken und zur Leber servieren.

*Kalorien pro Person: 595*
*Joule pro Person: 2500*

*Die Rieslingtraube ist das Markenzeichen guter und vor allem leichter Weine, die gerade in Verbindung mit der etwas leichteren Küche immer beliebter werden.*

# Der Deutschen liebstes Gemüse: Wurst

Deutschland ist ein Wurstparadies. Nirgendwo gibt es mehr Sorten mit mehr Qualität, hat die Wurst ganze Landschaften geprägt, hat sie mehr Tradition. Aber nicht nur die Metzger verstehen sich aufs »Wursteln«. Ein Blick in Großmutters Kochbuch läßt einem das Wasser im Munde zusammenlaufen.

# Vierländer Wurstgulasch

Rezept für 4 Personen

**Das braucht man:**

100 g durchwachsenen Speck
2 Paar Wiener Würstchen
2 Paar Debrecziner
2 Zwiebeln
2 Stangen Lauch
500 g Kartoffeln
1/2 l fertige Bratensauce
1/4 l Sangrita
1 EL Majoran
Salz
Pfeffer aus der Mühle
1 Tasse saure Sahne
1 Bund Schnittlauch

**So macht man's:**

1. Den Speck in Würfel schneiden und in einer Pfanne auslassen.
2. Würstchen in Scheiben schneiden, zum Speck geben und kurz mitschwitzen.
3. Zwiebeln, Lauch und Kartoffeln entsprechend putzen, waschen und in Würfel schneiden.
4. Zu den Würstchen geben und glasig schwitzen.
5. Mit Sangrita ablöschen und mit heißer Bratensauce auffüllen.
6. Mit Majoran, Salz und Pfeffer abschmecken.
7. Bei mittlerer Temperatur 25 Minuten köcheln lassen.
8. Vor dem Servieren eventuell mit etwas Stärkemehl nachdicken, saure Sahne unterziehen und mit dem frischgeschnittenen Schnittlauch bestreuen.

*Kalorien pro Person: 465*
*Joule pro Person: 1950*

# Lauchwürstchen

*Rezept für 4 Personen*

**Das braucht man:**
2 dicke Stangen Lauch
1/4 l helle Sauce (Fertigprodukt)
1 Tasse Sahne
1 Tasse geriebenen Käse
Salz
Pfeffer aus der Mühle
1 Prise Muskat
1 Spritzer Worchestersauce
2 EL Butter oder Margarine
4 Wiener Würstchen

**So macht man's:**

1. Die Lauchstangen putzen, quer halbieren, der Länge nach aufschlitzen und unter fließendem Wasser gründlich waschen.
2. 4 Minuten in kochendes Salzwasser geben und ziehen lassen.
3. Helle Sauce nach Vorschrift in einem Topf erhitzen.
4. Mit dem Schneebesen Sahne und Käse unterziehen.
5. Mit Salz, Pfeffer, Muskat und Worchestersauce abschmecken.
6. 4 halbe Lauchstangen mit der Öffnung nach oben auslegen.
7. Je ein Wiener Würstchen in eine halbierte Lauchstange geben. Mit den übrigen Lauchstangen bedecken.
8. Mit der fertigen Sauce überziehen.
9. Im vorgeheizten Ofen bei 220° (Gasherd Stufe 4–5) 15 Minuten überbacken.

Kalorien pro Person: 380
Joule pro Person: 1595

*Lauch oder Porree ist nicht nur Hauptbestandteil des Suppengrüns, sondern ein vielseitiges und dabei preiswertes Gemüse. Es eignet sich gut für die schnelle Küche und schmeckt hervorragend in Verbindung mit Wurst.*

## Öfter mal Lauch essen

Die schwefeligen, ätherischen Öle des Lauchs haben eine günstige Wirkung auf unsere Verdauungsorgane. Außerdem ist reichlich Kalium und Eisen in den langen Stangen enthalten.
Weil die Lauchstangen aus der Erde kommen und meist sandig sind, müssen sie wie folgt gereinigt werden: Die unansehnlichen Teile vom Grün abschneiden und die Stange senkrecht bis fast zum Wurzelansatz einschneiden. Auseinanderbiegen und unter fließendem Wasser gründlich abspülen.
Einmal geschnittenen und gewaschenen Lauch bald verwenden, denn er oxydiert schnell und wird bitter.
Bei kaum einem anderen Gemüse ist der Abfall so groß wie beim Lauch: Nur etwa 60 Prozent der gekauften Menge kann man tatsächlich auch verwenden.
Den grünen Teil des Lauchs, den man wegschneidet, muß man aber nicht wegwerfen. Als Bestandteil des Suppengrüns tut er es immer noch.
Und was die Dicke der Stangen anbelangt: Dünne Stangen nimmt man vorwiegend für die Salatzubereitung. Die dicken Stangen soll man zum Kochen oder zur Gemüseverarbeitung einplanen.

## Unser Tip

**Beim Einkauf von Lauch darauf achten, daß man unbeschädigte Stangen bekommt, die keine braunen Stellen haben.**

**Beschädigte Stangen riechen nicht nur unangenehm, sie faulen binnen kürzester Zeit. Deswegen Faulstellen sofort mit dem Messer wegschneiden. Aber auch die wegstehenden Blätter sollte man entfernen.**

**Lauch muß kühl und trocken gelagert werden. Dabei ist zu beachten, daß er nicht in die Nähe von geruchsempfindlichen Lebensmitteln wie Butter, Milch, Molkereiprodukte oder Käse kommt, weil sie sehr leicht seinen scharfen Geruch annehmen.**

# Allgäuer Wursttoast

*Rezept für 4 Personen*

### Das braucht man:
4 Scheiben Bauernbrot
4 TL Butter oder Margarine
400 g Schinkenwurst in Scheiben
4 TL Senf
4 Tomaten
Salz
Pfeffer aus der Mühle
1 Bund Basilikum
100 g geriebenen Allgäuer Käse

### So macht man's:
1. Brotscheiben mit je 1 Teelöffel Butter oder Margarine bestreichen.
2. Mit der Schinkenwurst gleichmäßig belegen.
3. Die Wurstscheiben mit dem Senf bestreichen.
4. Mit den in Scheiben geschnittenen Tomaten belegen.
5. Salzen, pfeffern und mit dem gehackten Basilikum bestreuen.
6. Den Allgäuer Käse darüber verteilen und in der Oberschiene des Bratrohres so lange überbacken, bis er eine schöne, knusprig-braune Farbe hat.

*Kalorien pro Person: 610*
*Joule pro Person: 2560*

*Wir verwenden für dieses Rezept Schinkenwurst, weil sie sich dafür besonders anbietet. Man kann den Allgäuer Wursttoast aber auch mit anderen Wurstsorten zubereiten. Nur auf Streichwürste sollte man verzichten, weil sich ihre Konsistenz beim Überbacken zum Nachteil verändern würde.*

## Deutschland ist ein Wurstland

Und dieses Wurstland besteht aus drei Wurstgruppen, die sich wie folgt unterteilen:

### 1. Rohwürste
Sie werden aus rohem, zerkleinertem Fleisch hergestellt. Sonstige Zugaben sind Speck, Pökelsalz und andere Gewürze. Sie werden getrocknet und geräuchert. Die wichtigsten sind Tee- und Mettwurst, Cervelat und natürlich Salami.

### 2. Kochwürste
Die Wurstmasse, bestehend aus Muskelfleisch, Fett, Innereien, Blut und gelierten Substanzen, wird vorgekocht. Die wichtigsten Kochwürste sind Leberwürste, Blutwürste und Preßkopf bzw. Schwartenmagen.

### 3. Brühwürste
Sie werden aus Fleisch hergestellt, das man unterschiedlich zerkleinert, würzt, Wasser hinzugibt und im Darm heiß räuchert sowie brüht. Als Frischwürste müssen sie schnell verbraucht werden.
Die wichtigsten sind Gelbwurst, Schinkenwurst, Jagdwurst und Mortadella.

# Kannebäcker Brotwurst

*Rezept für 4 Personen*

**Das braucht man:**

1 Packung Fertigbrotteig
1 große Fleischwurst im Ring
4 EL Tomatenketchup
4 EL Essig
1 EL Majoran
1 mit Salz zerriebene Knoblauchzehe
1 Spritzer Tabasco
Salz
Pfeffer aus der Mühle
2 Eidotter
2 EL Butter oder Margarine

Zum Bestreuen:

Koriander
Kümmel
Kardamom

**So macht man's:**

1. Die Fertigbrotteig-Mischung nach Rezept zubereiten und nach Vorschrift gehen lassen.
2. In vier Stücke aufteilen und zu gleich großen Platten ausrollen.
3. Fleischwurst enthäuten, in vier gleich große Stücke schneiden und auf die Teigplatten verteilen.
4. Tomatenketchup, Essig, Majoran, zerriebene Knoblauchzehe und Tabasco verrühren, mit Salz und Pfeffer abschmecken.
5. Die Fleischwürste damit mit einem Speisepinsel bestreichen.
6. Die Eidotter mit etwas Wasser glattrühren und die Ränder des Teigs damit einstreichen.
7. Den Teig um die Würstchen schlagen. An den Nähten festdrücken.
8. Auf ein gefettetes Blech legen, mit der restlichen Eidotter-Wasser-Mischung bestreichen.
9. Mit Koriander, Kümmel und Kardamom bestreuen.
10. Nochmals circa 10 Minuten an einer warmen Stelle in der Küche gehen lassen.
11. Im vorgeheizten Backofen bei 220° (Gasherd Stufe 4) circa 20 Minuten backen.

Kalorien pro Person: 1230
Joule pro Person: 5170

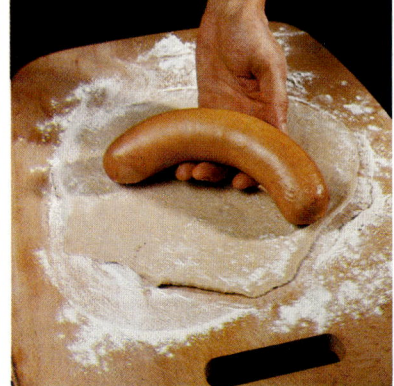

*Koriander wird gerne zum Backen verwendet. Insbesondere beim Brotbacken und in der Lebkuchenherstellung ist er sehr begehrt. Seine kugeligen Samen haben eine hellbraune Farbe und ein sehr würziges Aroma.*

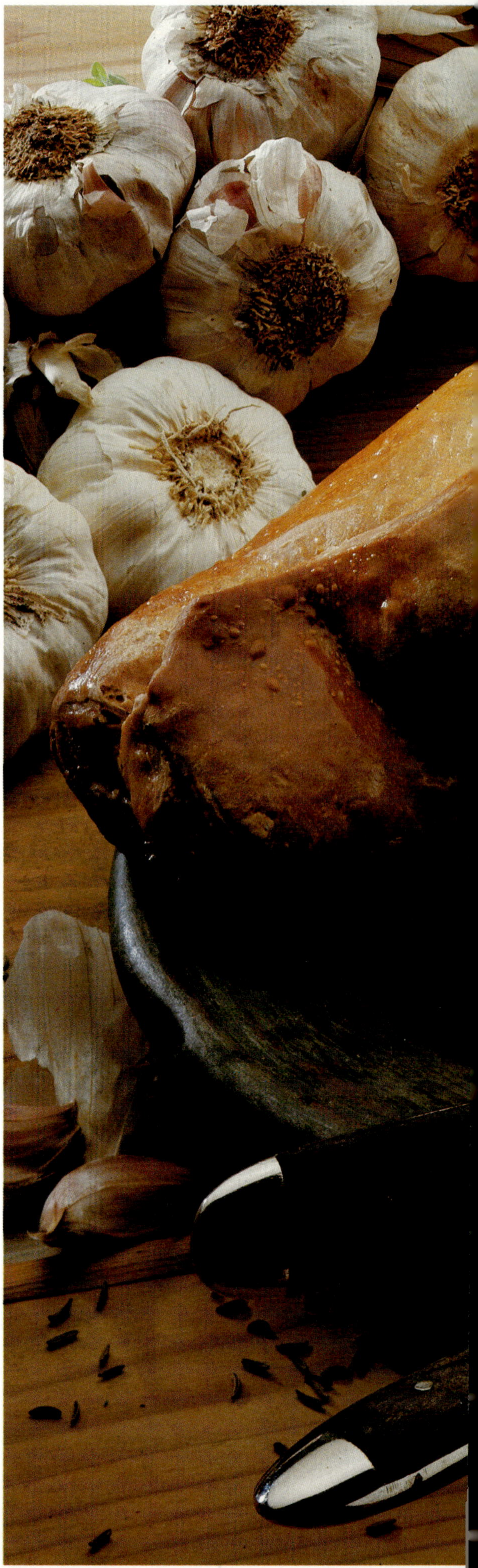

# Rheinische Blutwurst

*Rezept für einen 4 Personen-Haushalt*

**Das braucht man:**

500 g frische Blutwurst
150 g durchwachsenen Speck
6 Zwiebeln
2 Knoblauchzehen
3 EL Öl
1 EL Majoran
1 TL gemahlenen Koriander
1 TL Thymian
1/2 TL Muskat
2 Bund Petersilie
2 Bund Schnittlauch
Salz
Pfeffer aus der Mühle

Für Freunde der Hausmacherwurst ist unser Rezept von der Rheinischen Blutwurst etwas Besonderes. Damit spart man sich ein ganzes Schlachtfest. Eisgekühlter Klarer und gezapftes Bier gehören dazu.

**So macht man's:**

1. Die Blutwurst aus dem Darm in eine Rührschüssel drücken.
2. Den Speck in feine Würfel schneiden und dazugeben.
3. Zwiebeln schälen, fein hacken.
4. Knoblauchzehen mit Salz gut zerreiben.
5. Öl in einer Pfanne erhitzen, Zwiebeln darin goldgelb rösten.
6. Knoblauchzehen dazugeben und mit Majoran, Koriander, Thymian, Muskat, Salz und Pfeffer würzen.
7. Mit den verlesenen, gewaschenen und gehackten Kräutern unter die Blutwurst arbeiten.
8. Bis zu 3/4 Höhe in kleinere Einmachgläser füllen, gut verschließen und im Einmachtopf bei 98° circa 90 Minuten sterilisieren.

*Kalorien pro Portion: 805*
*Joule pro Portion: 3380*

# Lüneburger Zwiebelwurst

*Rezept für einen 4 Personen-Haushalt*

**Das braucht man:**

2 kg durchwachsenes Schweinefleisch

Zum Kochsud:

2 l Wasser
2 EL Salz
2 Lorbeerblätter
1 Zwiebel
5 Pimentkörner
10 Pfefferkörner
1/4 l Essig
2 EL Zucker
1 Tasse Weißwein

Außerdem:

1 kg Zwiebeln
3 Knoblauchzehen
Salz
Pfeffer aus der Mühle
4 EL Majoran
1 TL Piment

**So macht man's:**

1. Das Wasser zum Kochen bringen.
2. Salz, Lorbeerblätter, Zwiebel, Pimentkörner, Pfefferkörner, Essig, Zucker und Weißwein dazugeben.

Wenn das keinen Appetit macht: Die Lüneburger Zwiebelwurst läßt bei all denen Freude aufkommen, die gerne Selbstgemachtes essen. Das Rezept ist so gut, daß man es verschenken sollte. Entweder aufgeschrieben oder besser gleich im Glas.

3. Fünf Minuten kochen lassen und das Fleisch in den Sud geben. Circa eine Stunde sieden.
4. Herausnehmen, erkalten lassen, durch die mittlere oder feine Scheibe des Fleischwolfs drehen.
5. Zwiebeln würfeln, die Knoblauchzehen fein hacken und mit Salz zerreiben, im abgeschöpften Fett der Fleischbrühe glasig dünsten.
6. Fleisch, Zwiebeln und Gewürze vermengen.
7. Soviel Fleischbrühe unterarbeiten, bis die Masse geschmeidig wird.
8. Warm ausgespülte Einmachgläser zu 3/4 füllen.
9. Verschließen und im Einwecktopf auf 90° erhitzen. Circa 120 Minuten sterilisieren.
10. Mit Schildchen beschriften.

*Kalorien pro Portion: 470*
*Joule pro Portion: 1975*

## Es ist noch kein Wurstmacher vom Himmel gefallen

Damit es aber ohne große Mühe gelingt, hier die wichtigsten Tips:
- Mit sauberen Geräten arbeiten.
- Die Gläser heiß ausspülen. Überprüfen, ob die Ränder heil sind. Die Gummiringe vorher in Salzwasser auskochen.
- Wasser macht die Wurstmasse locker. Eiswürfel oder Eiswasser geben eine bessere Eiweißbindung.
- Wer die Wurstmasse nicht roh probieren will, soll kleine Klößchen daraus formen, in Wasser garen.
- Gläser nach dem Einfüllen auf weicher Unterlage aufstoßen, damit in der Wurst keine Luftblasen bleiben.
- Die Glasränder säubern.
- Die verschlossenen Gläser so tief in den Einwecktopf stellen, daß sie sich nicht berühren.

# Steinhäger Knoblauchwurst

*Rezept für 4 Personen-Haushalt*

### Das braucht man:
*800 g Schweinenacken*
*200 g fetten Speck*
*250 g gekochten Schinken*
*2 Zwiebeln*
*6 Knoblauchzehen*
*Salz*
*Pfeffer aus der Mühle*
*2 Lorbeerblätter*
*1 TL Wacholderbeeren*
*1 Bund Liebstöckel*

### So macht man's:
1. Schweinenacken und fetten Speck durch die feine Scheibe des Fleischwolfs drehen.
2. Schinken in Würfel schneiden.
3. Zwiebeln fein würfeln.

4. Knoblauchzehen mit Salz gut zerreiben.
5. Zutaten in einer Schüssel miteinander vermischen.
6. Mit Salz, Pfeffer, den zerstoßenen Lorbeerblättern und zerstoßenen Wacholderbeeren würzen.
7. Den geputzten, gewaschenen und feingehackten Liebstöckel unter die Masse arbeiten.
8. Masse in warm ausgespülte Gläser zu 3/4 füllen. Verschließen und im Einwecktopf auf 90° erhitzen. Circa 120 Minuten sterilisieren.

*Kalorien pro Portion: 1130*
*Joule pro Portion: 4750*

*Der fette Speck soll vor der Verwendung kaltgestellt werden, damit er beim Durchdrehen nicht schmiert. Dazu legt man ihn am besten einige Stunden in das Tiefkühlfach oder in die Gefriertruhe.*

## Sparschwein

*Rezept für 4 Personen*

### Das braucht man:
100 g durchwachsenen Speck
100 g gekochten Schinken
100 g Salami
2 Zwiebeln
1 kleines Glas rote Paprikastreifen
4 EL Tomatenketchup
1 l fertige Tomatensuppe
2 mit Salz zerriebene Knoblauchzehen
1 Spritzer Tabasco
Salz
Pfeffer aus der Mühle
1 TL Paprikapulver
1 Tasse saure Sahne
1 Bund Petersilie

## Knoblauch nicht nur gegen Vampire

Seit jeher ist der Knoblauch das Symbol für Gesundheit und Fruchtbarkeit. Und dennoch gibt es Zeitgenossen, die die Knoblauchzehe verächtlich »Stinkzwiebel« nennen und einen großen Bogen um sie machen.

Seine gesundheitsfördernde Wirkung beweist der Knoblauch vor allem im Magen- und Darmtrakt. Die Verdauung wird erheblich verbessert, Bakterien werden abgetötet und selbst Keime, die das Penicillin nicht schafft, werden vernichtet.

Nachgewiesen ist auch, daß Knoblauchgenuß die Herzkranzgefäße erweitert. Das Herz wird besser durchblutet, arbeitet ruhiger und kräftiger. Während andere Gewürze wie Pfeffer und Paprika den Blutdruck erhöhen, sinkt er durch den Knoblauch ab.

Wer sich letztlich in die Nacht hinauswagt, ist gefeit gegen Vampire. Mit einem Seitenblick auf die Geliebte kann er Verheerendes bewirken: Deswegen sollte man ihn in diesem Fall unbedingt zu zweit genießen.

Man kann an Stelle der Tomatensuppe beispielsweise auch Reste einer Gulaschsuppe verwenden. Aber auch mit einer etwas verdünnten Bratensauce kann man sich bei dieser deftigen Suppe behelfen.

### So macht man's:
1. Speck fein würfeln und in einem Topf auslassen.
2. Schinken, Salami und Zwiebeln in Streifen schneiden, zum Speck geben und kurz mitschwitzen.
3. Die Paprikastreifen dazugeben.
4. Das Tomatenketchup unterrühren.
5. Mit heißer Tomatensuppe auffüllen.
6. Mit der zerriebenen Knoblauch-

zehe, Tabasco, Salz, Pfeffer und Paprika würzen und weitere fünf Minuten köcheln lassen.

**7.** Vor dem Servieren saure Sahne unterziehen und mit Petersilie bestreuen.

Kalorien pro Person: 570
Joule pro Person: 2395

Rohwürste wie zum Beispiel die Salami sollte man am besten in einem kühlen, trockenen Raum, wie Keller oder Speisekammer, aufbewahren. Im Kühlschrank haben Rohwürste nichts zu suchen, weil sie in der Kälte anfangen zu schwitzen.

# Variabel und gesund: Geflügel

*Die Liebe der deutschen Esser zum Geflügel war durch lange Zeiten sehr einseitig ausgerichtet auf Ente und Gans.
Der Hendl-Boom früherer Jahre dagegen inspirierte Hausfrauen und Hobbyköche. Irgendwann gingen neue Rezeptideen mit den Hühnern ins Bett, die kulinarische Phantasie schläft und schläft.
Um sie zu wecken, haben wir uns in Deutschlands Landschaften umgesehen, die das variable und gesunde Geflügel von seiner allerbesten Seite zeigen.*

# Hähnchen im Kräutergarten

*Rezept für 4 Personen*

**Das braucht man:**

2 Brathähnchen beliebiger Größe
Salz
Pfeffer aus der Mühle
250 g Schweinehack
2 Brötchen
1/8 l Milch
2 Eier
1 mit Salz zerriebene
Knoblauchzehe
Schale einer geriebenen Zitrone
1 EL Majoran
1 Messerspitze Muskat
1/2 TL Pfeffer
1 Bund Schnittlauch
50 g Butter oder Margarine

Für das Nest:
Dünne Obstbaumzweige
Weiden- oder Haselnußzweige
Trockenkräuter wie Majoran,
Thymian, Rosmarin, Salbei,
Lorbeerblätter
Blumendraht

**So macht man's:**

**1.** Die Hähnchen waschen, trockentupfen, salzen und pfeffern.

**2.** Das Schweinehack mit den in Milch eingeweichten und dann ausgedrückten Brötchen, den Eiern, der Knoblauchzehe, der Zitronenschale, dem Majoran, dem Pfeffer, dem Muskat und dem feingeschnittenen Schnittlauch zu einer Masse verarbeiten.

**3.** Die Hähnchen damit füllen und die Öffnung zunähen.

**4.** Die Zweige mit Blumendraht zu einem Nest binden.

**5.** Trockenkräuter und Lorbeerblätter in das Nest stecken.

**6.** Die Hähnchen ins Nest setzen.

**7.** Im Backofen bei 220° (Gasherd Stufe 4) 45 Minuten braten.

**8.** Während des Bratens mehrfach mit Butter bestreichen und die Zweige mit Wasser beträufeln.

*Kalorien pro Person: 980*
*Joule pro Person: 4115*

169

# Ländlicher Hühnertopf

*Rezept für 4 Personen*

**Das braucht man:**

1 mittelgroßes Suppenhuhn
1 Bund Suppengemüse
1 Zwiebel
4 Nelken
2 Lorbeerblätter
Salz
einige Pfefferkörner

Außerdem:
1 mittelgroßen Chinakohl
200 g durchwachsenen Speck
2 Zwiebeln
Salz
Pfeffer aus der Mühle
1 Prise Muskat
1 Bund Schnittlauch

**So macht man's:**

1. Küchenfertiges Suppenhuhn unter fließendem Wasser abwaschen und trockentupfen.
2. In einem Topf 2 Liter Wasser, Salz und einige Pfefferkörner zum Kochen bringen.
3. Das Suppenhuhn in den kochenden Sud geben und circa 1 1/2 Stunden garen.
4. 1/2 Stunde vor dem Ende der Garzeit die gespickte Zwiebel, das Suppengrün dazugeben und mitkochen.
5. In der Zwischenzeit Chinakohl putzen, waschen und in 5 cm breite Streifen schneiden.
6. Speck in kleine Würfel schneiden.
7. Zwiebeln schälen und fein würfeln.
8. Den gewürfelten Speck in einem entsprechenden Topf auslassen und die Zwiebeln darin glasig schwitzen.
9. Chinakohl dazugeben, kurz mitschwitzen und mit 1 Liter durchgeseihter heißer Geflügelbrühe auffüllen und aufkochen.

10. Mit Salz, Pfeffer und Muskat abschmecken.
11. Das in Würfel geschnittene Geflügelfleisch in der Brühe heiß werden lassen.
12. Mit frisch geschnittenem Schnittlauch bestreut servieren.

*Kalorien pro Person: 970*
*Joule pro Person: 4075*

*Ein Eintopf mit Hühnerfleisch und frischem Chinakohl schmeckt nicht nur gut, sondern ist Hausmannskost und leichte Küche zugleich, denn er hat wenig Kalorien, dafür aber um so mehr wertvolle Nährstoffe.*

## Auch bei uns immer beliebter: Der Chinakohl

Der Chinakohl, auch Peking- oder Blätterkohl genannt, stammt aus Ostasien und hat in China etwa die Bedeutung wie bei uns der Weißkohl. Er wird im Sommer, in den Herbst- und Wintermonaten angeboten und kann sowohl gekocht als auch roh zubereitet werden.
Ihm fehlt der typische Kohlgeschmack, und er bläht auch nicht.
Beim Dünsten – er soll niemals kochen – wird er von unten nach oben verarbeitet, das heißt, zuerst die dicken Rippen mit den zarten Strunkteilen in den Topf geben, die zarten Blattspitzen kommen ziemlich zum Schluß dazu.
Er ist äußerst kalorienarm. 100 g Chinakohl enthalten nur 13 Kalorien. Er enthält viel Vitamin C und neben anderen Mineralstoffen vor allem das wertvolle Kalium. Erwähnt werden muß auch sein Gehalt an Ballaststoffen, die für Entschlackung und Verdauung unseres Körpers so wichtig sind.
Außerdem ist er im Gegensatz zu den anderen Kohlarten so leicht verdaulich, daß man ihn für jede Art von Krankenkost verwenden kann.

### Unser Tip

Da Chinakohl meist küchenfertig geliefert wird und meist strunkfrei ist, gibt es kaum Abfall. Von den 800 g bis 1200 g schweren Köpfen nimmt man nur so viele Blätter ab, wie für eine Mahlzeit benötigt werden. Den Rest kann man in Klarsichtfolie im Gemüsefach des Kühlschranks bis zu zehn Tagen aufbewahren.
Egal ob man Chinakohl kocht, schmort oder dünstet: Er braucht nur milde Hitze und darf auf keinen Fall zu Mus vergart werden. Er sollte nach Möglichkeit noch etwas »Biß« haben, und das dauert je nach Menge und Sorte oft kaum zehn Minuten.
Chinakohl ist außerdem eine besonders dankbare und vorzügliche Basis für die Salatzubereitung und manchmal besser als die empfindlichen Blattsalate.

# Prickelnde Hähnchenbrust

*Rezept für 4 Personen*

### Das braucht man:
*4 Hähnchenbrüste*
*4 EL Butter oder Margarine*
*30 g Mehl*
*1/4 l Hühnerbrühe*
*2 Gläser Sekt*
*4 cl Weinbrand*
*1 Bund Petersilie*
*1 Bund Schnittlauch*
*1 Bund Liebstöckel*
*1 Messerspitze Muskat*
*Salz*
*Pfeffer aus der Mühle*
*1 Tasse Creme fraîche*
*1 Eigelb*

### So macht man's:
1. *Hähnchenbrüste unter fließendem Wasser abwaschen, trockentupfen, salzen und pfeffern.*
2. *In einer entsprechenden Pfanne Öl erhitzen und die Brüstchen anbraten. Farbe nehmen lassen.*
3. *Fett in einem Topf zerlaufen lassen und das Mehl mit einem Schneebesen einrühren.*
4. *Hähnchenbrüste mit Sekt eingießen.*

*Hähnchenbrust an sich ist schon etwas Feines. Aber mit einer prickelnden Sauce aus Sekt, Weinbrand und frischen Kräutern wird sie zu einem echten Festessen, zu dem man übrigens den Sekt nicht nur in der Sauce, sondern auch im Glas reichen kann.*

5. *Hühnerbrühe dazugeben und 12–15 Minuten köcheln lassen.*
6. *Die Brüstchen herausnehmen, warmstellen und den Bratenfond mit der Mehl-Butter binden.*
7. *Mit Weinbrand aromatisieren.*
8. *Die feingeschnittenen Kräuter unter die Sauce rühren.*
9. *Mit Muskat, Salz und Pfeffer abschmecken.*
10. *Creme fraîche und Eigelb miteinander verrühren und unter die Sauce ziehen. Nicht mehr kochen lassen.*
11. *Hähnchenbrüste einsetzen und servieren.*

*Kalorien pro Person: 550*
*Joule pro Person: 2310*

## Praktisch und rentabel: Hähnchenteile

Die Rendite fängt aber – wie meistens – beim Einkauf an: Die Preise für Hähnchenteile sind oft sehr unterschiedlich, deswegen ist ein Preisvergleich wichtig.

Wenn man die Hähnchenteile tiefgefroren kauft, muß man sich die Packung genau anschauen. Schnee- und Eisbildung auf der Packung oder weiße Frostflecken auf dem Fleisch deuten darauf hin, daß das Geflügel nicht immer sachgemäß gelagert wurde.

Zum Auftauen aus der Verpackung herausnehmen, vollkommen auftauen und unbedingt das Auftauwasser sofort wegschütten.

Die aufgetauten Hähnchenteile unter fließendem kalten Wasser gründlich abwaschen, abtropfen und trockentupfen.

Alles, was mit dem Auftauwasser in Berührung gekommen ist, gründlich reinigen, dann ist die Bildung von Salmonellen in der Küche so gut wie ausgeschlossen.

Hähnchenfleisch ist wegen seines hohen Eiweiß- und niedrigen Fettanteils, seines Gehalts an Vitaminen der B-Gruppe und seines hohen Eisen- und Phosphorwerts äußerst gesund und wichtig für die Speiseplanung.

# Marktpoularde

*Rezept für 4 Personen*

### Das braucht man:
1 große Poularde
Salz
Pfeffer aus der Mühle
3 EL Öl
3 Bund Frühlingszwiebeln
1/4 l Weißwein
1/4 l Fleischbrühe
1 TL Zucker
1 TL weißer Pfeffer
2 Knoblauchzehen
1 Zitrone
1 Bund Estragon

### So macht man's:
**1.** Die Poularde in portionsgerechte Teile zerlegen.

**2.** Poulardenteile salzen, pfeffern und im heißen Öl in einer Pfanne rundherum Farbe nehmen lassen.

**3.** Frühlingszwiebeln entsprechend putzen, waschen und in 8 cm große Stücke schneiden.

**4.** Zu der Poularde geben und kurz mitschwitzen.

**5.** Mit Weißwein und Fleischbrühe auffüllen und bei mittlerer Temperatur zugedeckt 25 Minuten garen lassen.

**6.** Mit etwas Salz, weißem Pfeffer, Zucker und den in Scheiben geschnittenen Knoblauchzehen und dem Zitronensaft abschmecken.

**7.** Weitere 5 bis 8 Minuten ziehen lassen.

**8.** Zum Schluß die verlesenen, gewaschenen, abgezupften Estragonblätter dazugeben.

*Kalorien pro Person: 545*
*Joule pro Person: 2290*

*Die Frühlingszwiebeln werden zusammen mit den Poulardenteilen in Weißwein und Fleischbrühe gegart und mit Salz, Zucker, weißem Pfeffer, Knoblauch und Zitronensaft geschmacklich abgerundet. Wer Knoblauch nicht mag, kann zwei mittelgroße Gemüsezwiebeln in die Sauce reiben.*

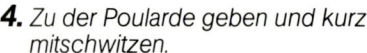

# Gänsekeulen in Kraut

*Rezept für 4 Personen*

**Das braucht man:**
4 Gänsekeulen
3 EL Salz
3 EL Zucker
2 Lorbeerblätter
1 TL Wacholderbeeren
1 EL Thymian
4 Nelken
einige Pfefferkörner
2 Zwiebeln
1 Tasse Essig
1/4 l Weißwein
1/2 l Wasser
6 Scheiben durchwachsenen Speck
150 g Kasseler Rippchen
600 g Sauerkraut
Fleischbrühe nach Bedarf

**So macht man's:**

1. Die Gänsekeulen abwaschen, trockentupfen und in einen entsprechenden Topf legen.
2. Salz, Zucker, Essig, Weißwein und Weinbrand miteinander verrühren und über die Gänsekeulen gießen, bis diese vollständig mit Flüssigkeit bedeckt sind.

Die Gänsekeulen kann man, wie im Rezept beschrieben, marinieren. Man kann aber auch die Beize vorab bereiten, ziehen lassen und dann über die Gänsekeulen gießen. Wichtig ist aber, daß die Gänsekeulen von der Flüssigkeit vollends bedeckt sind.

3. Lorbeerblätter, Wacholderbeeren, Pfefferkörner, Nelken, Thymian, Beifuß, die in grobe Würfel geschnittenen Zwiebeln dazugeben und in dieser Marinade die Gänsekeulen fünf Tage ziehen lassen.
4. Anschließend einen entsprechenden Topf mit den durchwachsenen Speckscheiben auslegen.
5. Kasseler Rippchen in kleine Würfel schneiden.
6. Erst mit einer Schicht Sauerkraut, dann mit dem gewürfelten Kasseler, anschließend mit den Gänsekeulen und zum Schluß wieder mit einer Schicht Sauerkraut bedecken.
7. Mit der abgeseihten Marinade und etwas Fleischbrühe angießen, so daß das Kraut vollkommen bedeckt ist.
8. Bei 200° (Gasherd Stufe 3–4) 2 1/2 Stunden schmoren lassen.

*Kalorien pro Person: 1600*
*Joule pro Person: 6720*

# Hessischer Hahn

*Rezept für 4 Personen*

**Das braucht man:**
4 Hähnchenkeulen
Salz
Pfeffer aus der Mühle
3 EL Butter oder Margarine
1 großen Apfel
2 cl Calvados
1 Tasse Apfelwein

Zum Überbacken:
1 Tasse Sahne
2 Eiweiß
1 EL Curry
1 TL Majoran
1 TL Thymian

**So macht man's:**

1. Die Keulen unter fließendem Wasser waschen, anschließend trockentupfen.
2. Salzen, pfeffern und in Fett rundherum goldbraun anbraten.
3. Inzwischen Apfel schälen, entkernen, vierteln und in dünne Scheiben schneiden.
4. Zu den Keulen geben, kurz mitschwitzen, dann mit Calvados und Apfelwein angießen.
5. Bei mittlerer Hitze zugedeckt 20 Minuten schmoren lassen.

6. Die geschlagene Sahne mit dem steifgeschlagenen Eiweiß vermischen.
7. Mit Curry und den Kräutern verrühren, leicht salzen und pfeffern.
8. Die Keulen mit der Sahne-Eiweiß-Mischung bedecken.
9. Im Ofen 10 Minuten überbacken.

*Kalorien pro Person: 415*
*Joule pro Person: 1745*

# Thüringer Ente

*Rezept für 4 Personen*

### Das braucht man:
1 küchenfertige Ente
6 Kartoffeln
100 g durchwachsenen Speck
2 Zwiebeln
1 Bund Schnittlauch
1 Bund Petersilie
1 Knoblauchzehe
Salz
Pfeffer aus der Mühle
1 EL Majoran
1 TL Thymian
Fett zum Braten
3 Zwiebeln
1/2 l Fleischbrühe
1 EL Stärkemehl

### So macht man's:
**1.** Ente unter fließendem Wasser innen und außen abwaschen, trockentupfen.

**2.** Kartoffeln kochen, schälen und durch ein feines Sieb drücken.
**3.** Speck würfeln.
**4.** Zwiebeln fein würfeln.
**5.** Speck in einer heißen Pfanne auslassen und die Zwiebeln darin glasig schwitzen.
**6.** Kräuter verlesen, waschen, fein hacken.
**7.** Knoblauchzehe mit Salz gut zerreiben.
**8.** Zutaten in einer Schüssel miteinander verrühren. Mit Salz, Pfeffer, Majoran und Thymian würzen.
**9.** Die Ente füllen. Die Füllung fest hineindrücken. Die Öffnung mit der Küchenschnur zunähen und rundherum in Form bringen.
**10.** Die Ente in einen Schmortopf geben, mit Wasser angießen und von allen Seiten Farbe nehmen lassen.
**11.** Zwiebeln schälen, in Würfel schneiden und zu der Ente geben.
**12.** Bei 220° (Gasherd Stufe 4–5) 1 1/2 Stunden garen. Während des Garens öfter mit Fleischbrühe ablöschen.
**13.** Am Schluß den Bratensaft loskochen, entfetten und mit etwas Stärkemehl leicht eindicken.

*Kalorien pro Person: 1200*
*Joule pro Person: 5040*

## Aus Frankreich: Kräuter der Provence

Für alles ist ein Kraut gewachsen, kann man sagen, wenn man die Vielzahl der Küchenkräuter einmal betrachtet. Und eine gute Küche erkennt man unter anderem auch daran, wieviele Kräuter dort sachgemäße Verwendung finden.

Kräutermischungen sind oft die besten Problemlöser, weil ihre Zusammenstellung einen vielseitigen Anwendungsbereich ermöglicht.

Kräuter der Provence zum Beispiel sind eine Mischung verschiedener Kräuter aus Südfrankreich, die dort aus klimatischen Gegebenheiten besonders aromatisch sind.

Meist sind Thymian, Basilikum, Rosmarin, Majoran, Salbei, Estragon, Pfefferkraut und zerstoßener Lavendel enthalten.

*Ente und Gans werden in der Regel ohne Bratfett gebraten, weil sie selbst während des Bratvorgangs genug Fett abgeben. Mit der Brust nach unten werden sie in das Bratrohr geschoben, mit Wasser angegossen. Sobald die Brust auf beiden Seiten Farbe hat, auf den Rücken legen und zu Ende garen. Dieses Vorgehen verhindert ein Austrocknen des zarten Brustfleischs.*

## Beifuß – damit Fettes bekömmlicher wird

Überall an Schutthalden und Wegrändern findet sich der Beifuß, auch Gänsekraut genannt. Von August bis September sammelt man die blütenreichen Rispen mit den noch hochgeschlossenen Blütenknospen. Die Blätter muß man entfernen. Sie sind wegen ihres bitteren Geschmacks nicht genießbar.
Die Blütenrispen lassen sich frisch verbrauchen, eignen sich aber auch sehr gut zum Trocknen.
Beifuß schmeckt würzig-bitter und sehr aromatisch. Die Knospen enthalten Gerb- und Bitterstoffe sowie ätherisches Öl. Das ist auch der Grund, warum er fettes Fleisch, fettes Geflügel, aber auch blähende Gemüsearten wie Kohl so bekömmlich macht.
Übrigens: Ein Fußwasser bzw. ein Fußbad mit Beifuß macht müde Beine in Sekunden wieder munter!

## Gans mit Wurstfülle

Rezept für 4 Personen

### Das braucht man:
1 Gans
Salz
Pfeffer aus der Mühle
400 g Kartoffeln
400 g Bratwurstfülle
150 g durchwachsenen Speck
2 Zwiebeln
2 Bund Petersilie
1 EL Majoran
1 TL Beifuß
4 Eier
50 g Mehl
50 Semmelbrösel

*Zum Braten wird die Gans mit etwas Wasser angesetzt, weil während des Bratens genug Fett austritt und dies die Hinzugabe von anderen Bratfetten überflüssig macht.*

### So macht man's:
1. Gans innen und außen waschen und trockentupfen.
2. Mit Salz und Pfeffer gleichmäßig einreiben.
3. Kartoffeln kochen, schälen und durch die feine Scheibe des Fleischwolfs drehen.
4. In einer heißen Pfanne erst den gewürfelten Speck auslassen.
5. Die gehackten Zwiebeln darin glasig dünsten.
6. Die Bratwurstfülle aus dem Darm streichen und kurz mitschwitzen.
7. Die Zutaten zu einer Masse verarbeiten.

**8.** Gewaschene und feingehackte Petersilie mit dem Majoran, dem Beifuß, den Eiern, dem Mehl und den Semmelbröseln unter die Masse arbeiten.

**9.** Die Gans damit füllen. Die Füllung festdrücken.

**10.** Mit einer Küchenschnur die Öffnung zunähen.

**11.** Bei 220° (Gasherd Stufe 4) circa 2 Stunden garen.

**12.** Während des Garvorgangs öfter mit Wasser oder Fleischbrühe angießen.

Kalorien pro Person: 2890
Joule pro Person: 12140

Eine Fülle aus Bratwurstbrät schmeckt lecker und deftig. Bratwurstbrät bekommt man, wenn man es aus dem Wurstdarm herausstreicht. Einfacher ist es, wenn man die entsprechende Menge beim Metzger vorbestellt. Die Sorte der Bratwurst ist dem eigenen Geschmack überlassen.

# Küchenhalali für Wild

*Hirsche, Rehe, Wildschweine und Wildköche haben eines gemeinsam: Sie sind Gewohnheitstiere. Die einen trotten in Wald und Feld immer die gleichen Pfade entlang. Die anderen drehen sich in einem Rezeptkreis, der sich meist auf zwei oder drei Klassiker beschränkt. Damit es anders werde, dafür steht dieses Kapitel.*

# Hirschbraten in der Himbeerbeize

*Rezept für 4 Personen*

### Das braucht man:
1 kg Hirschkeule
Salz
Pfeffer aus der Mühle
100 g fetten Speck zum Spicken
2 Karotten
1 Stange Lauch
1 kleine Sellerieknolle
Fett zum Braten
1/2 l Rotwein
1/4 l Bratensauce
125 g Himbeeren
4 EL Essig
1 Becher Creme fraîche

### So macht man's:
1. Das Fleisch salzen, pfeffern und mit dem in Streifen geschnittenen Speck spicken.
2. Karotten, Lauch und Sellerieknolle entsprechend putzen, waschen und in Würfel schneiden.
3. Bratfett in einem Bräter erhitzen und das Fleisch darin auf allen Seiten Farbe nehmen lassen.
4. Das Gemüse dazugeben und circa fünf Minuten mitrösten.
5. Mit Rotwein ablöschen und mit der heißen Bratensauce auffüllen.
6. Die Himbeeren dazugeben. Die Sauce mit Essig leicht säuern.
7. Mit Salz und Pfeffer abschmecken. Im auf 180° (Gasherd Stufe 2–3) vorgeheizten Bratrohr circa eine Stunde schmoren lassen.
8. Das Fleisch herausnehmen, warmstellen und die Sauce passieren.
9. Mit Creme fraîche verkochen und zum Braten servieren.

*Kalorien pro Person: 810*
*Joule pro Person: 3400*

# Hasenrückenfilet Schloß Linderhof

*Rezept für 4 Personen*

**Das braucht man:**

1 kleinen Rotkohlkopf
4 Hasenrückenfilets
250 g Champignons
100 g gekochten Schinken
1 Eigelb
4 EL Creme fraîche
Salz
Pfeffer aus der Mühle
1 Glas Weinbrand
1 Messerspitze Muskat
1 Bund Petersilie
3 EL Butter oder Margarine
2 Tassen Rotwein
2 Tassen gebundene Bratensauce
2 EL Preiselbeeren

**So macht man's:**

1. Den Rotkohlkopf in ausreichend Salzwasser fünf Minuten kochen, herausnehmen, im kalten Wasser abkühlen und abtropfen.
2. Rotkohlblätter ablösen und auf einer Arbeitsfläche auslegen – erst die großen Blätter, dann die kleinen.
3. Hasenrückenfilets in etwas Fett auf allen Seiten scharf anbraten. Nur Farbe nehmen lassen.
4. Champignons und Schinken durch die feine Scheibe des Fleischwolfs drehen.
5. Mit Creme fraîche und dem Eigelb glattrühren. Mit Salz, Pfeffer, Weinbrand und Muskat abschmecken.
6. Die verlesene, gewaschene und feingehackte Petersilie unter die Masse arbeiten.
7. Die Hälfte der Masse auf den Rotkohlblättern verteilen.
8. Die vorgebratenen Hasenfilets darauflegen.
9. Die restliche Hälfte der Masse über die Hasenfilets verstreichen.

10. Zu Rouladen formen und wie Fleischrouladen binden.
11. In einen ausgefetteten Schmortopf geben.
12. Mit Rotwein und heißer Bratensauce angießen.
13. Die Preiselbeeren unterrühren.
14. Bei 220° (Gasherd Stufe 4–5 circa 30 Minuten garen.

*Kalorien pro Person: 490*
*Joule pro Person: 2060*

*Champignons sind die Hauptzutat in diesem Rezept. Zu einer leckeren Masse verarbeitet, werden sie zusammen mit zarten Hasenrückenfilets in blanchierte Rotkohlblätter eingeschlagen und in einer würzigen Sauce gegart.*

## Essen mit Köpfchen: Champignons

Je frischer Champignons verbraucht werden, um so besser schmecken sie. Die Größe der Champignonköpfe sagt wenig über das Alter. Neben Sorten mit weißen, seidigen Köpfen gibt es auch andere mit gelblicher oder bräunlicher Haut und einem besonders würzigen Geschmack.
Geöffnete Köpfe, bei denen man die inzwischen dunkelbraunen Lamellen sehen kann, sind der Beweis dafür, daß die Champignons schon vor einigen Tagen geerntet wurden.
Man kann sie aber dennoch kaufen, denn sie sind preisgünstiger, aber dafür sofort zu verbrauchen.
Man sollte ungeputzte Pilze den geputzten vorziehen, weil sie nicht nur billiger, sondern vom Aroma her gesehen auch besser sind.
Champignons haben keine Saison. In den klimatisierten Aufzuchträumen reifen sie das ganze Jahr.
Mit Champignons kann man sich schön und schlank essen, denn sie sind reich an Vitaminen und Mineralstoffen, aber arm an Kalorien.
Die Pilze sind gegen Beschädigung, Druck und Erwärmung sehr empfindlich.

## Unser Tip

**Champignons dürfen im Gegensatz zu allen anderen Pilzen zwei bis drei Tage an einem kühlen und luftigen Ort aufbewahrt werden.
Man kann sie auch einfrieren, aber auf keinen Fall roh.
Vor dem Einfrieren rund fünf Minuten in Salzwasser mit Zitronensaft blanchieren.**

---

**Die Champignons werden nicht geschält, sondern nur leicht geputzt. In Wasser, mit Zitronensaft oder Essig eingetaucht, behalten die weißen Köpfe ihre reinweiße Farbe. Frische Champignons bleiben saftig, wenn sie erst nach dem Garen gesalzen werden. Zu starke Gewürze würden das charakteristische Aroma der Champignons überdecken.**

# Fasan im Sekt

Rezept für 4 Personen

**Das braucht man:**

4 Fasanenbrüstchen
Salz
Pfeffer aus der Mühle
1 Tasse Mehl
3 EL Butter oder Margarine
4 Schalotten
1 Pikkoloflasche Sekt
1 Becher Creme fraîche
Saft einer Zitrone
1 Bund Estragon

Wenn frische Schalotten in einem Rezept mit Fasanenbrüstchen und Champagner zusammentreffen, dann gibt es bestimmt etwas zum Feiern. Mit Sicherheit dieses Rezept!

**So macht man's:**

1. Fasanenbrüstchen salzen, pfeffern.
2. In Mehl wenden.
3. Fett in einer entsprechenden Pfanne auslassen und die Fasanenbrüstchen darin rundherum so lange anbraten, bis sie überall eine schöne Farbe haben.
4. Die Schalotten schälen und fein hacken.
5. Die Fasanenbrüstchen mit Sekt ablöschen.
6. Die Schalotten dazugeben und zugedeckt 10 Minuten mitdünsten.
7. Brüstchen herausnehmen und warmstellen.
8. Die Creme fraîche unterziehen und fünf Minuten einreduzieren lassen.
9. Sauce mit Zitronensaft, Salz und Pfeffer abschmecken.
10. Vor dem Servieren den frischgehackten Estragon unter die Sauce ziehen und damit die Fasanenbrüstchen überziehen.

Kalorien pro Person: 565
Joule pro Person: 2370

## Die Kleine aus der Zwiebelfamilie: Die Schalotte

Sie heißt auch Askalonzwiebel, weil ihre Vorfahren aus der Gegend um Askalon stammen. Sie ist eine kleine Zwiebel mit hellbrauner bis rötlicher Haut.
Sie schmeckt feiner und aromatischer als die normale Küchenzwiebel und soll deswegen nicht nur als Zutat, sondern auch als Würze und Geschmacksverfeinerung gesehen werden.
Sobald sie geschält oder geschnitten ist und liegenbleibt, verliert sie an Aroma und Geschmack. Deswegen soll man sie auch erst kurz vor dem Vollenden der Speisen darangeben.
Will man sie über einen längeren Zeitraum hinweg aufbewahren, sollte man sie möglichst luftig, kühl, vor allem ausgebreitet und nebeneinanderliegend lagern.
Die Schalotte enthält, ähnlich wie die übrigen Zwiebelsorten, wertvolle Vitamine, Mineralstoffe und schwefelhaltige Öle, die ein guter Schutz gegen Herz- und Kreislauferkrankungen sind.
Ihr typischer Zwiebelgeschmack wird besonders durch den Gehalt an Zucker und schwefelhaltigen, ätherischen Ölen bestimmt.

# Wildschweinbraten mit Zimtaroma

*Rezept für 4 Personen*

**Das braucht man:**

1 kg Wildschweinbraten ohne Knochen
Salz
Pfeffer aus der Mühle
4 EL Öl
1/4 l gebundene Bratensauce
1 Tasse süße Sahne
1 TL geriebene Orangenschale
1 TL Zimt
1 TL Farinzucker

Für die Beize:

2 Lorbeerblätter
einige Pfefferkörner
einige Wacholderbeeren
4 Nelken
4 Stangen Zimt
8 cl Orangenlikör
1/2 l Rotwein
1/4 l Wasser

**So macht man's:**

1. Den Wildschweinbraten in den Beiztopf legen.
2. Lorbeerblätter, Pfefferkörner, Wacholderbeeren, Nelken und Zimtstangen dazugeben.
3. Mit Orangenlikör, Rotwein und Wasser übergießen und den Topf zugedeckt zwei Tage in den Kühlschrank stellen. Darauf achten, daß das Fleisch von der Flüssigkeit bedeckt ist.
4. Anschließend das Fleisch aus der Beize nehmen, abtropfen lassen, mit Küchenkrepp trockentupfen, salzen und pfeffern.
5. Öl im Bratgeschirr erhitzen und das Fleisch von allen Seiten scharf anbraten. Farbe nehmen lassen.
6. Mit der abgesiehten Beize auffüllen, die Bratensauce dazugeben und im Bratrohr bei 200° (Gasherd Stufe 3–4) circa 90 Minuten braten.
7. Fleisch herausnehmen, warmstellen und die Sauce durchpassieren.
8. Sahne mit Orangenschale, Zimt und Farinzucker verrühren und in die Sauce geben.
9. Sauce eventuell mit Speisewürze nachschmecken und zum Braten reichen.

*Kalorien pro Person: 950*
*Joule pro Person: 3990*

*Die Zimtstangen mit ihrem feinwürzigen bis exotischen Geschmack bestimmen dieses Rezept. In Verbindung mit dem Aroma der Orangen, des Rotweins und anderer Zutaten entsteht eines der besten Wildrezepte.*

# Hagenrieder Hasensuppe

*Rezept für 4 Personen*

### Das braucht man:
300 g Hasenfleisch
2 Zwiebeln
1 kleine Dose Mischpilze
3 EL Butter oder Margarine
3 EL Mehl
1 Tasse Weißwein
1/2 l Fleischbrühe
Saft einer Orange
Saft einer Zitrone
3 EL Johannisbeergelee
1 EL Senf
1 TL geriebene Zitronenschale
1 TL geriebene Orangenschale
einige Spritzer Worchestersauce
4 cl Madeira
Salz
Pfeffer aus der Mühle
1 Tasse Sahne
1 Bogen Blattgold

### So macht man's:
1. Hasenfleisch in kleine Würfel schneiden.
2. Zwiebeln schälen und würfeln.
3. Mischpilze gut abtropfen lassen und kleinschneiden.

*Man muß kein Millionär sein, wenn man diese wohlschmeckende und ehrwürdige Hasensuppe vergolden will. In allen Bastel- und Hobbygeschäften gibt's Blattgold als Bogen für ein paar Mark. Und mit so einem Bogen kann man viele Suppen vergolden.*

4. Fett erhitzen, das Hasenfleisch darin anbraten und Farbe nehmen lassen.
5. Zwiebeln dazugeben und kurz mitschwitzen.
6. Mit Mehl bestäuben.
7. Mit Weißwein ablöschen; mit heißer Fleischbrühe auffüllen.
8. Mit Orangensaft, Zitronensaft, Johannisbeergelee, Senf, geriebener Zitronen- und Orangenschale und einigen Spritzern Worchestersauce würzen.
9. Mit Madeira verfeinern.
10. Mit Salz und Pfeffer abschmecken.
11. Bei mittlerer Hitze 25 Minuten köcheln lassen.
12. Danach die Mischpilze dazugeben und heiß werden lassen.
13. Sahne steifschlagen und unter die Suppe heben.
14. Das Blattgold zwischen den Fingern zerbröseln und über die Suppe verstreuen.

*Kalorien pro Person: 420*
*Joule pro Person: 1760*

# Achentaler Rehragout

*Rezept für 4 Personen*

### Das braucht man:
600 g Rehschulter
1/4 l Rotwein
1/8 l Essig
1/8 l Wasser
125 g frische Himbeeren oder Tiefkühlprodukt
1 gespickte Zwiebel
1 EL Thymian
1 EL grüne Pfefferkörner
1/4 l Bratensauce
1 kleine Dose Mischpilze
1 Tasse Sahne
Salz
Pfeffer aus der Mühle
1 Tasse frische Himbeeren oder Tiefkühlhimbeeren

### So macht man's:
1. Das Rehfleisch in Würfel schneiden.
2. Aus Rotwein, Essig, Wasser, Himbeeren und gespickter Zwiebel eine Beize anrühren.
3. Das Fleisch dazugeben und mindestens 48 Stunden beizen.
4. Das Fleisch herausnehmen, trockentupfen und in einem heißen Topf mit etwas Öl scharf anbraten. Farbe nehmen lassen.

*So farbenprächtig kann ein Rehragout aussehen, wenn man die richtigen Zutaten verwendet. Aber nicht nur wegen der Optik: Verschiedene Pilze, Himbeeren und grüner Pfeffer geben diesem Rezept den besonderen Pfiff.*

5. Mit der Hälfte der abgeseihten Beize ablöschen und mit der fertigen Bratensauce auffüllen. Eine Stunde köcheln lassen.
6. Die kleingeschnittenen Pilze dazugeben, aufkochen.
7. Mit Thymian und grünem Pfeffer würzen.
8. Sahne steifen, mit den Himbeeren zum Ragout geben.

*Kalorien pro Person: 375*
*Joule pro Person: 1575*

## Hirschsteaks mit Preiselbeercreme

*Rezept für 4 Personen*

### Das braucht man:

4 Hirschrückensteaks à 200 g
2 EL hitzeverträgliches Fett
Salz
Pfeffer aus der Mühle
2 Zwiebeln
4 cl Kirschlikör
2 Tassen gebundene Bratensauce
3 EL Preiselbeeren
1 EL Senf
1 Tasse Sahne

### So macht man's:

1. Eine Pfanne erhitzen und das Fett darin heiß werden lassen.
2. Die Hirschsteaks in heißem Fett scharf anbraten und höchstens rosa weiterbraten.
3. Herausnehmen, salzen, pfeffern und warmstellen.

4. Die feingehackten Zwiebeln im verbliebenen Bratfett glasig schwitzen.
5. Mit Kirschlikör ablöschen und mit der heißen Bratensauce auffüllen.
6. Preiselbeeren und Senf unter die Bratensauce geben, mit Salz und Pfeffer eventuell nachwürzen.
7. Die geschlagene Sahne unter die Sauce ziehen und zu den Steaks servieren.

*Kalorien pro Person: 575*
*Joule pro Person: 2415*

## Preiselbeeren – Evergreen zum Wild

Sie werden leider oft überstrapaziert, denn in Gaststätten und Haushalten werden zu allem, was auch nur im entferntesten mit Wild zu tun hat, Preiselbeeren gereicht.

Ihre Reifezeit ist der Spätsommer, und wer Gelegenheit hat, sie zu pflükken, erlebt das echte Aroma.

Sie eignen sich auch sehr gut zum Einfrieren. Dazu werden sie verlesen, gewaschen und gut abgetropft. Im Gegensatz zu anderen Waldbeeren werden Preiselbeeren ohne Zucker eingefroren.

Die gängigste Form der Haltbarmachung und Wiederverwendung ist die Marmeladenherstellung, die auch eine vielseitige Verwendung sichert.

*Die geschlagene Sahne wird ganz langsam unter die Sauce gerührt und mit einem Löffel untergehoben, damit die gewünschte Leichtigkeit nicht durch ein Gerinnen der Sahne verlorengeht.*

## Für Wildanfänger: Das Wildkaninchen

Wildkaninchen sind kleiner als Hasen und unterscheiden sich auch durch weißliches bis graurötliches Fleisch, das manchmal etwas süßlich schmeckt, aber durch Einlegen in Beize oder durch bestimmte Würzraffinessen verändert werden kann.

Mit gewissen Abstrichen kann man sich auch am »Stallhasen«, dem Kaninchen versuchen, das vor allem bei unseren Nachbarn, den Franzosen, hoch im Kurs steht. Sein helles, zartes Fleisch erinnert bei einfacher Zubereitung eher an das fleischige Haushuhn als an Wild. Ein ganz entscheidender Vorteil ist, daß Rücken und Keulen fast die gleichen Garzeiten haben.

Die Empfehlung kann nur lauten, nicht das ganze Tier zu braten, sondern es zu zerteilen, damit man am Beispiel der unterschiedlichen Teile auch die unterschiedlichen Garzeiten berücksichtigen kann. Das Fleisch von jüngeren Tieren benötigt keine spezifische Garvorbereitung, wohingegen das Fleisch von älteren Tieren gebeizt werden sollte.

## Kaninchen mit Küchenkräutern

*Rezept für 4 Personen*

### Das braucht man:

1 küchenfertiges Kaninchen
Salz
Pfeffer aus der Mühle
4 EL Öl
2 Tassen Weißwein
1/4 l helle Sauce (Fertigprodukt)
1 Bund Petersilie
1 Bund Schnittlauch
1 Bund Basilikum
1 Tasse Sahne
2 Zitronen

*Wer, aus welchen Gründen auch immer, auf den Weißwein verzichten will, kann das Kaninchen auch mit heißer Fleisch- oder Gemüsebrühe angießen.*

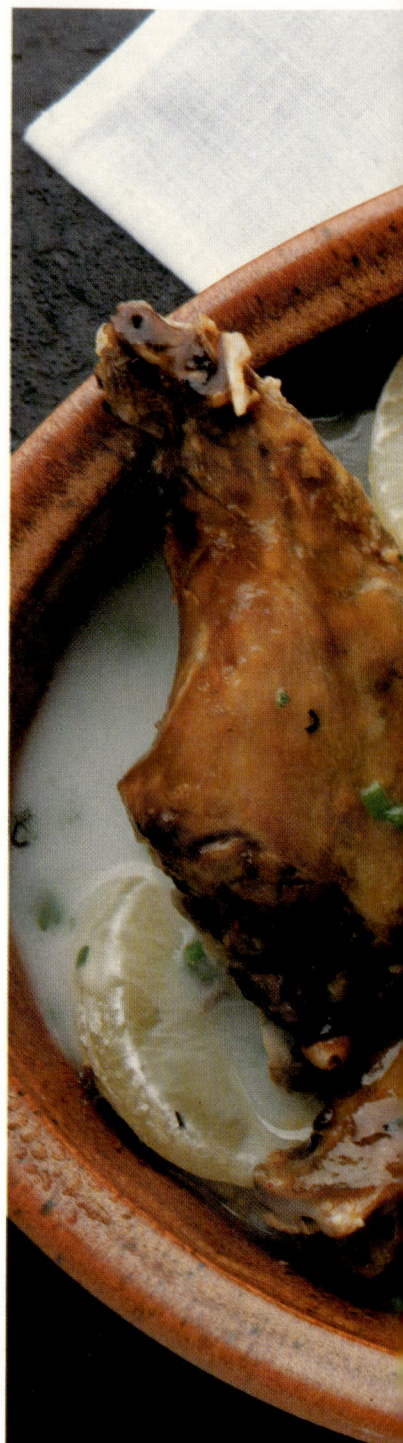

### So macht man's:

1. Das küchenfertige Kaninchen in portionsgerechte Stücke teilen.
2. Mit Salz und Pfeffer einreiben.
3. Bratgeschirr erhitzen, Öl darin heiß werden lassen und die Kaninchenteile rundherum anbraten. Schön Farbe nehmen lassen.
4. Mit Weißwein ablöschen und mit heißer heller Sauce auffüllen.
5. Bei 200° (Gasherd Stufe 3–4) im Backofen 40 Minuten schmoren lassen.
6. Kräuter verlesen, waschen und entsprechend kleinhacken.

**7.** Die Kaninchenteile aus der Sauce nehmen und warmstellen.

**8.** Die gehackten Kräuter in die Sauce geben. Mit Sahne verfeinern.

**9.** Kaninchenteile anrichten, mit Sauce überziehen und mit Zitronenschnitzeln garnieren.

*Kalorien pro Person: 570*
*Joule pro Person: 2395*

*Das Kaninchen liebt frische Küchenkräuter, insbesondere Basilikum oder auch Estragon. Schnittlauch und Petersilie verstehen sich von selbst.*

# Beliebtes Sommernachtsvergnügen: Grillen

*Beim Grillen geht es nicht nur um Fleisch. Die Schälrippchen zum Beispiel mußten erst den Umweg über Mexiko machen, um als »Spareribs« auf den Rost zurückzukehren. Wer auch Geflügel, Fisch und Wurst in sein Grillrepertoire aufnehmen will, sollte die nächsten Seiten studieren.*

# Lammkeule im Ganzen

*Rezept für 4 Personen*

**Das braucht man:**
1 Lammkeule mit mindestens 1,5 bis 2,0 kg
Salz
Pfeffer aus der Mühle
1 Bund Estragon
1 Bund Majoran
1 Bund Thymian
1 Bund Zitronenmelisse
4 EL Öl

**So macht man's:**

1. Die Lammkeule mit Salz und Pfeffer gleichmäßig einreiben.
2. Mit einem scharfen Messer circa 1 cm tiefe Schlitze in das Fleisch schneiden.
3. Die Kräuter verlesen, waschen und als kleine Zweige miteinander vermischen.
4. Die Kräutermischung in die Schnitte im Fleisch stecken und fest hineindrücken.
5. Die restlichen Kräuter fein hacken und mit dem Öl verrühren.
6. Auf einen Spieß stecken und im Drehgrill oder im Ofen bei 200° (Gasherd Stufe 3–4) unter mehrmaligem Bestreichen mit Öl circa 50 bis 70 Minuten garen.

*Kalorien pro Person: 760*
*Joule pro Person: 3190*

# Feurige Schälrippchen

Rezept für 4 Personen

**Das braucht man:**

2 kg Spareribs mit mindestens
2 cm Fleischauflage (Schälrippchen vom Metzger)
1 Tasse Bienenhonig
1 kleine Flasche Tomatenketchup
1 EL Paprika
1 EL Currypulver
einige Tropfen Tabasco
1 TL Pfeffer
1 TL Majoran
1 TL Thymian
1 TL Rosmarin
2 EL Essig
Saft einer Zitrone
8 Knoblauchzehen
2 TL Salz
2 Gläser Weinbrand

**So macht man's:**

1. Die Spareribs leicht salzen und pfeffern.
2. Auf dem Grill anbraten und etwas Farbe nehmen lassen.
3. Bienenhonig mit Tomatenketchup anrühren.
4. Paprika, Curry, Tabasco, Pfeffer, Majoran, Thymian, Rosmarin, Essig und Zitronensaft dazugeben und alles glattrühren.
5. Knoblauchzehen mit Salz zerreiben und in die Sauce geben.
6. Mit Weinbrand aromatisieren. Nochmals gut durchrühren.
7. Während des Grillvorgangs die Schälrippchen so oft wie möglich dünn mit dieser feurigen Sauce einstreichen, bis sich eine knusprige Kruste bildet.

*Kalorien pro Person: 760*
*Joule pro Person: 3190*

*Honig, aber auch andere Fruchtgelees sind die Basis für eine würzige Grillglasur, die außer für Geschmack auch für eine schöne Kruste sorgt. Durch das Karamelisieren des Fruchtzuckers werden die übrigen Zutaten am Grillgut festgehalten und tropfen nicht ab.*

## Grillregeln – damit die Feuerwehr zu Hause bleiben kann

Zuerst die Holzkohle aufhäufeln. In die Mitte einen Grillanzünder setzen und mit langen Streichhölzern anzünden.

Mit dem Grillen erst anfangen, wenn die Holzkohle durch und durch glüht, sich auf der Glut ganz leicht weiße Asche bildet. Es dürfen vor allem keine Flammen mehr sichtbar sein.

Mit genügend Abstand grillen. Bei kleineren Stücken sollte der Abstand zwischen Glut und Fleisch mindestens 15 cm, bei größeren Stücken mindestens 30 cm betragen.

Während des Grillens in keinem Fall Holzkohle nachlegen. Wenn man mehr Glut braucht, bringt man die Kohle in einem Ersatzgrill zum Glühen.

Wer am Grill steht, sollte keinesfalls Kleidung aus synthetischen Fasern tragen. Außerdem gehört ein Feuerlöscher oder ein Eimer mit Sand in die Nähe des Grills. Auf keinen Fall einen Brand mit Wasser zu löschen versuchen und zum Anzünden weder Benzin noch Spiritus verwenden.

Sinnvoll ist es, den Glutkorb des Holzkohlengrills mit Alufolie auszulegen, weil es die Hitzereflektion verstärkt.

### Unser Tip

**Wer Fleisch ohne bestimmte Zubereitungsanleitung »nature« grillen will, kann trotzdem Aroma übertragen, indem er Frischkräuter auf die Glut legt. Der aufsteigende Kräuterrauch würzt das Fleisch.**

**Frische Kräuter kann man dazu reichlich verwenden. Getrocknete Kräuter gehen auch. Man muß sie aber dosiert einsetzen.**

**Für echte Grillfans wird heute Eichen-, Buchen-, Pappel-, Birken- oder Wacholderholz in entsprechend großen Stücken angeboten, das man im Holzkohlengrill übereinanderschichtet, anzündet und nach dem Brennen zum Glühen bringt, was ungefähr 40 Minuten dauert.**

# Lorbeerkugeln

Rezept für 4 Personen

**Das braucht man:**

*400 g gemischtes Hackfleisch
Salz
Pfeffer aus der Mühle
1 Zwiebel
2 Knoblauchzehen
4 EL Öl
1 TL Majoran
1 TL Basilikum
1 EL Paprika
2 EL Semmelbrösel
2 Paprikaschoten
große Lorbeerblätter*

**So macht man's:**

1. Das Hackfleisch in eine Rührschüssel geben.
2. Salzen und pfeffern.
3. Die Zwiebel schälen, fein würfeln.
4. Die Knoblauchzehen mit Salz zerreiben.
5. Beides zum Hackfleisch geben, mit Öl, Majoran, Basilikum, Paprika und den Semmelbröseln zu einer festen Masse verarbeiten.
6. Das Hackfleisch mit nassen Händen zu Kugeln abdrehen.
7. Abwechselnd mit Paprikaschoten und vielen Lorbeerblättern auf Spieße stecken.
8. Auf dem Grill unter ständigem Drehen 10–12 Minuten grillen.

*Kalorien pro Person: 480
Joule pro Person: 2015*

*Hackfleischkugeln auf dem Grillspieß werden im Rauch der verglühenden Lorbeerblätter besonders gut und schmackhaft. Dazwischen sorgen Knoblauch und Paprikaschoten für Feuchtigkeit und zusätzliches Aroma.*

## Aus der Antike in die Küche: Das Lorbeerblatt

Die Sage erzählt, daß der Gott Apollo, nachdem er den Freund der von ihm so geliebten Nymphe Daphne durch einen Pfeilschuß getötet hatte, Daphne in einen Lorbeerbaum verwandelte und sie so unsterblich machte.

Unsterblich ist das Lorbeerblatt auch in Deutschlands Küchen geworden. Teilweise wird der Lorbeerbaum schon als Kübelpflanze kultiviert.

Lorbeerblätter enthalten ätherische Öle und Bitterstoffe, die seinen Geschmack prägen. Gute Ware ist dunkelgrün und enthält ganze Blätter; gelbbraune, zerbrochene Blätter mit hohem Stengelanteil sind überaltert und minderwertig.

Wenn man sie beim Grillen auf den Spieß steckt, fangen sie an zu glimmen und übertragen ihr Aroma durch den beißenden Rauch auf das Grillgut. Steckt man dann noch Paprikaschoten dazwischen, die das Grillgut und damit auch die Lorbeerblätter durch Verdunsten der Eigenflüssigkeit befeuchten, erhält man ein optimales Grillergebnis.

Der Lorbeerbaum wächst im gesamten Mittelmeergebiet, z. B. in Griechenland, Italien und der Türkei.

# Rosmarinfleisch

Rezept für 4 Personen

### Das braucht man:
1 Tasse Essig
1 l Salzwasser
2 Lorbeerblätter
einige Wacholderbeeren
einige Pfefferkörner
1 Bund Rosmarin
1 Bund Suppengemüse
4 Stück Schweinebauch à 300 g
1/2 Tasse Öl
2 EL Rosmarin

### So macht man's:
1. Essig, Salzwasser, Lorbeerblätter, Wacholderbeeren, Pfefferkörner und den Bund Rosmarin in einen Topf geben und zum Kochen bringen.
2. Suppengemüse und Schweinebauch dazugeben und circa 20 Minuten sieden lassen. 
3. Schweinebauch herausnehmen, erkalten lassen, salzen und pfeffern.
4. Öl mit den Rosmarinnadeln vermischen und den Schweinebauch damit bestreichen.
5. Auf dem Grill oder in der Pfanne scharf anbraten, Farbe nehmen lassen und dazwischen öfter mit dem Rosmarinöl bestreichen.

*Kalorien pro Person: 1050*
*Joule pro Person: 4410*

*Die tannennadelähnlichen Blättchen duften stark aromatisch und sind etwas harzig-pikant im Geschmack. Frisch würzt Rosmarin weitaus besser als im getrockneten Zustand. Getrocknete Nadeln sind harzig und stumpf, überhaupt staubiger im Geschmack. Wenn man sie verwendet, soll man sie ein paar Stunden vorher in Öl legen.*

# Glasierte Hähnchenkeulen

*Rezept für 4 Personen*

### Das braucht man:

4 Hähnchenkeulen
Salz
Pfeffer aus der Mühle

Für die Glasur:
4 EL Aprikosengelee
1 kleine Zwiebel
1 EL Curry
1/2 TL Salz
1/2 Tasse Weißwein
2 cl Weinbrand
1 EL Öl

*Geflügel darf bei einer zünftigen Grillparty nicht fehlen. Insbesondere die saftigen Hähnchenkeulen sind immer ein »Renner«. Noch besser werden sie, wenn man sie während des Grillens mit einer würzigen Grillglasur einstreicht.*

### So macht man's:

1. Hähnchenkeulen auftauen. Auftauwasser wegschütten. Unter fließendem Wasser abwaschen und trockentupfen.
2. Aprikosengelee mit der pürierten Zwiebel, dem Curry, dem Salz, dem Weißwein, dem Weinbrand und dem Öl zu einer Glasur verrühren.
3. Hähnchenkeulen über der Holzkohlenglut oder in der Pfanne anbraten und Farbe nehmen lassen.
4. Danach in kurzen Abständen mit einem Speisepinsel auf den Hähnchenkeulen die Glasur verstreichen, karamelisieren und den Vorgang wiederholen.

*Kalorien pro Person: 260
Joule pro Person: 1090*

# Steckerlfisch

*Rezept für 4 Personen*

### Das braucht man:

4 mittelgroße Makrelen
Salz
Pfeffer aus der Mühle
2 Knoblauchzehen
1/2 Tasse Öl
Saft einer Zitrone
1 TL Basilikum
1 TL Salbei
1 Bund Petersilie
4 im Durchschnitt
50 cm lange Stecken

### So macht man's:

1. Die Makrelen sauber waschen, innen leicht salzen.
2. Außenseiten mit einem scharfen Messer drei- bis viermal einritzen.
3. Knoblauchzehen mit Salz so fein wie möglich zerreiben.
4. Öl mit dem Knoblauch, dem Zitronensaft, dem Basilikum, dem Salbei und der gehackten Petersilie verrühren.
5. Mit dieser Würze werden die Fische innen und außen gut eingepinselt.
6. Auf die Steckerl schieben und auf dem Grill oder im Ofen circa 10 Minuten garen.

7. Wird ein Holzkohlengrill verwendet, so muß der Abstand der Fische zur Glut mindestens 30 cm betragen.

*Kalorien pro Person: 720
Joule pro Person: 3025*

*Wer einmal auf dem Münchner Oktoberfest gewesen ist – und wer von uns war das noch nicht? –, kennt und liebt ihn, den Geruch nach frischem Steckerlfisch, der in Schwaden über die »Wies'n« zieht. Mit unserem Rezept vom Steckerlfisch kann man sich ein bißchen Oktoberfestromantik nach Hause holen – das ganze Jahr über.*

## Damit die Grillparty ein Erfolg wird

Sobald die Zahl der Gäste festliegt, muß man eine Einkaufsliste erstellen. Dabei werden nicht nur die Lebensmittel aufgeschrieben, sondern auch das übrige Zubehör, wie zum Beispiel Grillkohle, Grillanzünder, Papierservietten, Tischtücher aus Papier, Pappteller, Erfrischungstücher, große Müllbeutel, ein paar Rollen Küchenkrepp, einige Gartenfackeln und Windlichter.

Außerdem muß man vorher die Grillgeräte und das Zubehör überprüfen und betriebsbereit machen. Die Grillroste unbedingt vorher einölen, damit das Grillgut nicht kleben bleibt.

Auch Eis muß beim Getränkegroßhandel bestellt werden, damit man Bier, Wein, Sekt und Schnäpse kühlen kann.

# Grillhaxerl

*Rezept für 4 Personen*

### Das braucht man:
1 l Wasser
1/2 l Essig
4 EL Zucker
1/2 Tasse geriebenen Meerrettich
einige Pfefferkörner
einige Wacholderbeeren
einige Nelken
4 Schweinsfüße

Für die Glasur:
4 EL Senf
6 EL Öl
1 EL Majoran
1 EL Thymian
1 EL geriebene Zitronenschale

### So macht man's:
1. Wasser, Essig, Zucker, Meerrettich, Pfefferkörner, Wacholderbeeren, Nelken zum Kochen bringen.

2. Schweinsfüße zugeben und circa eine Stunde köcheln.
3. Die Füßchen herausnehmen und der Länge nach bis auf den Knochen einschneiden.
4. Senf mit dem Öl, Majoran, Thymian und der Zitronenschale verrühren.
5. Die Haxerl mit der Glasur bestreichen.
6. Auf dem Rost oder in der Pfanne so lange braten, bis die Haxerl rundherum braun und knusprig sind.

*Kalorien pro Person: 840*
*Joule pro Person: 3530*

*Zum Einstreichen der vorgegarten und aufgeschnittenen Grillhaxerl nimmt man am besten einen Speisepinsel, weil das ein gleichmäßiges Einstreichen ohne Abtropfen in die Holzkohlenglut gewährleistet.*

## Der Holzkohlengrill zum Selbermachen

Es muß ja nicht immer ein gekaufter Holzkohlengrill sein. So lange dauert die Freiluft-Grillsaison nun auch wieder nicht.
Sehr viel billiger und auch dekorativer ist da ein selbstgebauter Grill aus Ziegelsteinen oder Kalksandsteinen. Die Steine werden im Rechteck zu einer Mauer aufgeschichtet. Zwischen den einzelnen Steinen etwa 1/2 cm Luft lassen, damit der Grill genügend Zug hat.
Der Boden innerhalb des Mauerwerks wird mit Alufolie ausgelegt.
Als Grillrost kann man ein spezifisches Grillgitter kaufen. Aber ein Schuhabtreter tut es auch, denn dieses stabile und große Metallgitter kann auch größere Fleischstücke tragen.
Bei diesem Grill auf keinen Fall mit Holzkohle sparen. Von Anfang an einen großen Haufen machen, zum Glühen bringen und die Glut vor dem Grillen gleichmäßig im Innenteil des Mauerwerks verteilen.

## Rollbraten im Ganzen

*Rezept für 4 Personen*

### Das braucht man:

1 kg ausgelöstes Kotelettstück
Salz
Pfeffer aus der Mühle
1 EL grüne Pfefferkörner
4 EL scharfen Senf
1 TL Majoran
1 TL Basilikum
1 TL Salbei
1 Bund Schnittlauch
1 Bund Petersilie
4 EL Öl

Wer nicht gerne Schweinefleisch ißt, kann dieses Rezept auch mit dem Kotelettstück von Kalb oder Lamm ausprobieren. Beim Lamm sollte man die Garzeit auf 40 Minuten reduzieren. Die Garzeit ist aber von der Größe des verwendeten Fleischstückes abhängig.

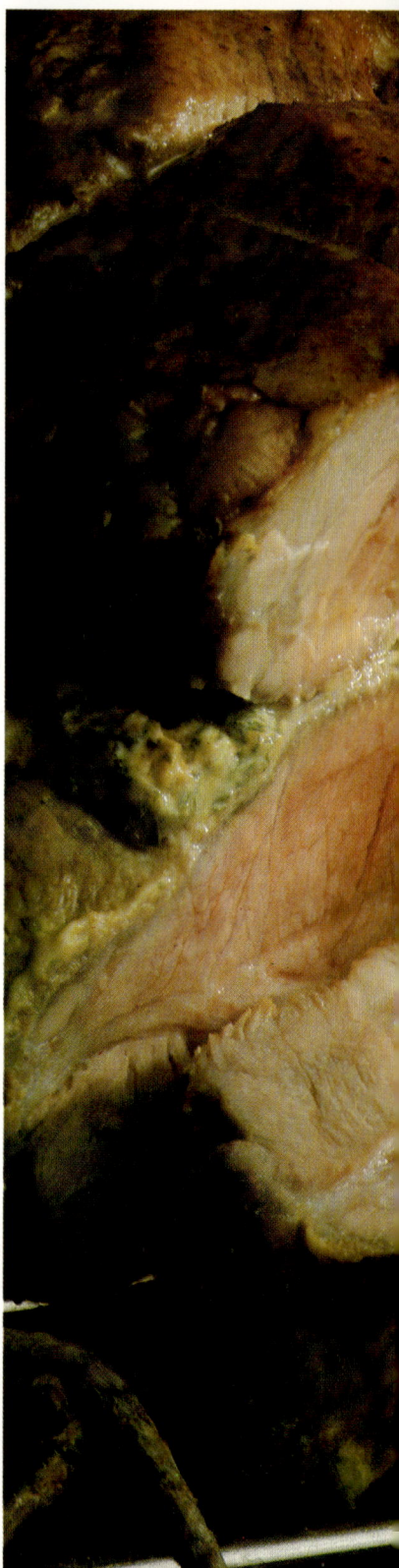

### So macht man's:

1. Mit einem scharfen Messer das Kotelettstück bis auf 1 cm quer durchschneiden, so daß beide Teile gerade noch zusammenhalten.

2. Gleichmäßig salzen und pfeffern.

3. Grüne Pfefferkörner, Senf, Majoran, Basilikum, Salbei und die verlesenen, gewaschenen und kleingeschnittenen Kräuter miteinander vermischen.

**4.** Das Kotelettstück damit füllen.
**5.** Mit einer Küchenschnur im Abstand von 2 cm binden oder in ein Bratennetz geben.
**6.** Auf einen Grillspieß stecken, in entsprechender Entfernung von der Glut in circa 50 Minuten garen.

*Kalorien pro Person: 815*
*Joule pro Person: 3425*

*Mit frischem Stangenweißbrot zu jedem Grillgericht kann man überhaupt nichts falsch machen. Da wird jeder gerne zugreifen.*

# Die geliebten Knollen: Kartoffeln

*Überlassen wir ruhig den Snobs die Trüffeln: Es geht doch nichts über unsere heimische Knolle!
Gerade wenn man Leute zu Gast hat, die angeblich schon alles gegessen haben, kann man mit originellen Kartoffelzubereitungen nahezu sensationelle Erfolge erzielen.
Voraussetzung dafür ist, daß man die Kartoffel nicht als Sattmacher oder Füller sieht, sondern sie liebevoll, mit Sachverstand und Phantasie behandelt.*

# Kartoffelsuppe

*Rezept für 4 Personen*

**Das braucht man:**

4 große Kartoffeln
50 g durchwachsenen Speck
1 Zwiebel
1 Stange Lauch
1 Karotte
1 Tasse Weißwein
3/4 l Fleischbrühe
1 TL gemahlenen Kümmel
1 Prise Muskat
Salz
Pfeffer aus der Mühle
1 Handvoll Blattspinat
1 EL Majoran
1 Tasse saure Sahne
250 g gekochtes Hähnchenfleisch

**So macht man's:**

1. Kartoffeln bürsten, waschen und aushöhlen.
2. Speck in Würfel schneiden und in einem Topf auslassen.
3. Zwiebel, Lauch und Karotte putzen, waschen und mit dem ausgehöhlten Kartoffelfleisch in Würfel schneiden.
4. Zum Speck geben und kurz mitdünsten.
5. Mit Weißwein ablöschen, mit heißer Fleischbrühe auffüllen.
6. Mit Kümmel, Muskat, Salz und Pfeffer abschmecken und 15 Minuten bei mittlerer Hitze köcheln lassen.
7. Im Mixer pürieren.
8. Den Blattspinat verlesen, waschen und fein hacken.
9. Mit Majoran und saurer Sahne in die Suppe geben, erhitzen, nicht kochen lassen.
10. Hähnchenfleisch in Würfel schneiden und in der Suppe heiß werden lassen.
11. Die ausgehöhlten Kartoffeln abtrocknen, im Bratrohr kurz heiß werden lassen und die sehr heiße Suppe einfüllen.
12. In den Kartoffeln servieren.

*Kalorien pro Person: 285*
*Joule pro Person: 1195*

# Gefüllte Kartoffeln

*Rezept für 4 Personen*

### Das braucht man:

4 sehr große Kartoffeln
Salz
Pfeffer aus der Mühle
1 EL Kümmel
1 kleines Paket
Tiefkühl-Rahmspinat
1 Prise Muskat
1 Bund Schnittlauch
1 EL Butter
4 Eier

### So macht man's:

1. Die Kartoffeln unter fließendem Wasser gut abbürsten.
2. Alufolie auslegen, mit Salz, Pfeffer und Kümmel bestreuen.
3. Kartoffeln darin einwickeln und im Backofen bei 200° (Gasherd Stufe 3) rund 45 Minuten backen.
4. Von den fertigen Kartoffeln den Deckel abschneiden und das Kartoffelfleisch vorsichtig herausholen.
5. Den nach Vorschrift erhitzten Spinat mit dem Kartoffelmus vermischen, mit Salz, Pfeffer und Muskat abschmecken.
6. Schnittlauch verlesen, waschen und kleinschneiden und mit der zerlassenen Butter unter die warme Masse heben.
7. In die Kartoffeln füllen, je ein Eigelb obenauf setzen und im vorgeheizten Bratrohr circa zehn Minuten überbacken.

*Kalorien pro Person: 295*
*Joule pro Person: 1240*

*Spinat und Kartoffeln passen gut zusammen. Man kann dieses Rezept auch mit frischem Blattspinat zubereiten. Für die Berufstätigen und für die schnelle Küche haben wir aber Tiefkühlspinat genommen, der qualitativ dem frischen Spinat sehr nahe kommt.*

## Trotzdem ist der Spinat gesund

Mancher von uns leidet auch heute noch unter dem sogenannten Spinatsyndrom: Kinder müssen viel Spinat essen, weil er angeblich das meiste blut- und knochenbildende Eisen hat. Das stimmt jedoch nicht, wie Wissenschaftler nachgewiesen haben. Gesund ist er aber trotzdem, und Eisen enthält er auch. Immerhin sind es 3,5 Milligramm (mg) auf 100 g frischen Spinat.

Die gleiche Menge Spinat deckt aber ein Drittel unseres Tagesbedarfs an Kalium, ein Viertel unseres Kalzium- und Magnesiumbedarfs und fast 100 Prozent unseres Vitamin-C-Bedarfs. Das aber nur unter der Voraussetzung, daß er schonend zubereitet wird.

Hier kann man nur die wasserarme Garmethode empfehlen: Man gibt ihn tropfnaß nach dem Waschen in den Topf und dünstet ihn, bis er zusammenfällt.

Essen kann man vom Spinat jede Menge, denn 100 g enthalten nur ganze 30 Kalorien.

Die Urheimat des Spinats ist Persien. Gut, daß er bei uns auch heimisch geworden ist und in solchen Mengen angebaut wird, daß uns in seiner Urheimat niemand den »Spinathahn« zudrehen kann.

## Unser Tip

Frischer Spinat sollte auch wirklich frisch sein, denn er verliert nach der Ernte fast stündlich an Vitamin C und an Aroma. Darum Spinat nur für den Tagesbedarf kaufen und auch nur, wenn er frisch aussieht und nicht zu viele gelbe, welke Blätter hat.

---

Die Errungenschaften der modernen Tiefkühltechnik machen uns gerade beim Spinat das Leben leichter. Der Griff in die Tiefkühltruhe erspart eine Menge Arbeit. Der Spinat muß nicht mehr verlesen werden, gründlich gewaschen ist er auch schon und verliert nichts von seinem Nährwert. Tiefgekühlter Spinat ist bereits blanchiert und muß deswegen nur ganz kurz gegart werden.

# Kartoffelwurst

*Rezept für 4 Personen*

**Das braucht man:**

750 g Kartoffeln
200 g gekochten Schinken
oder gemischtes Hackfleisch
2 EL Butter oder Margarine
4 Eigelb
Salz
Pfeffer aus der Mühle
1 Messerspitze Muskat
1 EL Majoran
1/2 Bund Petersilie
1/2 Bund Schnittlauch
1 Tasse Mehl
2 Eier
1 Tasse Semmelbrösel
Fett zum Ausbacken

*Die Kartoffeln sind wirklich gesund. Sie enthalten wertvolle Vitamine, vor allem das Vitamin C, Mineral- und auch Ballaststoffe. Die meisten dieser biologisch hochwertigen Stoffe sind in der Schale konzentriert. Schon aus diesem Grund lohnt es sich, die Kartoffeln so oft wie möglich mit der Schale zu essen.*

**So macht man's:**

1. Kartoffeln am Vortag kochen und über Nacht stehen lassen.
2. Schälen und zusammen mit dem Fleisch durch die feine Scheibe des Fleischwolfs drehen.
3. In einer Schüssel mit dem Fett und den Eigelben zu einer Masse verarbeiten.
4. Salz, Pfeffer, Muskat und Majoran darunterrühren.
5. Die verlesenen, gewaschenen und feingehackten bzw. feingeschnittenen Kräuter vermischen.
6. Nach Bedarf die Masse mit etwas Semmelbrösel binden.
7. Mit nassen Händen zu Wurstrollen formen.
8. Wurstrollen zuerst in Mehl, dann in mit etwas Wasser verschlagenen Eiern und anschließend in Semmelbrösel wenden.
9. Im schwimmenden Fett ausbacken. Gut abtropfen lassen und mit Petersiliensträußchen garnieren.

*Kalorien pro Person: 660*
*Joule pro Person: 2770*

## Die »dolle Knolle« ist unverwüstlich

Daß Kartoffeln dick machen, ist fürwahr ein Märchen: 100 g haben ganze 85 Kalorien. Dick machen Kartoffeln nur dann, wenn man sie mit allzuviel Fett zubereitet oder mit allzu dicken Saucen ißt.
Werden Kartoffeln in der Schale gekocht, dann sollte man außer Salz auch Kümmel, Sellerieblätter oder Sellerieschalen, Petersilienwurzeln und auch Fenchelsamen dazugeben.
Eine Prise Zucker hilft, das Vitamin C zu erhalten.
Auch wenn man nur kleine Mengen an Kartoffeln zu Hause lagert, sollte man sie unbedingt aus den Plastiksäckchen herausnehmen, weil diese unsinnige Verpackung das Faulen beschleunigt. Sie müssen luftig und dunkel lagern, sonst werden sie grün und bilden einen giftigen Stoff, das Solanin.
Ein Wirrwarr an Sorten und Namen macht das Einkaufen von Kartoffeln oft schwer. Deswegen hat die deutsche Landwirtschaft unter der Bezeichnung »Ackergold« eine Einheitsmarke geschaffen, die gleichbleibende Qualität garantiert und auf der Klarsichtpackung die Kocheigenschaften mit farbigen Streifen angibt.

# Heißer Kartoffelsalat

*Rezept für 4 Personen*

### Das braucht man:

*750 g Kartoffeln*
*1 Bund Frühlingszwiebeln*
*1 Apfel*
*4 Gewürzgurken*
*2 Wiener Würstchen*
*1/2 Tasse Öl*
*1/2 Tasse Essig*
*1 Tasse Fleischbrühe*
*2 EL Senf*
*2 Knoblauchzehen*
*Salz*
*Pfeffer aus der Mühle*
*1 Bund Schnittlauch*

### So macht man's:

1. *Kartoffeln ungeschält kochen. Schälen und etwas auskühlen lassen.*
2. *In der Zwischenzeit die Zwiebeln in dünne Scheiben schneiden.*
3. *Den Apfel schälen, entkernen, vierteln und in dünne Scheiben schneiden.*
4. *Gewürzgurken und Wiener in Scheiben schneiden.*
5. *Öl in einer entsprechenden Pfanne erhitzen, Zwiebeln, Apfel, Gurken und Wiener darin fünf Minuten anschwitzen.*
6. *Mit Essig ablöschen und mit Fleischbrühe auffüllen.*
7. *Den Senf und die mit Salz zerriebenen Knoblauchzehen darunterrühren.*
8. *Mit etwas Salz und Pfeffer aus der Mühle würzen.*
9. *Die Kartoffeln in Scheiben schneiden.*
10. *Mit den übrigen Zutaten heiß vermischen. Gut durcharbeiten.*
11. *Mit frisch geschnittenem Schnittlauch bestreut servieren.*

*Kalorien pro Person: 405*
*Joule pro Person: 1700*

*Die noch warmen, geschälten, in Scheiben geschnittenen Kartoffeln werden mit den leckeren anderen Zutaten, die ebenfalls heiß sein müssen, durchgearbeitet, damit sich der Kartoffelsalat bindet. Die Gewürzgurken können zur Abwechslung auch einmal durch Senfgurken ersetzt werden.*

# Haubenkartoffeln

*Rezept für 4 Personen*

**Das braucht man:**

600 g gekochte Kartoffeln
3 EL Schweineschmalz
Salz
Pfeffer aus der Mühle
3 Eier
3 EL Senf
1 TL gemahlenen Kümmel
1 Röhrchen Kapern
1 Bund Petersilie
1 Bund Schnittlauch

Man kann Röstkartoffeln auch kalorienärmer zubereiten, wenn man eine beschichtete Pfanne verwendet. Beim Kauf einer solchen Pfanne aber darauf achten, daß man sie hoch erhitzen kann und daß sie kratzfest ist.

**So macht man's:**

1. Die Kartoffeln schälen und in Scheiben schneiden.
2. Schweineschmalz in einer entsprechenden Pfanne auslassen und die Kartoffeln darin so lange rösten, bis sie eine schöne Farbe haben.
3. Mit Salz und Pfeffer würzen.
4. Eier mit Senf und Kümmel verschlagen.
5. Kapern mit den geputzten, gewaschenen und gehackten Kräutern in die Eimasse geben.
6. Eier über die Kartoffeln verteilen.
7. Im Ofen oder unter dem Grill stocken lassen und servieren.

*Kalorien pro Person: 315*
*Joule pro Person: 1325*

# Schusterpfanne

*Rezept für 4 Personen*

**Das braucht man:**

75 g geräucherten, durchwachsenen Speck
3 Zwiebeln
750 g gekochte Kartoffeln
2 Paar Debrecziner oder Bratwürste
2 Gewürzgurken
1 rote Paprikaschote
1/2 Tasse Öl
Salz
Pfeffer aus der Mühle
1 Bund Schnittlauch

**So macht man's:**

1. Speck und Zwiebeln würfeln.
2. Gekochte Kartoffeln schälen und in Scheiben schneiden.
3. Würstchen und Gurken in Scheiben schneiden.
4. Paprikaschote putzen, waschen und in Streifen schneiden.
5. Öl erhitzen und die Speckwürfel darin glasig werden lassen.
6. Zwiebeln und Paprika dazugeben, kurz mitschwitzen.
7. Restliche vorbereitete Zutaten nach und nach hinzufügen und unter mehrmaligem Wenden so lange braten, bis die Kartoffeln goldgelb geworden sind.

8. Mit Salz und Pfeffer aus der Mühle würzen.
9. Mit frisch geschnittenem Schnittlauch bestreut servieren.

*Kalorien pro Person: 550*
*Joule pro Person: 2310*

Für Freunde guter Hausmannskost ist dieses Kartoffelgericht eine echte Spezialität. Außerdem ist es leicht zuzubereiten und auch für jeden Geldbeutel erschwinglich. Die im Rezept verwendeten Wurstsorten können jederzeit durch andere ausgetauscht werden.

# Arme-Leute-Käse

*Rezept für 4 Personen*

### Das braucht man:
*500 g Kartoffelpüree
100 g durchwachsenen, geräucherten Speck
2 Zwiebeln
1 Bund Schnittlauch
1 Bund Petersilie
Salz
Pfeffer aus der Mühle
1 Messerspitze Muskat
200 g Harzer Käse
4 große Scheiben Bauernbrot*

### So macht man's:
1. Das Kartoffelpüree in eine Schüssel geben. Ersatzweise Fertigpüree nach Vorschrift zubereiten.
2. Speck und Zwiebeln in Würfel schneiden.

3. In einer entsprechenden Pfanne den Speck auslassen und die Zwiebeln darin glasig dünsten.
4. Kräuter verlesen, waschen und entsprechend klein schneiden.
5. Speck, Zwiebeln und Kräuter in das Kartoffelpüree geben und zu einer festen Masse verarbeiten.
6. Diese Masse wird mit etwas Salz, Pfeffer und Muskat gewürzt.
7. Den Harzer Käse in kleine Würfel schneiden und unter das Kartoffelpüree arbeiten. 10 Minuten stehen lassen.
8. Dann die Masse auf die Bauernbrotscheiben gleichmäßig verstreichen.

*Kalorien pro Person: 390
Joule pro Person: 1640*

## Vom ältesten Käse der Welt

**W**as in der Fachsprache Sauermilchkäse heißt, wird in deutschen Landen Harzer Käse, Mainzer Handkäs, Olmützer Quargel, Bauern- oder Kuhkäse genannt.

Ernährungswissenschaftler preisen den fast fettfreien, dafür aber eiweiß- und mineralstoffreichen Sauermilchkäse als wertvolles, leichtverdauliches Nahrungsmittel.

Der Käse darf auf keinen Fall überreif werden, dann stinkt er penetrant. Deshalb muß er auch unter Kühlung verschickt und aufbewahrt werden. Man soll ihn in den Kühlschrank legen; in der Originalverpackung und zusätzlich noch in einen Plastikbeutel gesteckt oder in Folie gewickelt, hält er sich circa vier Wochen.

*Die Kartoffelmasse wird gleichmäßig auf den Brotscheiben verstrichen. Am besten nimmt man herzhaftes Bauernbrot; man kann aber ebenso andere Brotsorten verwenden. Kenner bestreuen die bestrichenen Brote noch mit etwas Käse und überbacken sie im Bratrohr so lange, bis sie eine schöne goldgelbe Kruste haben.*

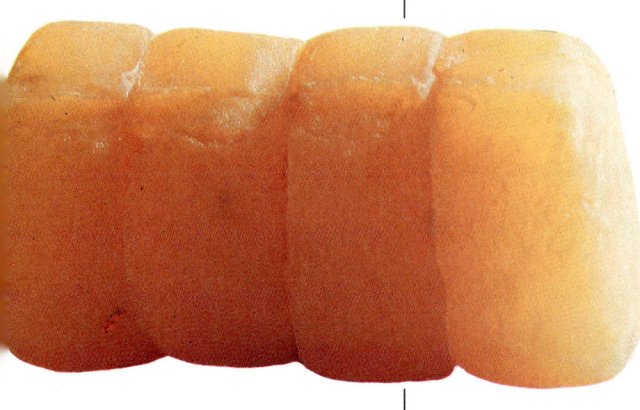

## Wie die Kartoffeln zu uns gekommen sind

Die Kartoffeln gelten allgemein als typisch deutsch und sind hierzulande von keinem Mittagessen mehr wegzudenken.
Das ist ein Irrtum, denn sie stammen aus der Neuen Welt, aus dem Gebiet des heutigen Peru und wurden von den spanischen Eroberern nach Europa gebracht.
Danach waren die Italiener die ersten, die ihre geschmacklichen Vorzüge erkannten und sie beinahe liebevoll »tartufi« nannten.
Davon leitet sich übrigens die deutsche Bezeichnung Kartoffel ab.
Auf deutschen Speisezetteln fand die Kartoffel erst viel später ihren Platz, nämlich im 18. Jahrhundert. Und das auch nur, weil der Alte Fritz, der Kurfürst von Preußen, seine Bauern mit List dazu brachte, die Knollen anzubauen und zu kochen.
Dann freundeten sich unsere Vorfahren sehr schnell mit ihr an. Trotzdem nehmen wir heute unter allen »Kartoffelessern« nur den fünften Platz ein – hinter Ländern wie Frankreich oder England.

## Kartoffelgulasch

*Rezept für 4 Personen*

### Das braucht man:

*600 g Kartoffeln*
*100 g durchwachsenen Speck*
*250 g Schinkenwurst*
*2 Paar Wiener Würstchen*
*1 rote Paprikaschote*
*1 grüne Paprikaschote*
*3 Zwiebeln*
*1 Tasse Tomatenketchup*
*2 EL Paprikapulver*
*Salz*
*Pfeffer aus der Mühle*
*1 EL Majoran*
*1 Spritzer Worcestersauce*
*1/2 l Fleischbrühe*
*1 Bund Schnittlauch*

*Eine schärfende Variante für das Kartoffelgulasch ist die Hinzugabe von Curry. Man nimmt dafür die halbe Menge wie Paprikapulver. Wer es noch schärfer liebt, kann die Dosis nach Wunsch erhöhen.*

### So macht man's:

1. Die Kartoffeln schälen und in Würfel schneiden.
2. Den durchwachsenen Speck würfeln.
3. Die Schinkenwurst in Stücke schneiden.
4. Die Wiener Würstchen in Scheiben schneiden.
5. Die Paprikaschoten putzen, waschen und in Streifen schneiden.
6. In einem entsprechenden Topf den Speck auslassen.

**7.** Die übrigen Zutaten dazugeben und einige Minuten heiß werden lassen.

**8.** Mit Tomatenketchup ablöschen und durchrühren.

**9.** Mit Paprika, Salz, Pfeffer, Majoran und Worcestersauce würzen.

**10.** Mit heißer Fleischbrühe auffüllen und 20 Minuten zugedeckt köcheln lassen.

**11.** Vor dem Servieren mit frisch geschnittenem Schnittlauch bestreuen.

Kalorien pro Person: 640
Joule pro Person: 2690

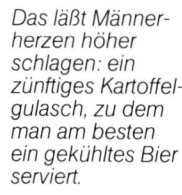

Das läßt Männerherzen höher schlagen: ein zünftiges Kartoffelgulasch, zu dem man am besten ein gekühltes Bier serviert.

# Frischgemüse mit Biß und Pfiff

*Fast alle großen Küchenrevolutionen hatten ihren Anfang beim Gemüse. Zuletzt die sogenannte »Nouvelle Cuisine«, die viel Licht, aber auch etwas Schatten auf die Kochweise geworfen hat.
Ihr ist es in jedem Fall gelungen, das Verständnis beim Zubereiten von Frischgemüse auch in Deutschlands Küchen erheblich zu verbessern. Natur, Geschmack und Gesundheit sind Trumpf, wobei es egal ist, ob man das Gemüse als Beilage oder als Hauptgericht verarbeitet.*

① **Karotten**
Kein anderes Gemüse enthält so viel Vitamin A wie die Karotten. Dieses Vitamin A spielt in unserer Ernährung eine große Rolle: 50 g Karotten decken unseren täglichen Vitamin A-Bedarf.

② **Zuckererbsen**
Zuckererbsen sind besonders köstlich und können mitsamt der Hülse gegessen werden. Ihnen fehlt die pergamentartige Innenhaut, und sie bilden keine Fäden.

③ **Lauch**
Lauch oder Porree ist vor allem wegen seiner schwefeligen ätherischen Öle gesund. Aber auch sein Gehalt an den wichtigen Mineralstoffen Kalium und Eisen schlägt zu Buche.

④ **Zwiebeln**
Was die Zwiebel zu bieten hat: In 100 g sind 45 Kalorien enthalten, wertvolle Eiweißstoffe, Vitamine und Mineralstoffe. Entscheidend aber sind die antibiotisch wirksamen Stoffe und ätherischen Öle.

⑤ **Rote Bete**
*Man nennt rote Bete auch Salatrüben. Man bekommt sie zwischen Oktober und März fast immer frisch im Handel. Der Saft der roten Bete ist ein gutes Mittel gegen Stoffwechselstörungen, Blutarmut und Virusgrippe.*

⑥ **Paprikaschoten**
*Nichts gegen gefüllte Paprikaschoten. Aber man sollte sie öfter roh essen, denn keine andere Gemüsesorte enthält so viel Vitamin C wie sie. Die roten und gelben haben davon noch erheblich mehr als die grünen.*

⑦ **Gurken**
*Gurken sind das Gemüse für alle, die auf die schlanke Linie achten müssen, denn sie haben auf 100 g gerechnet nur 10 Kalorien. Und in der Küche sind sie vielseitig verwendbar.*

⑧ **Kohlrabi**
*Man unterscheidet Kohlrabi hauptsächlich nach der Schalenfarbe. Die weißlich-grünen kommen aus dem Treibhaus, die bläulich-violetten aus dem Freiland. Die Herzblätter der Knollen sollte man mitverwenden.*

# Glasierte Zwiebeln

*Rezept für 4 Personen*

**Das braucht man:**

12 kleine Zwiebeln
4 EL Butter oder Margarine
3 EL Zucker
1 Tasse Weißwein
1 Tasse Fleischbrühe
Salz
Pfeffer aus der Mühle
1 Bund Estragon

**So macht man's:**

**1.** Zwiebeln schälen und halbieren.

**2.** In einer entsprechenden Pfanne das Fett erhitzen.

**3.** Die Zwiebeln dazugeben und glasig schwitzen.

**4.** Den Zucker darüberstreuen und leicht bräunen lassen.

**5.** Mit Weißwein ablöschen und mit heißer Fleischbrühe auffüllen. 10 Minuten köcheln lassen.

**6.** Mit Salz und Pfeffer aus der Mühle würzen.

**7.** Vor dem Servieren mit frisch geschnittenem Estragon bestreuen.

*Kalorien pro Person: 180*
*Joule pro Person: 755*

# Zuckererbsen mit Zitronendip

*Rezept für 4 Personen*

**Das braucht man:**

750 g Zuckererbsen
3 EL Butter oder Margarine
1 Tasse Weißwein
1 Tasse Fleischbrühe
Salz
Pfeffer aus der Mühle

Für die Sauce:
1 Becher Joghurt
1 Becher Creme fraîche
1 EL geriebene Zitronenschale
Saft einer Zitrone
1 Bund Zitronenmelisse
2 cl Weinbrand

So macht man's:

**1.** Zuckererbsen putzen, waschen und die Enden abschneiden.
**2.** Fett in einer Pfanne auslassen und die Erbsenschoten darin glasig schwitzen.
**3.** Mit Weißwein ablöschen und mit heißer Fleischbrühe auffüllen.
**4.** Zugedeckt 8 Minuten garen lassen, mit etwas Salz und Pfeffer würzen.
**5.** Joghurt, Creme fraîche, geriebene Zitronenschale und den Saft der Zitrone zu einer Sauce verrühren.
**6.** Zitronenmelisse verlesen, waschen, fein hacken und mit dem Weinbrand in die Sauce rühren.
**7.** Mit Salz und Pfeffer leicht nachwürzen.
**8.** Separat zu den Zuckererbsen servieren.

*Kalorien pro Person: 380*
*Joule pro Person: 1595*

*Damit unsere kleine Erbsenkunde abgerundet wird, verwenden wir in unserem Rezept Zuckererbsen, die mit der zarten Schote gegessen werden. Dazu reicht man einen erfrischenden Zitronendip und nimmt die Erbsenschoten zum Stippen. Premiere für ein Erbsenfondue.*

## Bei uns gibt es 80 verschiedene Erbsensorten

Dabei hat man die aus den ausländischen Einfuhren gar nicht mitgezählt. Kein Wunder, daß mancher Verbraucher bei der Vielzahl etwas verwirrt ist. Da ist es schon leichter und auch sinnvoller, zwischen den Kategorien zu unterscheiden und die Erbsen höchstens noch nach dem Durchmesser des Erbsenkorns zu bewerten.

Es gibt Palerbsen, Markerbsen und Zuckererbsen. Von den Pal- und Markerbsen wird nur das junge Erbsenkorn gegessen, bei der Zuckererbse die gesamte Hülse mit dem erst gering entwickelten Korn. Daneben gibt es auch noch Trockenspeiseerbsen, die nur in reifem Zustand Verwendung finden.

Palerbsen schmecken leicht mehlig, während Markerbsen einen süßen Geschmack haben und in der Qualität höher zu bewerten sind. Die deutsche Konservenindustrie verwendet überwiegend Markerbsen, während die Importerbsen hauptsächlich Palerbsen sind.

Die Erbsen werden in fünf Schattierungen angeboten, die sich hauptsächlich auf die Korngröße beziehen. So ist ein Korn der Sortierung »Extra fein« im Durchmesser bis maximal 7,5 und »mittelfein« 10,2 mm groß.

## Unser Tip

Wer beim Einkauf die Preise zwischen den verschiedenen Angeboten an Erbsenkonserven vergleichen will, muß auf das Gewicht achten, und zwar weniger auf das gesamte Füllgewicht einschließlich Aufgußflüssigkeit, sondern vielmehr auf das Gewicht der eingefüllten Erbsen, das auf dem Etikett angegeben sein muß. Es gibt hier erhebliche Unterschiede, die sich zwar nicht optisch, aber im Preis bemerkbar machen.

---

Frische Erbsen soll man nicht überwürzen. Eine Mischung von wenig Salz und Zucker sowie etwas weißem Pfeffer ist immer richtig. Ein Hauch von Muskat, frischer Minze, Kerbel, Petersilie, Basilikum und Nelkenpfeffer kann nicht schaden.

# Gegrillte Möhren

*Rezept für 4 Personen*

### Das braucht man:
*750 g mittelgroße Möhren
3 EL Butter oder Margarine
2 Tassen Orangensaft
Salz
Pfeffer aus der Mühle
1/2 Tasse Honig
1 Bund frischen Kerbel*

### So macht man's:
**1.** *Die Möhren so dünn wie möglich schälen.*

**2.** *Fett in einer entsprechenden Pfanne auslassen und die Möhren im ganzen dazugeben.*

**3.** *Den frisch gepreßten Orangensaft angießen und die Möhren zugedeckt 10 Minuten dünsten.*

**4.** *Mit Salz und Pfeffer würzen.*

**5.** *In eine Auflaufform schichten und mit dem Honig bestreichen.*

**6.** *Unter dem Grill oder im Ofen so lange überbacken, bis der Honig karamelisiert.*

**7.** *Mit frisch gehacktem Kerbel bestreut servieren.*

*Kalorien pro Person: 210
Joule pro Person: 880*

*Frische Möhren haben in der deutschen Küche immer schon einen bevorzugten Platz eingenommen. Meistens wurden sie jedoch mehr oder weniger lieblos zubereitet. Wer Möhren nach unserem Rezept grillt, hat ganz bestimmt selbst bei »Möhrenmuffeln« Erfolg.*

## Wurzeln für Gesundheit und Genuß: Frische Möhren

Frische Möhren sind das ganze Jahr über erhältlich, Karotten dagegen nur im Frühjahr oder Frühsommer. Unter Karotten versteht man kleine, runde Möhren, die fast ausschließlich von der Verarbeitungsindustrie für »Pariser Karotten« oder als Beigabe zu »Leipziger Allerlei« verwendet werden.
Möhren bleiben frischer, wenn man das Grün erst kurz vor dem Verbrauch abmacht.
Das frische Grün soll man auch nicht wegwerfen, sondern feingehackt über das Gemüse streuen.
Möhren werden in drei Güteklassen angeboten. Verboten ist, Möhren in rot-violett getönten Plastikbeuteln zu verkaufen, weil das über die wirkliche Farbe hinwegtäuscht.
Möhren soll man kühl und trocken, aber nicht zu kalt lagern, sonst bekommen sie einen unangenehmen Geschmack.
Im Gemüsefach des Kühlschranks halten sie sich etwa eine Woche. Wintermöhren, im kühlen Keller in Sand eingeschlagen, halten sich monatelang.
Von allen Frischkräutern bringt Kerbel dem Geschmack der Möhren die beste Würze.

# Cuxhavener Gurkengemüse

Rezept für 4 Personen

### Das braucht man:
1 große Salatgurke
4 Tomaten
2 Zwiebeln
1 Bund Dill
3 EL Butter oder Margarine
1 Becher Sahne
Saft einer Zitrone
Salz
Pfeffer aus der Mühle
1 Knoblauchzehe
1 TL Zucker
1 TL Stärkemehl

### So macht man's:
1. Die Gurken schälen, längs halbieren und das Kerngehäuse mit einem Teelöffel entfernen. Anschließend in zentimetergroße Stücke schneiden.
2. Die Tomaten enthäuten, entkernen und in Würfel schneiden.
3. Zwiebeln in Würfel schneiden.
4. Dill verlesen, waschen und fein hacken.
5. Fett in einem entsprechenden Topf schmelzen und die Zwiebeln darin glasig schwitzen.
6. Tomaten und Gurken hinzufügen, kurz mitschwitzen.
7. Mit der Sahne verrühren und zum Gemüse geben. Zwischen 6 und 8 Minuten köcheln lassen.
8. Mit Zitronensaft, Salz, Pfeffer, der mit Salz zerriebenen Knoblauchzehe und dem Zucker abschmecken.
9. Das Stärkemehl mit kaltem Wasser verrühren und das Gemüse etwas binden.
10. Vor dem Servieren den feingehackten Dill untermischen.

*Kalorien pro Person: 200*
*Joule pro Person: 840*

Die Gurken werden zum Schluß mit frischem Dill verfeinert. Wie verschiedene Küchenkräuter, so darf auch Dill nicht mitgekocht werden. Die feingefiederten Dillblätter duften und schmecken sehr würzig. Der Geschmack erinnert an Kümmel, ist aber milder und frischer.
Wer Dill nicht mag, kann dafür auch frischen Borretsch verwenden, das klassische Gurkenkraut neben dem Dill.

# Rote Bete einmal scharf

*Rezept für 4 Personen*

### Das braucht man:

6 mittelgroße Rote-Bete-Knollen
3 EL Butter oder Margarine
2 Zwiebeln
2 EL grüne Pfefferkörner
2 Tassen Rotwein
einige Spritzer Pfeffersauce
einige Spritzer Worcestersauce
Salz
Pfeffer aus der Mühle
1 Messerspitze Cayennepfeffer
1 Prise Zucker
100 g geriebenen Emmentaler

Rote Bete haben viele Freunde. Aber in der Regel werden sie als Sauerkonserve oder höchstens noch als Salatzutat gegessen. Unser Rezept muß ganz einfach zum Ausprobieren verleiten, denn hier werden rote Bete pikant gewürzt und überbacken angeboten.

### So macht man's:

1. Rote Bete unter fließendem Wasser abbürsten, schälen und in Scheiben schneiden.
2. Fett in einer entsprechenden Pfanne auslassen und die Roten-Bete-Scheiben darin kurz anschwitzen.
3. Zwiebeln fein hacken und zu den roten Beten geben.
4. Grüne Pfefferkörner darüberstreuen.
5. Mit Rotwein angießen und zugedeckt 10–15 Minuten fest einkochen lassen.
6. Mit Pfeffersauce, Worcestersauce, Salz, Pfeffer aus der Mühle, Cayennepfeffer und Zucker abschmecken.
7. Mit dem geriebenen Emmentaler bestreuen und so lange überbacken, bis sich eine schöne Kruste gebildet hat.

*Kalorien pro Person: 270*
*Joule pro Person: 1135*

# Lauch-Auflauf

*Rezept für 4 Personen*

### Das braucht man:

2 Zwiebeln
3 Stangen Lauch
4 Kartoffeln
2 EL Butter oder Margarine
1 Becher Sahne
1 Tasse Weißwein
Salz
Pfeffer aus der Mühle
1 Messerspitze Muskat
1 Bund Petersilie

### So macht man's:

1. Zwiebeln schälen und in feine Scheiben schneiden.
2. Lauch entsprechend putzen, waschen und in Streifen schneiden.
3. Kartoffeln schälen und in dünne Scheiben schneiden.
4. Eine Auflaufform mit dem Fett ausstreichen.
5. Das Gemüse schichtweise einlegen.
6. Sahne mit dem Weißwein verrühren, mit Salz, Pfeffer und Muskat würzen.
7. Den Auflauf damit übergießen.
8. Im vorgeheizten Ofen bei 200° (Gasherd Stufe 4) 60 Minuten garen.
9. Vor dem Servieren mit frisch gehackter Petersilie bestreuen.

*Kalorien pro Person: 185*
*Joule pro Person: 780*

Unseren Lauch-Auflauf kann man als Beilage zu kurzgebratenem Fleisch, aber auch zu Eierspeisen reichen.

## Vegetarische Paprikaschoten

*Rezept für 4 Personen*

### Das braucht man:
4 mittelgroße Paprikaschoten
1 mittelgroßen Kopf Blumenkohl
Saft einer Zitrone
Salz
Pfeffer aus der Mühle
1 Messerspitze Muskat
2 EL Butter oder Margarine
100 g geriebenen Emmentaler
2 Eier
1 Bund Petersilie
1 TL Paprikapulver
1 Becher Sahne

### So macht man's:
1. Paprikaschoten waschen, einen Deckel abschneiden und das Kerngehäuse herausnehmen.
2. Den geputzten und gewaschenen Blumenkohl in kochendes Wasser geben.

3. Wasser mit Zitronensaft, Salz, Pfeffer und Muskat und etwas Fett anreichern.
4. Den Kopf Blumenkohl circa 15 Minuten kochen.
5. Den Blumenkohl herausnehmen, abtropfen lassen und pürieren.
6. Blumenkohlpüree mit dem Emmentaler, den Eiern und der geputzten, gewaschenen und gehackten Petersilie verrühren.
7. Masse mit etwas Salz, Pfeffer und Paprikapulver abschmecken und nochmals verrühren.
8. Masse in die Paprikaschoten füllen.
9. In eine gefettete Auflaufform setzen und mit der Sahne angießen.
10. Im auf 180° (Gasherd Stufe 3) vorgeheizten Backrohr circa 20 Minuten garen.

*Kalorien pro Person: 270*
*Joule pro Person: 1135*

*Die Muskatnuß hat auch im gemahlenen Zustand einen angenehmen, wenn auch würzigen und starken Geschmack. Darum heißt es auch hier vorsichtig würzen, obwohl sie dem Blumenkohl zur besseren geschmacklichen Geltung verhilft.*

## Die Paprikaschote als Vitamin-C-Bombe

Paprikaschoten sind reicher an Vitamin C als alle anderen bekannten Obst- und Gemüsesorten. Die grünen Schoten enthalten im Durchschnitt, auf 100 g gerechnet, etwa 140 mg Vitamin C, die roten sogar das Doppelte. Das ist fast die zweifache Menge vom Tagesbedarf eines Menschen.

Egal ob Paprikaschoten rot, grün oder gelb sind: Man kann sie sowohl roh als auch gegart verzehren.

Wer rohen Paprika nicht so gut verträgt, sollte die geputzten Schoten ganz kurz mit kochendem Wasser übergießen und danach kalt abschrecken.

Je dünner man Paprikaschoten zum Rohessen schneidet, desto bekömmlicher werden sie. Paprikaschoten lassen sich auch schnell und problemlos von ihrer unverdaulichen Haut trennen, wenn man sie auf den heißen Grill oder in die heiße Pfanne legt. Unter ständigem Wenden so lange rösten, bis die Haut fast schwarz ist. Dann kurz in ein nasses Tuch hüllen und abziehen.

## Frischgemüse in den Winterschlaf legen

Gemüse zum Einfrieren sollte absolut frisch und stets von bester Qualität sein. Man muß aber auch darauf achten, daß es nicht überreif oder, wie beim Kohlrabi, nicht zu »holzig« ist.

Zu den Vorarbeiten beim Gemüseeinfrieren gehört außer dem Waschen, Putzen und Zerkleinern auch das Blanchieren, womit vor allem die Oberflächenfermente zerstört werden, die zum Beispiel den Vitamin-C-Abbau verursachen.

Blanchieren heißt, das Gemüse kurz in kochendes Wasser geben, anschließend in Eiswasser legen, auf ein Sieb zum Abtropfen schütten, verpacken und sofort einfrieren.

Wichtig für die Qualität von gefrorenem Gemüse ist einwandfreies Verpackungsmaterial und sachgerechte Verpackung.

Ideal für das Einfrieren von Frischgemüse sind Gefrierbeutel aus Klarsichtfolie oder Gefrierschalen aus Kunststoff mit fest verschließbaren Deckeln.

Auf jeder Packung sollte Inhalt und Einlagerungsdatum angegeben sein, so daß ein übersichtliches Lagern und rechtzeitiges Verbrauchen gewährleistet ist.

Die einzelnen Gemüseportionen sollen nicht schwerer als ein Kilogramm sein, damit sie so schnell wie möglich durchfrieren.

## Kohlrabi mit grüner Haube

*Rezept für 4 Personen*

### Das braucht man:

4 mittelgroße Kohlrabi
3 EL Butter oder Margarine
2 Ecken Schmelzkäse
1 Bund Schnittlauch
1 Bund Petersilie
Salz
Pfeffer aus der Mühle

*Wenn Kohlrabischeiben übrigbleiben, kann man sie in einer anderen Version weiterverwerten: Sie werden paniert, goldgelb gebraten und mit Sauce Remoulade serviert.*

### So macht man's:

1. Kohlrabi entsprechend putzen, waschen und schälen. Das zarte Grün fein hacken.
2. Kohlrabi in Scheiben schneiden.
3. Fett in einer Pfanne auslassen und die Kohlrabischeiben darin unter mehrfachem Wenden rund 10–12 Minuten braten.
4. Schmelzkäse in einer Schüssel glattrühren. Das gehackte Kohlrabigrün dazugeben.

**5.** Die Kräuter verlesen, waschen, entsprechend schneiden, hacken und unter den Schmelzkäse rühren.

**6.** Kohlrabischeibchen salzen, pfeffern und mit der Käsemasse gleichmäßig bedecken.

**7.** Im Backrohr oder unter dem Grill so lange überbacken, bis sich eine schöne Kruste gebildet hat.

*Kalorien pro Person: 220*
*Joule pro Person: 925*

Wenn Kohlrabi zu lange gelagert wird, ist er dann auch meistens holzig. Deswegen sollte man ihn beim Kauf genau anschauen: Hat er rund um den Wurzelabschnitt Risse und ist sehr spröde, kann man davon ausgehen, daß er nicht mehr besonders zart ist.

# Gemüse süß-sauer einlegen

*Sauer macht nicht nur lustig, sondern schmeckt auch gut. Gemeint ist das Einlegen von Frischgemüse in Essig und Salz, wobei in jedem einzelnen Fall das Würzen eine große Rolle spielt.*

**Würzchampignons**
*Champignons dürfen in unserem Vorratsregal natürlich nicht fehlen. Mit ihnen kann man Salate verfeinern, Vorspeisen herstellen und in der kalten Küche so gut wie alles machen.*

**Curry-Gurken**
*Das ist schon fast etwas Exotisches: Salatgurken in einer Marinade aus Curry, Mango-Chutney, Zimt, Koriander und Senfkörnern. Sie reicht man zu Kalb-, Lamm- oder Geflügelfleisch.*

**Schnelle Dillgurken**
*Ein klassisches Einlegerezept, so wie es in Großmutters Küche immer üblich war. Die Salatgurken gewinnen durch einen milden Sud und vor allem durch die herrlich duftende Frische von Dillzweigen.*

**Zuckerkürbis**
*Auch ein Außenseiter in der Küche gehört in unser Vorratsregal, vor allem wenn er geradezu ideal für das Süß-Sauer-Einlegen ist. Zur rechten Zeit gekauft, ist er obendrein auch noch preiswert.*

**Essigtomaten**
Wer eine davon probiert hat, weiß, warum die Tomate als das vielseitigste Gemüse gilt. Sie schmeckt süßsauer, und ihr Aroma wird durch die Zugabe von Basilikum und Oregano würzig ergänzt.

**Teufelsgurken**
Solche Gurken kann man nicht kaufen, man muß sie selber einlegen. Große Raffinesse und individueller Geschmack ergeben eine köstliche Beilage zu kurzgebratenem Fleisch.

**Pikante Zwiebeln**
Die Zwiebel nimmt Würze dankbar an. Und wenn man Zwiebeln mit köstlichem Sud in das Vorratsglas zaubert, braucht man nur einmal zu weinen und kann öfter essen.

**Süßsaure Bohnen**
Bohnen, vor allem wenn man sie so liebevoll einlegt, schmecken anders als Bohnen aus der Dose. Man ißt sie zu verschiedenen Bratengerichten, aber auch als Garnitur für kalte Platten sind sie attraktiv.

# Teufelsgurken

Rezept für einen 4-Personen-Haushalt

**Das braucht man:**

3 kg Salatgurken
100 g Salz
3/4 l Weinessig
3/4 l Weißwein
3/4 l Wasser
1 Bund Liebstöckel
2 EL zerstoßene
schwarze Pfefferkörner
2 EL grüne Pfefferkörner
2 EL Senfkörner
1/2 Stange Meerrettich
4 Knoblauchzehen
2 Lorbeerblätter
250 g Zucker

**So macht man's:**

1. Die Salatgurken schälen, der Länge nach halbieren und mit einem Teelöffel die Kerne herausholen.
2. In gleichgroße Stücke schneiden.
3. In eine Schüssel legen, salzen und über Nacht stehen lassen.
4. Am nächsten Tag mit einem sauberen Tuch abreiben und auf peinlich saubere Einmachgläser verteilen.
5. Weinessig, Weißwein und Wasser zusammen erhitzen, das verlesene Liebstöckel, die grünen und schwarzen Pfefferkörner, die Senfkörner, den geschabten Meerrettich, die kleingeschnittenen Knoblauchzehen, die Lorbeerblätter und den Zucker dazugeben.
6. Den Sud aufkochen, erkalten lassen und über die Gurken gießen.
7. Das Glas mit Folie oder Pergamentpapier, am besten aber mit dem Deckel, verschließen und mindestens eine Woche stehen lassen.

# Süßsaure Bohnen

Rezept für 4 Personen

**Das braucht man:**

1 kg Bohnen
250 g Zucker
1/4 l Essig
1/4 l Weißwein
1/4 l Wasser
1 EL Nelken
2 Zimtstangen
2 EL Gewürzkörner
1 Bund Bohnenkraut

*So macht man's:*

1. *Bohnen waschen, putzen und in Salzwasser 10 Minuten kochen.*
2. *Mit der Schaumkelle herausnehmen, in eiskaltes Wasser legen. Danach auf einem Sieb gut abtropfen.*
3. *Zucker mit Essig, Weißwein, Wasser, Nelken, Zimtstangen und den Gewürzkörnern in einen Topf geben und zum Kochen bringen.*
4. *Bohnenkraut verlesen, waschen und im ganzen in den Sud geben.*
5. *Bohnen auf Einmachgläser verteilen und mit dem erkalteten Sud übergießen.*
6. *Die Gläser verschließen, kühl und dunkel aufbewahren.*

*Auch zum Einlegen muß man Bohnen unbedingt kochen, weil die rohe Frucht einen giftigen Eiweißstoff enthält, der schwere Magen- und Darmentzündungen hervorrufen kann. Süßsauer eingelegte Bohnen eignen sich als kalte Beilage für kurzgebratenes und gekochtes Fleisch, Wild, zu Matjes und haben als Garnitur vor allem in der kalten Küche ihren Platz.*

## Süß-sauer macht lustig und schmeckt

Wenn es Gemüse in Hülle und Fülle gibt, ist es Zeit zum Einlegen. Das kann zu einem Familienspaß und echtem Freizeitvergnügen werden, wenn alle kräftig mithelfen.
Grundsätzlich soll man nur einwandfreies und vor allem unbeschädigtes Gemüse verwenden. Sind Faulstellen sichtbar, soll man es auch dann nicht verwenden, wenn man diese Stellen durch Herausschneiden entfernt.
Vor dem Einlegen das Gemüse sehr gut waschen und abbürsten.
Peinlich sauber müssen die Gläser sowie alles andere Zubehör sein, das man zum Einlegen benutzt.
Wird das Eingelegte kurzfristig nach der vorgegebenen Einlegezeit verbraucht, genügt das einfache Verschließen. Will man es länger aufbewahren, sollte man es pasteurisieren, das heißt, im Wasserbad oder Einwecktopf auf circa 80 Grad erhitzen und kurz bei dieser Temperatur sterilisieren.
Egal, ob man das Glas ohne Erhitzen verschließt oder das pasteurisierte Glas öffnet: Nach zwei bis drei Wochen sollte das Eingelegte verzehrt sein, will man keinen Qualitätsverlust in Kauf nehmen.

## Unser Tip

Zum süß-sauren Einlegen braucht man verschiedene Gewürzkörner, die man sich selbst zusammenstellen kann. Man gibt 3 Teile Senfkörner, 1 Teil Pfefferkörner, 1 Teil Wacholderbeeren, 1 Teil Korianderkörner in ein verschließbares Glas, mischt die Würzkörner durch und hat sie somit in der richtigen Mischung immer für das Einlegen parat.

Das Eingelegte gärt am besten bei circa +18 Grad Celsius. Nach rund zwei Wochen sollte es möglichst die Lagertemperatur von unter +10 Grad Celsius bekommen, damit es nicht weitergären und somit zu sauer werden kann.
Wer keinen kalten Keller hat, sollte nur kleinere Mengen einlegen, die sich rasch verbrauchen lassen.

# Pikante Zwiebeln

Rezept für einen 4-Personen-Haushalt

### Das braucht man:

2 kg Zwiebeln
1 l Essig
1/2 l Wasser
1/2 l Weißwein
500 g Zucker
4 Knoblauchzehen
2 EL Salz
2 EL Gewürzkörner
4 Lorbeerblätter
2 Bund Estragon

### So macht man's:

1. Die Zwiebeln so schälen, daß die Wurzel in der Zwiebel verbleibt. Dadurch wird ein Auseinanderfallen der Zwiebel verhindert.
2. Die geschälten Zwiebeln in kochendes Salzwasser geben und zehn Minuten ziehen lassen.
3. In der Zwischenzeit Essig, Wasser, Weißwein und Zucker erhitzen.
4. Die Knoblauchzehen mit Salz zerreiben, mit den anderen Gewürzen in den Sud geben und aufkochen lassen.
5. Die Zwiebeln auf Gläser verteilen.
6. Die verlesenen und gewaschenen Estragonblätter in die Gläser über die Zwiebeln geben.
7. Mit dem erkalteten Sud übergießen. Die Zwiebeln müssen von der Flüssigkeit bedeckt sein.
8. Die Gläser verschließen und kühl lagern.
9. Nach acht Tagen den Sud nochmals abgießen, aufkochen, erkalten lassen und die Zwiebeln wieder übergießen.
10. Letztmalig acht Tage stehenlassen. Dann sind sie besonders aromatisch und würzig.

Die pikanten Zwiebeln passen sehr gut zu kaltem Schweinebraten, zu Sülzen, zu trockener Salami, dünn geschnittenem Schinken, aber auch als einfacher Happen zu Bier oder Wein.

## Warenkunde Einlegen

1. Zum Einlegen sollte man 1-Liter-Gläser verwenden, weil der nachfolgende Verbrauch besser dosiert werden kann.
2. Die Einlegegläser vor dem Gebrauch gründlich mit heißem Wasser und Spülmittel reinigen. Dann kalt nachspülen. Zum Trocknen umgekehrt auf ein sauberes Geschirrtuch setzen.
3. Die Gläser mit dem Einlegegut bis höchstens 2 cm unter den Glasrand füllen. Darauf achten, daß das Einlegegut mit dem Sud bedeckt ist.
4. Zum Verschließen der Gläser nimmt man einen Deckel mit Verschlußspange, Alu- oder Klarsichtfolie bzw. Pergamentpapier.
5. Das Eingelegte muß an einem kühlen Ort und bei Temperaturen zwischen + 6 Grad und + 10 Grad Celsius gelagert werden.
6. Zum Herausnehmen darf man nur peinlich saubere Löffel oder Gabeln verwenden.
7. Nach dem Herausnehmen des Eingelegten sollen die Gläser oder Steinguttöpfe immer wieder verschlossen werden.

# Essigtomaten

Rezept für einen 4-Personen-Haushalt

**Das braucht man:**

4 kg feste, noch nicht zu reife Tomaten
1/2 l Essig
1/2 l Rotwein
4 Gemüsezwiebeln
2 EL schwarze Pfefferkörner
1 EL Senfkörner
1 TL Korianderkörner
1 TL Wacholderbeeren
2 Bund Estragon
100 g Salz
1 kg Zucker

**So macht man's:**

1. Die Tomaten gründlich waschen, abtropfen lassen und mit einem Tuch abreiben. Die harten Stengelansätze entfernen.
2. In entsprechende Einmachgläser schichten und festdrücken.
3. Essig mit Rotwein in einem Topf erhitzen.
4. Die in Scheiben geschnittenen Zwiebeln dazugeben, mit den Pfeffer-, Senf-, Körianderkörnern und den Wacholderbeeren fünf Minuten köcheln lassen.
5. Die Estragonblätter zupfen, mit dem Salz und dem Zucker in den Sud geben und aufkochen lassen.
6. Den heißen Sud über die Tomaten gleichmäßig verteilen. Die Tomaten müssen vollends bedeckt sein.
7. Erkalten lassen, verschließen und an einem kühlen Ort mindestens zehn Tage ziehen lassen.

Oberstes Gebot beim Einlegen ist, daß das Einlegegut vollends mit Flüssigkeit bedeckt sein muß. Auch sollte man darauf achten, daß die Zutaten gleichmäßig verteilt werden, wenn man mehrere Gläser füllt.

# Curry-Gurken

*Rezept für einen 4-Personen-Haushalt*

### Das braucht man:
4 Schlangengurken
3/4 l Essig
1/4 l Apfelsaft
400 g Zucker
3 EL Curry
3 EL Mango Chutney
3 Zimtstangen
1 TL gemahlenen Koreander
2 EL Senfkörner
1 EL weiße Pfefferkörner

Eingelegte Curry-Gurken passen sehr gut zu kaltem Geflügelfleisch, zu kaltem Fisch und als Zutat zu pikanten Cocktails oder kombinierten Salaten. Aber auch auf belegten Broten oder kalten Platten sind sie mehr als nur eine Garnitur.

### So macht man's:
1. Die Schlangengurken schälen, halbieren und mit einem Eßlöffel entkernen.
2. In circa 3 cm breite Stücke schneiden.
3. Essig, Apfelsaft und Zucker erhitzen.
4. Curry, Mango Chutney, Zimtstangen, Koreander, Senfkörner und Pfefferkörner dazugeben.
5. Den Sud fünf Minuten kochen lassen.
6. Die Gurkenstücke in saubere Einmachgläser schichten und die Hohlräume durch Schütteln und Festdrücken ausfüllen.
7. Mit dem heißen Sud übergießen und erkalten lassen.
8. Danach verschließen und mindestens zehn Tage an einem kühlen Ort ziehen lassen.

# Würz-champignons

*Rezept für einen 4-Personen-Haushalt*

### Das braucht man:
500 g Champignons
4 Zwiebeln
1/4 l Weißwein
1/4 l Obstessig
1 l Wasser
250 g Zucker
2 EL Pfefferkörner
2 EL Senfkörner
1 EL Wacholderbeeren
1 EL Salz
1 Bund Estragon

### So macht man's:
1. Champignons entsprechend putzen, waschen und in Salzwasser kurz aufkochen.
2. Zwiebeln schälen, in Scheiben schneiden.
3. Weißwein, Essig, Wasser, Zucker, Pfefferkörner, Senfkörner, Wacholderbeeren und Salz in einem Topf erhitzen, die Zwiebeln dazugeben und fünf Minuten köcheln lassen.
4. Die gut abgetropften Champignons auf Einmachgläser verteilen.

5. Mit dem heißen Sud übergießen und langsam erkalten lassen. Danach verschließen und vor dem Gebrauch mindestens zehn Tage ziehen lassen.

Würzig eingelegte Champignons passen zu vielen Gerichten, vor allem zu gegrilltem Fleisch, zu Pasteten und zu Fisch. Auch sie sind eine attraktive Zutat für Vorspeisen, Partysalate und sehen auf jedem kalten Buffet lecker aus.

## Essig ist nicht gleich Essig

Wenn man zum Einlegen Essig verwendet – und das muß man fast bei jedem Rezept –, sollte man auf die Säureprozente achten, die auf jeder Flasche angegeben sind.

Kräuteressige werden mit reinem Weiß- oder Rotweinessig (Flaschenaufschrift: 20 Prozent Weinessig, dann ist der Rest Branntweinessig) oder nur aus Branntweinessig hergestellt.

Wein- und Branntweinessige haben 5 Prozent Säure, das sind die meisten der bei uns im Handel befindlichen Essige. Diesem Säurewert entsprechen unsere Rezepturen.

Reiner Weinessig hat meist 6 Prozent bis 7 Prozent Säure und ist deshalb wesentlich saurer, das heißt, er muß entweder sparsamer dosiert oder verdünnt werden.

# Schnelle Dillgurken

Rezept für einen 4-Personen-Haushalt

### Das braucht man:
2,5 kg Schlangengurken
1 l Weinessig
1/2 l Wasser
250 g Zucker
2 EL Salz
2 Bund Dill
2 Zwiebeln
50 g Meerrettich
2 EL mittelscharfen Senf
2 EL grüne Pfefferkörner

### So macht man's:
1. Gurken schälen, halbieren und in 2 cm große Stücke schneiden.
2. Wasser und Weinessig mit dem Zucker und dem Salz in einem Topf erhitzen.

3. Dill verlesen, waschen und in kleinen Ästen von den Zweigen pflücken.
4. Zwiebeln schälen, in kleine Würfel schneiden.
5. Meerrettich fein schaben oder reiben.
6. Die Gurkenstücke mit den Zwiebeln, dem Meerrettich, dem Senf und den Pfefferkörnern in den kochenden Sud geben und fünf Minuten kochen lassen.
7. Mit der Schaumkelle die Gurkenstücke auf Einmachgläser verteilen und mit dem heißen Sud übergießen.
8. Dillzweige über die Gurken verstreuen und ebenfalls mit Flüssigkeit bedecken.
9. Erkalten lassen und mit Einmachcellophan verschließen.
10. Mindestens eine Woche an einem kühlen Ort stehen lassen.

*Zu den Dillgurken paßt der grüne Pfeffer besonders gut, denn er gibt ihnen nicht nur etwas Schärfe, sondern auch Aroma.*

## Kleine Geschenke erhalten die Freundschaft

Es ist immer noch eine ganz persönliche Geste, wenn man Geschenke für jemanden, den man besonders mag, auch selbst herstellt. Süß-sauer Eingelegtes ist ebenso wie Marmelade und Konfitüre zum Verschenken besonders geeignet. Voraussetzung ist aber, daß man es durch kurzes Sterilisieren oder Pasteurisieren länger haltbar macht. Dazu kann man aber nur Gläser mit Einmachgummi und Spangenverschluß nehmen, die man nach dem Einfüllen und Verschließen in einen Topf mit etwas Wasser bzw. in den Einwecktopf stellt und bei maximal 80 – 85 Grad circa 20 Minuten haltbar macht.
Vor dem Verschenken erst dunkel lagern, weil Vitamine, Farbe und auch Geschmack des Eingelegten dadurch begünstigt werden.
Zum Verschenken werden die Gläser mit hübschen Etiketten und bunten, dekorativen Bändchen versehen.
Wenn es trotz vorschriftsmäßiger Zubereitung und Lagerung doch einmal zu Schimmelbildung kommen sollte, dann sollte man das Eingelegte nicht mehr verschenken und auch nicht mehr selber essen. Es ist verdorben.

## Zuckerkürbis

*Rezept für einen 4-Personen-Haushalt*

**Das braucht man:**

3,5 kg Kürbis
1/2 l Weinessig
1/2 l Wasser
1,5 kg Zucker
1 Tasse Weinessig
10 Gewürznelken
1 Zitrone
2 Orangen

Der frisch gepreßte Orangensaft gibt dem Sud eine ganz feine Säure, die den Kürbis sehr pikant macht. Deswegen nur frisch gepreßten Orangensaft verwenden.

**So macht man's:**

1. Den Kürbis halbieren, die Kerne herauskratzen, in Schiffe zerteilen und schälen.
2. Das geschälte Fruchtfleisch in grobe Würfel schneiden.
3. Die Kürbiswürfel mit dem Gemisch aus Essig und Wasser übergießen und eine Nacht zugedeckt im Kühlschrank stehen lassen.

**4.** Kürbisse auf ein Sieb schütten, abtropfen lassen und die Flüssigkeit mit dem Zucker und der Tasse Weinessig zum Kochen bringen.

**5.** Gewürznelken, geriebene Zitronen- und Orangenschale dazugeben, einige Minuten mitziehen lassen.

**6.** Die Kürbiswürfel in den heißen Sud geben und bei mittlerer Hitze einmal aufkochen lassen.

**7.** Kürbiswürfel mit einem Schaumlöffel aus der heißen Marinade nehmen und in die Einmachgläser füllen.

**8.** Orangen auspressen, den Saft in den Sud geben, kurz aufkochen lassen.

**9.** Den Sud heiß über die Kürbiswürfel gießen.

**10.** Nach dem Erkalten die Gläser verschließen und an einem kühlen Ort zehn Tage ziehen lassen.

Ein Zeichen guter Qualität ist es, wenn das »Nägelein«, wie die Gewürznelke auch genannt wird, im Wasser untergeht und wenn sich die kleine Blütenknospe leicht eindrücken läßt.

Man verwendet Gewürznelken unter anderem zum Würzen fader Früchte, zu denen eigentlich auch der Kürbis gehört. Im Verbund mit Essig, Zucker und Zitrusfrüchten wird daraus eine Delikatesse.

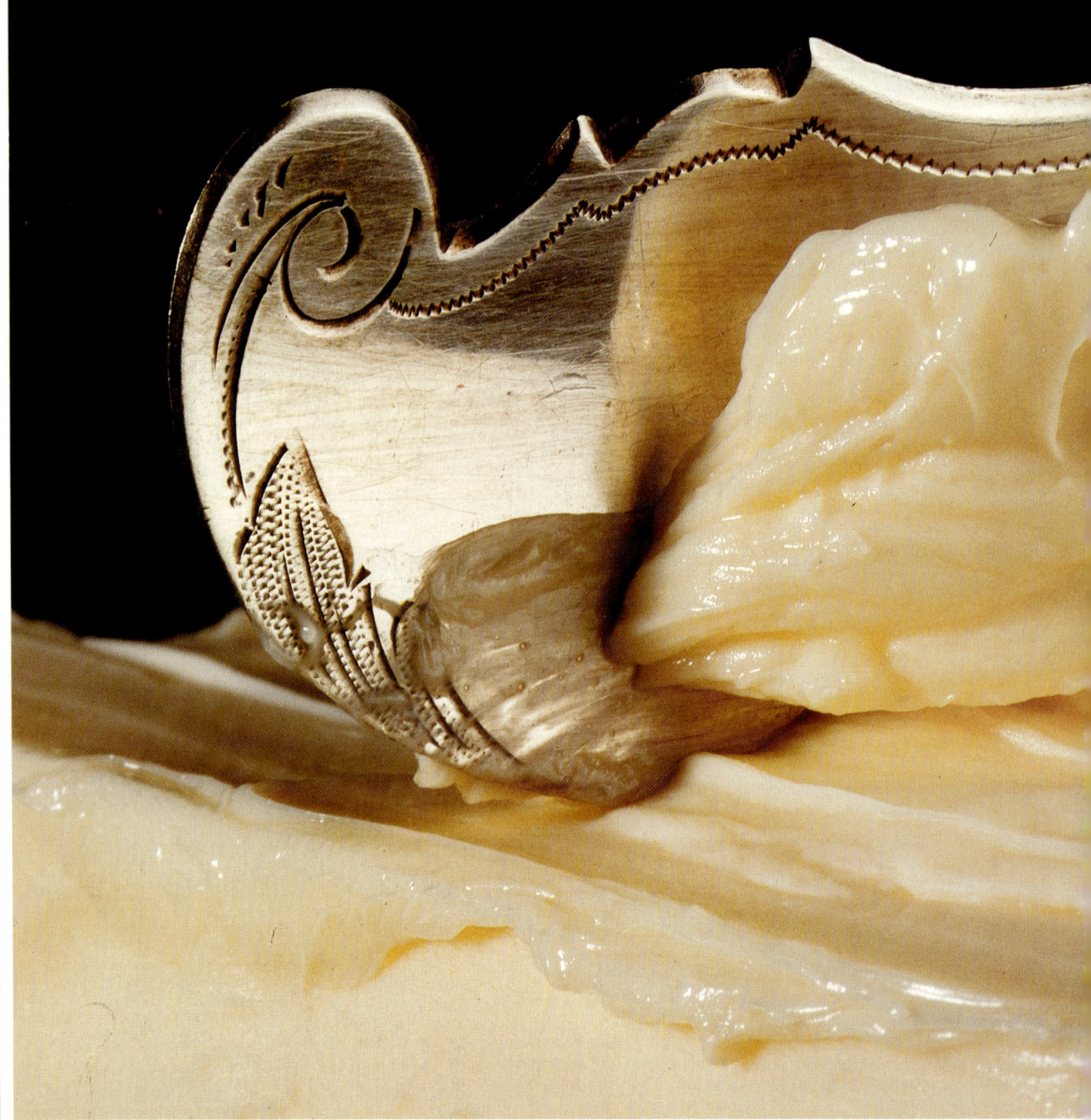

# Gutes zur Hausmacher Brotzeit

*Es muß nicht immer Kaviar sein: Auch zwischen belegten Broten und kalten Platten gibt es viele Möglichkeiten. Die kalte Küche – wesentlicher Bestandteil deutscher Eß-kultur – hat neue Impulse bekommen.*

# Herzhaftes Bauernbrot

Rezept für 4 Personen

**Das braucht man:**

2 l Wasser
1 kleine Karotte
1 Stange Lauch
1 EL Salz
1 Lorbeerblatt
1 kg Schweinebrust ohne Knochen
2 Knoblauchzehen
1 TL gemahlenen Kümmel
400 g Kalbsbrät
1 Ei
1 Tasse gehackte frische Kräuter
1 EL geriebene Zitronenschale
Salz, Pfeffer aus der Mühle
1 Paket Bauernbrot
(Backmischung)
1 Eigelb
1 EL Koriander
1 EL Kümmel

**So macht man's:**

1. Karotten, Lauch, Salz und Lorbeerblatt zum Kochen bringen.
2. In die Schweinebrust mit einem spitzen, scharfen Messer eine Tasche einschneiden lassen.
3. Knoblauchzehen mit Salz so fein wie möglich zerreiben. In die Öffnung der Schweinebrust verstreichen.
4. Den gehackten Kümmel in die Öffnung der Schweinebrust verstreichen.
5. Kalbsbrät mit dem Ei, den gehackten Kräutern, der Zitronenschale, Salz und Pfeffer anmachen.
6. Masse in die Schweinebrust füllen, gut festdrücken und mit Küchenschnur zunähen.
7. Im Wasser 70 Minuten kochen, herausnehmen und erkalten lassen.
8. Brotteig nach Vorschrift zubereiten, etwa 1 cm dick ausrollen.
9. Eigelb mit etwas Wasser verschlagen.
10. Die Ränder des ausgerollten Teigs bestreichen.
11. Die vorgegarte Schweinebrust in die Mitte des ausgerollten Teigs legen und einschlagen.
12. An den Kanten festdrücken.
13. Auf ein vorgefettetes Backblech legen.
14. Den Teig an der Oberfläche mit Eigelb bestreichen.
15. Mit Koriander und Kümmel bestreuen.
16. Im auf 200 (Gasherd Stufe 4) vorgeheizten Bratrohr 40–50 Minuten garen.

Kalorien pro Person: 1710
Joule pro Person: 7180

# Katerkiller

*Rezept für 4 Personen*

### Das braucht man:

4 mittelgroße Zwiebeln
2 EL Butter oder Margarine
8 Matjesfilets
1 Fl Mineralwasser
1/2 Tasse Wasser
1/2 Tasse Weißwein
1 kleine rote Paprikaschote
1 kleine grüne Paprikaschote
4 Tomaten
2 Kästchen Kresse

### Für die Marinade:

1 Tasse Tomatenketchup
1/2 Tasse Paprikasaft
1/2 Tasse Öl
1/2 Tasse Essig
2 EL Chilisauce
1 EL Zucker
Salz
Pfeffer aus der Mühle
1 Bund Schnittlauch

### So macht man's:

1. Zwiebeln in Scheiben schneiden.
2. Fett in einer entsprechenden Pfanne erhitzen und die Zwiebel darin glasig schwitzen.
3. Die Matjesfilets in Mineralwasser wässern.
4. Die Zwiebeln mit dem Wasser und dem Weißwein ablöschen und weichdünsten.
5. Paprikaschoten in hauchdünne Scheiben schneiden, zu den Zwiebeln geben und fünf Minuten mitdünsten.
6. Tomaten enthäuten, entkernen und in Würfel schneiden.
7. Kresse verlesen, waschen und grob hacken.
8. Die Zutaten für die Marinade in eine Schüssel geben und miteinander verrühren.

9. Marinade mit dem Gemüse vermischen.
10. Die Matjesfilets in die Marinade legen und im Kühlschrank eine Stunde ziehen lassen.

*Kalorien pro Person: 725*
*Joule pro Person: 3045*

*Für Feinschmecker sind Matjesfilets mehr als nur ein notwendiges Katerfrühstück. Dank der modernen Konservierungsmethoden sind Matjes das ganze Jahr über erhältlich. Frische Matjes soll man im Gegensatz zur Konserve nicht wässern.*

## Viele Heringe sind des Katers Tod

Wer zu tief ins Glas geschaut hat, muß mit einem ordentlichen Katerfrühstück am nächsten Morgen wieder auf die Beine gebracht werden. Heringe und viel Flüssigkeit, am besten Weizenbier, sind sozusagen Erste Hilfe. Dank der modernen Konservierungsmethoden sind Matjes jetzt das ganze Jahr über zu kaufen.

Feinschmecker sind glücklich, daß man sie auch außerhalb der Saison genießen kann. Matjes haben einen durchschnittlichen Salzgehalt von 10 bis 12 Prozent, was gerade nach Alkoholgenuß von Vorteil ist, denn damit kann man den durch das Trinken in Unordnung geratenen Salz- und Wasserhaushalt wieder regulieren.

Der Matjeshering sollte im Kühlschrank aufbewahrt werden, weil sein Salzgehalt nicht mehr so hoch ist wie früher, als er noch im Holzfaß aufbewahrt wurde.

Matjes bedeutet Jungfernhering. Der Fisch ist also noch nicht geschlechtsreif. Gerade in diesem Stadium aber ist er ganz besonders zart und fettreich.

Mild gesalzener Matjes schmeckt »pur« am besten. Man richtet ihn auf Eiswürfeln an, bedeckt ihn mit einigen Zwiebelringen und serviert dazu frische Pellkartoffeln.

### Unser Tip

**Matjes sollte vor dem Verzehr gewässert werden, damit sich der Salzgeschmack etwas milder gestaltet. Am besten wässert man ihn zu gleichen Teilen in frischer Buttermilch und kohlensäurehaltigem Mineralwasser.**

---

**Matjes gibt es heute überall als fertig zugerichtete Matjesfilets zu kaufen. Eine echte Delikatesse ist er, wenn man ihn mit Kopf und Gräten aus der Salzlake kauft und dann filiert. Der dadurch entstehende Fischgeruch läßt sich weitgehend vermeiden, wenn man vorher die Hände naß macht, danach erst kalt, dann mit einem Reinigungsmittel heiß abwäscht. Man verrichtet die Arbeit mit Fischen auf Chromargan- oder Resopalflächen bzw. auf Fliesen oder Marmorunterlagen.**

# Quarktaler

Rezept für 4 Personen

**Das braucht man:**
4 Paprikaschoten
400 g Magerquark
1 Zwiebel
2 Kästchen Kresse
Salz
Pfeffer aus der Mühle
1 TL Paprikapulver
Saft einer Zitrone
einige Spritzer Worcestersauce
4 Blatt Gelatine
1 Tasse Weißwein

**So macht man's:**

1. Von den Paprikaschoten einen Deckel abschneiden, die Kerne herausholen und waschen.
2. Den Quark in eine Rührschüssel geben.
3. Die Zwiebel fein hacken.
4. Kresse verlesen, waschen, fein hacken.
5. Zutaten mit dem Quark glattrühren.
6. Mit Salz, Pfeffer, Paprika, Zitronensaft und Worcestersauce abschmecken. Noch einmal gut durchrühren.
7. Gelatine einweichen und im erhitzten Weißwein auflösen.
8. Die flüssige Gelatine unter den Quark rühren.
9. Die Paprikaschoten mit der Quarkmasse füllen. Festdrücken.
10. Im Kühlschrank erstarren lassen.
11. Vor dem Servieren in Scheiben schneiden.

Kalorien pro Person: 170
Joule pro Person: 715

*Frische Kresse soll während des Jahres in keiner Küche fehlen. Sie ist wegen des hohen Vitamin-C-Gehalts sehr gesund und hat, ähnlich wie Penicillin, eine bakterientötende Wirkung. Wegen ihres frischen und intensiven Geschmacks ist sie gerade für Quark eine der besten Ergänzungen.*

## Pikant, würzig und ganzjährig grün: Frische Kresse

Kresse ist wohl eine der ältesten und beliebtesten Gewürz- und Salatpflanzen, die heute auch in vielen Haushalten selbst gezogen wird. Nur drei der verschiedenen Kressearten haben in der Küche Bedeutung: die Gartenkresse, die man in den Pappkästchen überall kaufen kann, die Brunnenkresse und die Kapuzinerkresse.

Kresse ist sehr gesund und hat einen hohen Anteil an Vitamin C, Eisen, Phosphor und Jod.

Kresse kann man selber züchten, indem man beispielsweise einen porösen Ziegelstein im Wasser vollsaugen läßt. Auf dem nassen Stein verstreut man Kressesamen, die man in Gärtnereigeschäften kaufen kann. Schon nach kurzer Zeit kann man das eigene Grün ernten.

Kresse schmeckt pikant scharf und erfrischend und paßt vornehmlich zu Quark, Eierspeisen, Salaten, Suppen, aber auch zu Wurst und kaltem Fleisch. Am besten schmeckt sie feingehackt auf dem Butterbrot.

Man kann Kresse auch sehr gut einfrieren. Sie wird verlesen, gewaschen und gehackt. Dann füllt man sie in Portionstütchen aus Klarsichtfolie, beschriftet und frostet sie.

# Sülzfleisch

Rezept für 4 Personen

**Das braucht man:**

1 kg Schweinenacken ohne Knochen
4 Möhren
2 Zwiebeln
1 Tasse Essig
1 Tasse helles Bier
1/2 l Fleischbrühe
einige Pfefferkörner
einige Senfkörner
4 Lorbeerblätter
Salz
Pfeffer aus der Mühle
2 EL Zucker
6 Blatt Gelatine

**So macht man's:**

1. Schweinenacken abwaschen, mit Küchenkrepp trockentupfen.
2. Zwiebeln schälen und in Scheiben schneiden.
3. Essig, Bier und Fleischbrühe in einem entsprechenden Topf erhitzen.
4. Pfefferkörner, Senfkörner und Lorbeerblätter dazugeben.
5. Mit Salz, Pfeffer und Zucker würzen.
6. Den Schweinenacken in den Topf geben und bei mittlerer Hitze 50 Minuten kochen.
7. Nach 30 Minuten die in Scheiben geschnittenen Möhren und Zwiebeln dazugeben und mitkochen.
8. Fleisch herausnehmen, in Scheiben schneiden und auf vier Teller verteilen.
9. Die in kaltem Wasser gewässerte Gelatine in dem verbleibenden Fleischsud auflösen.
10. Den Sud mit Einlage gleichmäßig über das Fleisch verteilen.
11. Im Kühlschrank erkalten lassen.

Kalorien pro Person: 845
Joule pro Person: 3550

Bevor man das Fleisch in den Teller legt, soll man den mit Gelatine angereicherten Sud kurz vor dem Erkalten auf dem Tellerboden ausgießen und im Kühlschrank erstarren lassen. Dann erst das Fleisch darauf legen, Möhren und Zwiebeln darüber verteilen und mit dem restlichen Sud übergießen. Zum Festwerden in den Kühlschrank stellen.

# Eingelegter Käse

Rezept für einen 4-Personen-Haushalt

**Das braucht man:**

1 kg Ziegenkäse
1 EL Senfkörner
2 EL Pfefferkörner
4 Knoblauchzehen
1 EL Salz
1 Bund Rosmarin
1 Bund Thymian
1 l Öl

Wer in Griechenland Urlaub gemacht hat, ist sicher schon einmal in den Genuß von eingelegtem Ziegenkäse gekommen. Was da so griechisch anmutet, ist eigentlich ein urdeutsches Rezept.

**So macht man's:**

1. Den Ziegenkäse in grobe Stücke schneiden.
2. Die Käsestücke in ein verschließbares Glas legen.
3. Senf- und Pfefferkörner darüberstreuen.
4. Die Knoblauchzehen mit Salz fein zerreiben und zum Käse geben.
5. Rosmarin, Thymian entsprechend putzen, waschen und verlesen, über den Käse verstreuen.
6. Das Öl über den Käse gießen, bis er vollkommen damit bedeckt ist. Glas verschließen.
7. Mindestens fünf Tage ziehen lassen.

*Kalorien pro Portion: 390*
*Joule pro Portion: 1640*

# Hausmacher Terrine

Rezept für 4 Personen

**Das braucht man:**

500 g mageres Schweinefleisch
500 g gekochten Schinken
500 g feines Bratwurstbrät
2 Bund Petersilie
2 Bund Schnittlauch
1 Bund Dill
1 Zweig Thymian
Salz
Pfeffer aus der Mühle
1 TL Muskat
3 EL Senf
5 cl Weinbrand
2 Lorbeerblätter

**So macht man's:**

1. Das Schweinefleisch und den Schinken kleinschneiden. Durch die feine Scheibe des Fleischwolfs drehen.
2. Mit dem Bratwurstbrät und den verlesenen, gewaschenen und gehackten Kräutern in eine Schüssel geben und zu einer Masse verarbeiten.
3. Mit Salz, Pfeffer, Muskat und Senf würzen.
4. Mit dem Weinbrand aromatisieren. Nochmals gut durcharbeiten.

Eine Hausmacher Terrine ist die Krönung der kalten Küche und die Attraktion jedes kalten Buffets. Die Zubereitung ist leichter als man denkt.

5. In eine feuerfeste Terrine geben. Mit einer nassen Teigspachtel verstreichen.
6. Die Lorbeerblätter daraufflegen.
7. Die zugedeckte Terrine in die Fettwanne des auf 200° (Gasherd Stufe 3) vorgeheizten Backofens geben.
8. 1 Liter Wasser in die Fettwanne gießen.
9. In der Unterschiene des Bratrohrs circa 2 Stunden garen.
10. Die Hausmacher Terrine kann man heiß oder kalt servieren.

*Kalorien pro Person: 980*
*Joule pro Person: 4115*

# Partysalat

*Rezept für 4 Personen*

**Das braucht man:**

200 g vorgekochtes Rindfleisch
100 g vorgekochte Eiernudeln
4 Tomaten
1 kleine rote Paprikaschote
1 kleine grüne Paprikaschote
1 Zwiebel
Saft einer Zitrone
100 g frische Champignons
2 Pfirsiche, 4 Ananasscheiben

Für das Dressing:

4 Eigelb
3 EL Senf
1 Tasse Öl
1/2 Tasse Essig
1 Tasse Ananassaft
Salz, Pfeffer aus der Mühle
1 Prise Zucker
1 Becher Joghurt
1 Bund Kerbel

## Mit der Ananas dem Salat die Krone aufsetzen

Egal, ob man sie als Obst ißt oder als Zutat wählt: sie ist eine der köstlichsten Erfrischungen, die es gibt.

Frische Ananas sind ausgesprochen verdauungsfördernd, denn sie enthalten das wichtige Enzym Bromelin, das eine gestörte Eiweißverdauung normalisiert.

Unreife Früchte haben eine unangenehme, stechende Säure. Beim Einkauf erkennt man die Reife an der Schalenfarbe. Sie muß gelblich- oder rötlichbraun sein, ohne grüne Flecken.

Am intensiven Ananasgeschmack und durch den Drucktest kann man die Reife ebenfalls erkennen. Das Fruchtfleisch muß bei leichtem Druck nachgeben.

Man soll die Ananas immer auf einem Teller aufschneiden, um den Saft aufzufangen. Wer viel Saft braucht, drückt zusätzlich die Schale aus.

*Die Nudeln für den Partysalat müssen trocken sein. Nach dem Kochen und Abspülen mit kaltem Wasser auf ein Sieb schütten, abtropfen lassen und dann auf einem sauberen Geschirrtuch trockenrubbeln.*

**So macht man's:**

1. Das Fleisch in kleine Stücke schneiden.
2. Tomaten enthäuten, entkernen und in Würfel schneiden.
3. Paprikaschoten entsprechend putzen, waschen und in Streifen schneiden.
4. Zwiebel in Scheiben schneiden.
5. Champignons putzen, waschen, in Scheiben schneiden und mit Zitronensaft beträufeln.
6. Pfirsiche und Ananas in Würfel schneiden.
7. Zutaten in eine Schüssel geben und vorsichtig miteinander vermischen.
8. Eigelb mit dem Senf verrühren.
9. Das Öl tropfenweise dazulaufen lassen.
10. Essig- und Ananassaft unterrühren.
11. Mit Salz, Pfeffer und Zucker abschmecken.
12. Den Joghurt unter die Sauce rühren.
13. Kerbel verlesen, waschen, fein hacken und ebenfalls in das Dressing geben.
14. Den Salat mit dem Dressing anmachen und vor dem Servieren eine Stunde im Kühlschrank ziehen lassen.

*Kalorien pro Person: 485*
*Joule pro Person: 2040*

# Tomaten mit Thunfisch

*Rezept für 4 Personen*

**Das braucht man:**

8 große Tomaten
Salz
Pfeffer aus der Mühle
2 Dosen Thunfisch
4 hartgekochte Eier
2 kleine Zwiebeln
10 mit Paprika gefüllte Oliven
1 Bund Schnittlauch
1/2 Tasse Rotweinessig
1/2 Tasse Öl
1/2 Tasse Tomatenketchup

**So macht man's:**

1. Von den Tomaten eine Kuppe abschneiden.
2. Mit einem Teelöffel aushöhlen.
3. Leicht salzen und pfeffern.
4. Thunfisch gut abtropfen lassen und in Stücke zerpflücken.
5. Die hartgekochten Eier fein hacken.
6. Die Zwiebeln schälen und in kleine Würfel schneiden.
7. Oliven in Scheiben schneiden.
8. Schnittlauch verlesen, waschen und kleinschneiden.
9. Die Zutaten vorsichtig miteinander vermischen.
10. Essig, Öl, Tomatenketchup verrühren, mit Salz und Pfeffer abschmecken und unter die übrigen Zutaten heben.
11. Die Tomaten mit dieser Mischung füllen.

*Kalorien pro Person: 520*
*Joule pro Person: 2185*

*Oliven sind nicht nur eine Knabberei, sondern eine wertvolle Zutat. Vor allem dann, wenn, wie in unserem Rezept, Tomaten und Thunfisch verarbeitet werden.*

## Seit 3500 Jahren gibt es Oliven

Oliven, die namhaften Steinfrüchte des Olivenbaums, werden in den Mittelmeerländern seit mindestens 3500 Jahren als festes Nahrungsmittel genutzt.
Während man in diesen Ländern vorwiegend die ausgereiften, dunklen Oliven als Zuspeise ißt, werden in den nördlichen Regionen die unreif geernteten, grünen Eßoliven bevorzugt.
Diese Eßoliven werden in Salzlake gelegt, entsteint und vor der Konservierung gefüllt.
Hauptexporteur ist Spanien, dann kommen Frankreich, Portugal, Griechenland, Marokko und die Türkei.
Oliven enthalten viel Vitamin A, Eisen und andere Mineralstoffe. 100 g grüne Eßoliven haben 146 Kalorien.
Man verwendet sie bei uns hauptsächlich als Garnitur, Knabberangebot und als Dekoration für kalte Platten.
Man kann sie aber auch sehr gut als Zutat für Fleisch-, Käse-, Paprika-, Hackfleisch-, Reis- und Spaghettigerichte einplanen.
Eßoliven werden in verschiedenen Sorten angeboten. Die bekanntesten sind die Manzanilla, die Queensoliven und die Calamato-Oliven aus Griechenland.

## Unser Tip

Die grünen Eßoliven vor Gebrauch abspülen, damit die Speisen nicht zusätzlich gesalzen werden. Die angebrochenen Gläser kühl aufbewahren. Die Oliven müssen mit Lake bedeckt sein, andernfalls verderben sie.

---

Weil sich die im Handel erhältlichen Oliven dem Durchschnittsgeschmack angepaßt haben, sollte man sie nach folgendem Rezept zu Hause »nachmarinieren«:
Knoblauch mit etwas Salz so fein wie möglich zerreiben. Zwiebeln klein hacken. Verschiedene Frischkräuter ebenfalls fein hacken. Alles mit Estragonessig und Speiseöl verrühren und über die abgetropften, in ein sauberes, verschließbares Glas gedrückten Oliven gießen.

# Fleischtörtchen

Rezept für 4 Personen

**Das braucht man:**

1 Stück Tiefkühlblätterteig
1 kleine Zwiebel
2 EL Butter oder Margarine
250 g Rinderhack
1 TL Majoran
1 TL Oregano
Salz
Pfeffer aus der Mühle
2 EL Tomatenketchup
3 Scheiben Goudakäse
4 Scheiben Salami
1 Eiweiß
1 Eigelb
2 EL Milch

*Fleischtörtchen im Blätterteig sind eine gute Idee, wenn man Gäste erwartet, weil man sie vorab zubereiten kann. Was man als guter Gastgeber beachten muß, kann man auf dieser Seite lesen.*

**So macht man's:**

1. Blätterteig nach Anweisung auf der Packung auftauen lassen.
2. Die geschälte Zwiebel in feine Würfel schneiden.
3. Fett in einer Pfanne erhitzen und die Zwiebeln darin glasig schwitzen.
4. Rinderhack zufügen. Unter ständigem Rühren gut durchbraten, mit Salz, Pfeffer, Majoran und Basilikum würzen.
5. Tomatenketchup unterziehen.
6. Käse und Salami würfeln und mit der ausgekühlten Hackfleischmasse vermischen.
7. Blätterteig in Quadrate von 10 x 10 cm ausrollen.
8. Die Hackfleischmasse in der Quadratmitte häufen.
9. Die Ränder mit Eiweiß bestreichen.
10. Zusammenklappen und an den Kanten gut festdrücken.
11. Fleischtaschen auf ein mit Wasser ausgespültes Backblech legen, mehrmals mit einer Gabel einstechen.
12. Eigelb und Milch verquirlen und den Teig damit bestreichen.
13. Im vorgeheizten Backofen bei 220° (Gasherd Stufe 4–5) 10 bis 15 Minuten backen.

*Kalorien pro Person: 945
Joule pro Person: 3970*

## Der perfekte Gastgeber

Seine Gäste ohne einen Begrüßungsdrink willkommen zu heißen, ist heute schon unmöglich. Entweder ein gepflegtes Glas Sekt oder einen Klaren, der in rauchenden Eisgläsern gereicht wird, muß sein. Möglich sind auch: Campari mit Soda oder Orangensaft, Kir, trockener Martini oder Sherry.

Der Gastgeber gehört zu seinen Gästen. Deswegen sollte man das Essen vorab zubereiten und sich nicht in der Küche verschließen.

Kalte Speisen arrangiert man wie ein Buffet, dazu kommen ein Stapel Teller, ausreichend Besteck und Servietten.

Blumenschmuck darf den Speisenaufbau nicht überragen und sollte deshalb flach gehalten werden.

Die Frage, ob Wein oder Bier getrunken wird, soll man den Gästen überlassen. Deswegen sollte ausreichend Weiß- und Rotwein im Haus sein und Bier vorgekühlt werden.

Mokka und Verdauungsschlückchen, auch Digestif genannt, gehören ebenso zu einer Einladung wie die Möglichkeit für den Gast, auch auf alkoholfreie Getränke zurückzugreifen.

# Salat Nordseewellen

*Rezept für 4 Personen*

**Das braucht man:**

100 g Nudeln
(Glocken, Spirelli oder Zöpfli)
4 Matjesfilets
1 Bund Radieschen
1 kleine Dose Thunfisch
4 hartgekochte Eier
1 Dose Erbsen, extra fein
1/2 Salatgurke
3 Zwiebeln
4 Tomaten
100 g frische Champignons
Saft einer Zitrone

Für das Dressing:

1 Becher Sahne
1 Tasse Mayonnaise
1 Tasse Tomatenketchup
1/2 Tasse Essig
Salz
Pfeffer aus der Mühle
einige Spritzer Worcestersauce
1 Bund Dill
1 Bund Petersilie

**So macht man's:**

1. Die Nudeln al dente kochen. Kalt abspülen und abtropfen lassen.
2. Matjesfilets in Streifen schneiden.
3. Die Radieschen in feine Scheiben schneiden.
4. Thunfisch gut abtropfen lassen und zerpflücken.
5. Eier schälen und vierteln.
6. Gurke waschen, halbieren, entkernen und in dünne Scheiben schneiden.
7. Zwiebeln schälen und fein würfeln.
8. Tomaten enthäuten, entkernen und in feine Streifen schneiden.
9. Champignons putzen, waschen, in Scheiben scheiden und mit Zitronensaft beträufeln.
10. Zutaten in eine Schüssel geben und vorsichtig miteinander vermischen.
11. Die Dressingzutaten miteinander verrühren.
12. Die frischgehackten Kräuter unter das Dressing ziehen.
13. Den Salat damit anmachen.
14. Vor dem Servieren eine Stunde im Kühlschrank ziehen lassen.

Kalorien pro Person: 865
Joule pro Person: 3635

# Bauernschmalz

Rezept für einen 4-Personen-Haushalt

**Das braucht man:**

1 kg Schweinespeck
2 Äpfel
1 EL Majoran
4 Zwiebeln
Salz
Pfeffer aus der Mühle
1 TL Zucker
1 Bund Schnittlauch
1 Bund Petersilie

**So macht man's:**

1. Den Schweinespeck von der Schwarte befreien, in zentimetergroße Würfel schneiden.
2. In einem heißen Topf auslassen.
3. Zwiebeln schälen und fein hacken.
4. Äpfel schälen, vierteln, entkernen und in feine Scheiben schneiden.
5. Wenn im ausgelassenen Fett die gebräunten Grieben sichtbar werden, Zwiebeln und Äpfel dazugeben und goldgelb rösten.
6. Fett vom Feuer nehmen, mit Majoran, Salz, Pfeffer und Zucker abschmecken.
7. Bevor es fest wird, das Schmalz in einen Steintopf oder in Einmachgläser füllen, im Kühlschrank erkalten lassen.

Kalorien pro Portion: 650
Joule pro Portion: 2730

Für die Schmalzzubereitung nimmt man Äpfel, die besonders zum Kochen geeignet und ein bißchen säuerlich sind. Das Schmalz wird noch streichfeiner, wenn man die Äpfel nicht schneidet, sondern hineinreibt.

## Klarsicht für den Appetit: Gelatine

Das Wichtigste im Umgang mit Gelatine ist das Verhältnis Flüssigkeitsmenge und Gelatine. Gelatine ist ein geschmacks- und geruchsneutraler Leimstoff, den man durch das Auskochen entfetteter Knochen und Knorpel gewinnt.

Sie wird in hauchdünnen, glasklaren Blättern oder als gemahlene Gelatine in Päckchen angeboten.

Ein Päckchen Gelatine entspricht sechs Blatt. Grundsätzlich läßt man Gelatine erst in kaltem Wasser quellen, drückt sie aus und löst sie in der heißen Flüssigkeit auf.

Für einen Liter Flüssigkeit braucht man in der Regel zwölf Blatt Gelatine. Diese Bemessung ist aber davon abhängig, ob die Speise nur fest oder sogar gestürzt werden soll. Will man letzteres, muß man einen Liter Flüssigkeit mit achtzehn bis zwanzig Blatt Gelatine versetzen.

Wer sich mit dem Garnieren und Dekorieren besonders viel Mühe geben will, kann Tomaten-, Gurken- oder Zitronenscheiben mit dem Messer noch besondere Formen geben.

## Fisch in Riesling-Aspik

*Rezept für 4 Personen*

### Das braucht man:

4 geräucherte Forellenfilets
1/4 l Weißwein
1/4 l Fleischbrühe
Saft einer Zitrone
1 Spritzer Worcestersauce
einige Wacholderbeeren
einige Pfefferkörner
einige Senfkörner
Salz
Pfeffer aus der Mühle
6 Blatt Gelatine
2 hartgekochte Eier
1 Tomate
1 Zitrone
4 Zweige Dill
4 Zweige Estragon

### So macht man's:

1. Forellenfilets enthäuten.
2. Weißwein, Fleischbrühe, Zitronensaft und Worcestersauce in einem Topf erhitzen.
3. Wacholderbeeren, Pfefferkörner, Senfkörner, Salz und Pfeffer dazugeben.
4. Gewässerte Gelatine im Sud auflösen lassen.
5. Den mit Gelatine angereicherten Sud kurz vor dem Gelieren auf den Tellerboden ausgießen. Diesen Boden im Kühlschrank fest werden lassen.

**6.** Forellenfilets auf Teller verteilen.

**7.** Eier, Tomaten, Zitrone in Scheiben schneiden.

**8.** Den Tellerboden rund um die Forellenfilets mit den Ei-, den Tomaten-, den Zitronenscheiben und mit je einem Zweig Dill und Estragon auslegen.

**9.** Den restlichen Sud darübergießen.

**10.** Im Kühlschrank erstarren lassen.

*Kalorien pro Person: 195*
*Joule pro Person: 820*

*Zum Schneiden von Eiern soll man einen sogenannten Eierschneider haben, den es in allen Haushaltsgeschäften zum Kaufen gibt. Mit dem schärfsten Messer zerdrückt man das Ei oder das Eigelb bröckelt heraus.*

# Nachspeisen mit Frischobst

*Auch nach großen Menüs wird in deutschen Haushalten oft nur ein Dessert gereicht. In Frankreich gibt es zum Schluß noch eine tolle süße Show.
Dabei muß man mit dem Süßen nicht geizen, vorausgesetzt, daß man den Einsatz von Zucker nicht übertreibt.
Da ist frisches Obst als Basis für Nachspeisen geradezu ideal, denn neben den wertvollen Vitaminen und Mineralstoffen hat es ja bekanntlich ganz wenig Kalorien.*

# Holundergefrorenes

Rezept für 4 Personen

**Das braucht man:**
4 Äpfel
2 EL Zucker
1 Tasse Weißwein
2 Zimtstangen
3 Nelken
1 Päckchen Vanillezucker
1 Tasse Honig
1 Tasse Holundermuttersaft
1 TL Zimt
Saft einer Zitrone
1 Sekt-Pikkolo

**So macht man's:**
1. Die Äpfel schälen und entkernen.
2. Die Hälfte der Äpfel in Schnitze schneiden und die andere Hälfte pürieren.
3. Die Apfelschnitze mit dem Zucker, dem Weißwein, den Zimtstangen, den Nelken und dem Vanillezucker kurz dünsten, herausnehmen und erkalten lassen.
4. Honig, Holundersaft, Zimt und den Zitronensaft in einer Pfanne einreduzieren lassen.
5. Den Sirup unter die pürierten Äpfel ziehen.
6. Im Eisfach frieren lassen.
7. Während des Gefrierens öfter mit einem Schneebesen durchrühren.
8. Holundergefrorenes mit den Apfelschnitzen anrichten und vor dem Servieren mit einem Schuß Sekt auffüllen.

Kalorien pro Person: 295
Joule pro Person: 1240

263

# Himbeerauflauf

Rezept für 4 Personen

**Das braucht man:**
200 g Zucker
4 Eiweiß
250 g frische Himbeeren
1 Becher Sahne
1 kleines Glas Liebesperlen

**So macht man's:**
1. Zucker in einem Topf oder in einer Pfanne bei mittlerer Wärmezufuhr schmelzen lassen.
2. In der Zwischenzeit die Eiweiße sehr steif schlagen.
3. Die heiße Zuckermasse tropfenweise schnell unter das Eiweiß schlagen.
4. Himbeeren pürieren.
5. Sahne steif schlagen.
6. Himbeerpüree und geschlagene Sahne vorsichtig unter die Eiweiß-Zucker-Masse heben.

7. In entsprechende Formen abfüllen.
8. Im Gefrierfach frosten.
9. Vor dem Servieren stürzen, einen Klacks geschlagene Sahne darübergeben und mit Liebesperlen bestreuen.

Kalorien pro Person: 310
Joule pro Person: 1300

*Dieser Himbeerauflauf ist ein Gaumenschmaus für heiße Sommertage. Sie können ihn aber auch in der kühleren Jahreszeit zubereiten, wenn Sie tiefgefrorene Beeren verwenden.*

## Früher Medizin, heute süßer Genuß: Die Himbeere

Im Mittelalter schätzte man die Himbeeren ebenso wie heute, nur mit dem Unterschied, daß man sie damals als Mittel gegen Insektenstiche und Reptilienbisse einsetzte; heute läßt man sie buchstäblich auf der Zunge zergehen.
In der heutigen Zeit wird die einstige Waldhimbeere in den Gärten heimisch gemacht. Der Nachteil ist, daß dadurch das typische Aroma verlorengeht. Der Vorteil der Gartenzüchtung ist, daß die Himbeersaison damit verlängert wird.
Himbeeren sollen nicht gewaschen werden, weil sie sonst an Saft und Form verlieren und »matschig« werden.
Beim Kauf soll man sich das Schälchen auch von unten ansehen. Wenn es leckt, dann sind die auf dem Boden liegenden Beeren nicht mehr einwandfrei.
Sofort nach dem Einkaufen die Beeren auf einem Tablett ausbreiten und möglichst bald verwenden.
Im Juli reifen Himbeeren in großen Mengen, doch gibt es inzwischen auch Neuzüchtungen, die mehrmals tragen. So kann man heute Himbeeren von Ende Juni bis September frisch kaufen.

## Unser Tip

Dieses Rezept kann man auch mit Erdbeeren, Heidelbeeren oder sogar Preiselbeeren nachvollziehen. Wenn die Beeren säuerlicher sind, muß man die Zuckerdosis geringfügig erhöhen.

---

Wenn man größere Mengen an Himbeeren eingekauft hat, soll man sie zu Obstpüree verarbeiten, das man einfriert und nach Bedarf weiterverwendet. Sehr lecker schmeckt Himbeerpüree als heiße oder kalte Sauce zu Eis, Pudding, Früchten und Gebäck. Die Himbeeren pro kg mit circa 200 g Zucker kurz aufkochen, pürieren und unbedingt durch ein Sieb streichen, damit die Kerne zurückbleiben. Mit etwas Zitronensaft säuern und dann in Portionsbechern einfrieren.

# Bühler Zwetschgengrütze

Rezept für 4 Personen

**Das braucht man:**

800 g Zwetschgen
2 Tassen Rotwein
2 Tassen Wasser
1 EL Zimtpulver
100 g Zucker
2 Päckchen Vanillezucker
1/2 Tasse Speisestärke
4 cl Slibowitz
1 Becher Sahne

**So macht man's:**

1. Die Zwetschgen waschen und in einem Sieb gut abtropfen lassen.
2. Die Früchte halbieren und entkernen.
3. Rotwein, Wasser, Zimt, Zucker und Vanillezucker in einen Topf geben und zum Kochen bringen.
4. Die halbierten Früchte dazugeben und zwei Minuten köcheln lassen.
5. Speisestärke mit Wasser glattrühren und die Grütze damit binden.

6. Zwetschgenwasser unterrühren und im Kühlschrank erkalten lassen.
7. Vor dem Servieren mit flüssiger Sahne begießen.

Kalorien pro Person: 330
Joule pro Person: 1385

*Die Bühler Gegend in Mittelbaden ist wegen ihres günstigen Klimas Deutschlands bekanntestes Zwetschgenanbaugebiet. Kein Wunder, daß aus dieser Gegend auch viele Rezepte mit Zwetschgen kommen.*

## Für Slivowitz und Grütze: Die Zwetschge

**W**as die Zwetschgenzucht anbelangt, stehen wir Deutschen an der vierten Stelle. Der Spitzenreiter ist Jugoslawien. Verständlich, denn zum Brennen des weltberühmten Slivowitz braucht man auch größere Mengen als zum Backen oder zum Essen.

Zwetschgen haben den höchsten Gehalt an Fruchtzucker und den niedrigsten Wassergehalt. Darum sind sie auch in der Küche am vielseitigsten verwendbar. Außerdem lassen sie sich als einzige Pflaumensorte einfrieren. Pflaumen sind trotz ihrer Süße kalorienarm: 100 g haben nur 52 Kalorien. Sie enthalten nicht übermäßig viele Vitamine, dafür aber eine Menge wichtiger Mineralstoffe, vor allem Phosphor und Kalzium. Außerdem regen sie die Darmtätigkeit stark an, vor allem dann, wenn sie gedörrt gegessen werden.

Die ersten Zwetschgen kommen als sogenannte Frühzwetschgen schon im Juli auf den Markt. Die Hauptsaison beginnt dann im August; und ab September beginnt die Zeit der Spät- oder Hauszwetschgen, die weniger zum Essen als zur vielseitigen Verarbeitung in der Küche geeignet sind.

# Reispudding mit Erdbeersauce

Rezept für 4 Personen

**Das braucht man:**

Für den Pudding:
1/2 l Milch
1 Prise Salz
1 Stück Zitronenschale
1 Zimtstange
100 g Milchreis
50 g Butter oder Margarine
50 g Zucker
3 Eier
1 Päckchen Puddingpulver mit Vanillegeschmack
2 gestrichene Teelöffel Backpulver
2 EL gehackte Mandeln
Fett zum Einfetten
1/2 Tasse Semmelbrösel

Für die Sauce:
500 g frische Erdbeeren
1 Päckchen Vanillezucker
1 EL Zucker
Saft einer Zitrone

**So macht man's:**

1. Milch mit einer Prise Salz, Zitronenschale und der Zimtstange zum Kochen bringen.
2. Reis hineingeben und bei schwacher Hitze circa 25 Minuten unter mehrmaligem Umrühren quellen lassen.
3. Zitronenschale und Stangenzimt herausnehmen und den Reis auskühlen lassen.
4. Fett schaumig rühren, Zucker und Eier hinzufügen.
5. Puddingpulver mit dem Backpulver mischen und ebenfalls klumpenfrei unterrühren.
6. Zum Schluß die Mandeln und den gut abgekühlten Reisbrei unter die Masse rühren.
7. Puddingform gut ausfetten und mit Semmelbrösel bestreuen.
8. Den Teig einfüllen.
9. Im auf 200° (Gasherd Stufe 3) vorgeheizten Backofen circa 50 Minuten backen.
10. In der Zwischenzeit die Erdbeeren pürieren.
11. Mit dem Vanillezucker, dem Zucker und dem Zitronensaft verrühren.
12. Den fertigen Pudding mit einem Messer vom Rand der Form lösen, etwa 5 Minuten stehenlassen und erst dann auf eine Platte stürzen und mit dem Erdbeerpüree servieren.

Kalorien pro Person: 515
Joule pro Person: 2160

Den Pudding einfüllen und mehrmals die Form auf der Arbeitsplatte abstoßen, damit die Luft entweichen kann. Das Erdbeerpüree kann man auch zusammen mit etwas Erdbeerkonfitüre erhitzen und heiß zum Reispudding reichen.

# Heißer Orangensalat

Rezept für 4 Personen

**Das braucht man:**

4 Orangen
2 Tassen Orangensaft
2 EL Orangenkonfitüre
4 cl Orangenlikör
1/2 Becher Sahne
4 EL gehackte Haselnüsse

*Ein leckeres Dessert, das eigentlich zu jedem Festmenü paßt: Ein heißer Orangensalat mit Sahne und Haselnüssen. Er läßt sich schnell zubereiten und ist während der Orangensaison auch noch preiswert.*

**So macht man's:**

1. Orangen schälen und in kleine Würfel schneiden.
2. Auf vier Glasschalen verteilen.
3. In einem Topf unter ständigem Umrühren die Orangenkonfitüre erhitzen.
4. Mit Orangensaft und Orangenlikör glattrühren.
5. Rund sieben Minuten einkochen lassen.
6. Sahne sehr steif schlagen.
7. Heiße Sauce über die Orangenwürfel geben, mit je einem Tupfer Sahne bedecken und mit den Haselnüssen bestreut servieren.

*Kalorien pro Person: 260
Joule pro Person: 1090*

# Stachelbeergrütze

Rezept für 4 Personen

**Das braucht man:**

750 g Stachelbeeren
1/2 l Kirschsaft
1 EL geriebene Zitronenschale
2 Päckchen Vanillezucker
200 g Zucker
125 g Grieß

Für die Sauce:

1/2 l Milch
1 Päckchen Vanillesauce
2 EL Zucker
1 Becher Sahne

**So macht man's:**

1. Stachelbeeren putzen und waschen.
2. Kirschsaft in einem Topf erhitzen.
3. Zitronenschale, Vanillezucker und Zucker dazugeben und mit den Stachelbeeren 15 Minuten kochen.
4. Stachelbeeren mit dem Saft im Mixer pürieren, einen Liter abfüllen.
5. In einen Topf geben und mit dem Grieß zum Kochen bringen.
6. Von der Kochstelle nehmen und abkühlen lassen.
7. Stachelbeergrütze in eine Schüssel füllen und kaltstellen.

8. Vanillesauce nach Vorschrift zubereiten.
9. Die steifgeschlagene Sahne unterziehen und zur Grütze reichen.

*Kalorien pro Person: 625
Joule pro Person: 2625*

*Stachelbeeren werden in Deutschland von Ende Mai bis August geerntet. Neben den Weintrauben haben sie den höchsten Zuckergehalt unter den einheimischen Beeren. Aber ein beachtlicher Säureanteil gleicht diese Süße wieder aus.*

## Äpfel mit Haube

*Rezept für 4 Personen*

### Das braucht man:
*4 große Äpfel*
*Saft einer Zitrone*
*4 EL Rosinen*
*3 EL gehackte Mandeln*
*2 EL Honig*
*4 cl Rum*
*1/4 l Vanillesauce*
*2 Eigelb*
*2 Eiweiß*
*3 EL Zucker*

### So macht man's:
1. *Die Äpfel halbieren, Kerngehäuse mit einem Ausstecher herausholen.*
2. *Mit Zitronensaft beträufeln.*
3. *Rosinen, Mandeln, Honig und Rum miteinander vermischen und die Äpfel damit füllen.*

## Nicht nur für Lebkuchen: Mandeln

Schon 2100 Jahre vor Christi Geburt wurden sie in den Gärten Babylons kultiviert. Dann eroberten sie das Mittelmeergebiet, und heute beherrschen sie die USA, die zum Spitzenreiter in der Mandelproduktion geworden sind.
Sie gehören seit eh und je zum Reiseproviant der Karawanen, zum einen, weil sie über Wochen und Monate genießbar bleiben, zum anderen, weil sie nahrhaft und gesund sind.
Sie enthalten viel pflanzliches Eiweiß und noch mehr ungesättigte Fettsäuren. Außerdem haben sie viele Mineralstoffe und Vitamine der B-Gruppe, die ja unsere Nerven stärken sollen.
Auch wenn es nach Arbeit aussieht: Mandeln soll man ungeschält kaufen, weil sie mehr Aroma haben und weniger ranzig werden. Gut sortierte Mandeln haben keine Staub- und losen Schalenteile.
Mandeln selbst abzuziehen ist kein Problem: Man läßt sie kurze Zeit in kochendem Wasser, schreckt sie kalt ab und streift sie aus der Haut.

4. *Die Eigelbe unter die Vanillesauce rühren.*
5. *Eiweiß sehr steif schlagen.*
6. *Den Zucker in die Eiweißmasse einrieseln lassen.*
7. *Eiweißmasse unter die Vanillesauce heben.*
8. *Die Äpfel damit bedecken.*
9. *Im Ofen oder unter dem Grill kurz überbacken.*

*Kalorien pro Person: 205*
*Joule pro Person: 860*

*Für dieses Rezept beläßt man die Äpfel in der Schale, weil beim Bratapfel die Schale etwas vom Besten ist. Wenn die Äpfel gefüllt sind, werden sie mit der »luftigen« Vanillesauce überzogen.*

## Mit Weintrauben kann man sich gesund essen

In Weintrauben steckt die ganze Kraft der Sommersonne und noch viel mehr. Sie enthalten alle wichtigen Vitamine und reichlich Mineralstoffe wie Phosphor für Nerven und Hirn, Kalzium für den Knochenaufbau und für die Haare sowie Eisen für die Blutbildung.

Dazuzählen muß man auch die wichtigen Fruchtsäuren und den Reichtum an Traubenzucker, der ja der Betriebsstoff des Menschen ist.

Da sie, mit 68 Kalorien auf 100 g gerechnet, nicht dick machen, zudem entschlackend und entwässernd wirken, sind sie für eine Diät bestens geeignet.

Vor dem Verzehr soll man sie lauwarm abwaschen. Dazu legt man sie am besten in eine Schüssel mit Wasser, um die zarten Früchte nicht zu beschädigen.

Obwohl in Deutschland sehr viel Wein wächst, müssen wir die Tafeltrauben importieren. Die bei uns wachsenden Sorten sind nur zur Weinbereitung geeignet, zum Essen sind sie zu sauer.

## Herbstlicher Obstsalat

*Rezept für 4 Personen*

### Das braucht man:
*50 g Preiselbeeren*
*4 EL Johannisbeergelee*
*4 cl Kirschlikör*
*400 g Weintrauben*
*400 g Zwetschgen*
*1 Tasse Weißwein*
*2 EL Puderzucker*
*1/2 Becher Sahne*
*8 Walnußhälften*

*Der Herbstliche Obstsalat schmeckt auch dann gut, wenn man auf die Sahne verzichtet und die Früchte mit lauwarmer Vanillesauce überzieht, die man mit dem Preiselbeersirup vorher verrührt.*

### So macht man's:
**1.** *Preiselbeeren putzen, waschen.*
**2.** *Mit dem Johannisbeergelee und dem Kirschlikör in einem entsprechenden Topf zu einem Sirup verkochen.*
**3.** *Weintrauben waschen und halbieren.*
**4.** *Zwetschgen waschen, halbieren und entkernen.*
**5.** *Früchte in eine Schüssel geben und vorsichtig miteinander vermischen.*

**6.** Weißwein und Puderzucker miteinander verrühren, über das Obst gießen und zehn Minuten marinieren.

**7.** Auf vier Gläser verteilen, mit einem Tupfer Sahne verzieren.

**8.** Den Sirup neben der Sahne über das Obst gießen.

**9.** Mit Walnußhälften garnieren.

*Kalorien pro Person: 220*
*Joule pro Person: 925*

Wenn man Walnüsse kauft, soll man besonders auf die Bezeichnung »neue Ernte« achten, weil saisonbedingt es auch vorkommen kann, daß der Händler die Ware vom Vorjahr anbietet. Solche Walnüsse schmecken nur noch ranzig.

# Kulinarische Familienfeiern

*Eine richtig schöne Familienfeier zählt zu den schönsten Dingen unseres Lebens. Dabei ist es gar nicht so einfach, vom Enkel bis zur Oma alle Gäste zufriedenzustellen. Und wenn dann der Tag aller Tage gekommen ist, will man als Gastgeber auch den Erfolg sehen.*

## Menu

*Holundersuppe*

*Wildgulasch in Thymiansahne*

*Bratäpfel mit Aprikosensauce*

## Wenn das Leben beginnt...

Dann wird in den meisten Familien zugleich zur Taufe eingeladen. Das aber erst, wenn Mutter und Kind wieder zu Hause sind.
Ein Kind ist geboren und das ist ein echter Anlaß zum Feiern. Und neben Sparbuch, Aktien, Wertpapieren und üppigen Geschenken sollen Sie dem Kind die Freude am Kulinarischen in die Wiege legen.
Natürlich kann man die Taufe wie jedes andere Fest feiern. Doch schöner ist es, wenn Sie das neue Leben mit einem festlichen Menü feiern.

## Menü

*Tomatensuppe Cortina*

*Aprikosenkoteletts*

*Quittenquark*

## Wenn der Glaube Berge versetzt...

Dann muß das Festmenü auch dem Geschmack des Kindes entsprechen.
Zur Erstkommunion, zur Firmung und zur Konfirmation wird man in die Gemeinde der Gläubigen aufgenommen. Höchste Zeit, daß man auch in die Gemeinde der Feinschmecker nachrückt.
Glauben, Essen und Trinken liegen auch in der Geschichte dicht beieinander. Ein Grund mehr, diesen Lebensabschnitt mit der erforderlichen geistigen und kulinarischen Würde zu begehen.
Und wenn sich die Familie an der Tafel versammelt, dann ist dies ein Ritual, das im Abendmahl seinen Ursprung hat. Es ist angerichtet für Menschen, die uns etwas bedeuten. Und Liebe geht noch allemal durch den Magen.

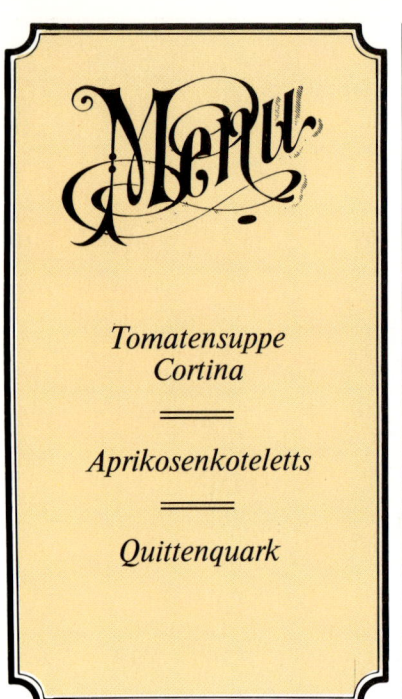

## Menu

*Petersiliencreme-Suppe*

---

*Gebeizter Hasenrücken mit dreifarbigem Pfeffer*

---

*Rosencreme*

## Wenn man ja zur Liebe sagt...

Dann sollte man dies nicht in einem Saal oder in der unpersönlichen Atmosphäre eines Restaurants feiern, wo irgendein Menü zur Formalität des Tages wird.
Eine Familie wird größer und damit auch der Anspruch an die heimische Tafelrunde. Letztlich ist die Ehe mit der Gründung des Hausstands verbunden, der auch eine kulinarische Partnerschaft bedeutet.
Trotz Industrialisierung ist der heimische Herd immer noch Goldes wert. Alles, was Brauteltern mit auf den Weg geben können, findet seinen Ausdruck auch in dem, was auf den Tisch des Hochzeitshauses kommt.
Grund genug, unsere Vorschläge zu den eigenen zu machen.

## Menü

*Spargelsüppchen*

*Hähnchenbrust in grüner Pfeffersauce*

*Friesische Teecreme*

## Wenn man immer ein Jahr älter wird…

Dann hat man Geburtstag und den soll man feiern.
Dabei ist es völlig egal, ob man die Jahresringe nach oben oder nach unten verändern will. Wer seinen Geburtstag bei bester Gesundheit erlebt, soll Freude aufkommen lassen.
Der Geburtstag wird in südlichen Ländern kulinarisch-euphorisch gefeiert. Es ist auch bei uns keine Frage des Temperaments, wenn man Freunde, Verwandte und Bekannte einlädt und mit dem Geburtstagsmenü zeigt, worin man die eigene Zukunft begründet sieht: im ESSEN, TRINKEN und GENIESSEN.

# Menü für die Taufe

## Holundersuppe

*Rezept für 4 Personen*

**Das braucht man:**
2 große Birnen
2 EL Butter oder Margarine
1 Flasche Holunderbeersaft
(Reformhausprodukt)
2 EL Zucker
1 Messerspitze Zimt
1 Päckchen Vanillezucker
3 EL Obstessig
1 Eiweiß
2 EL Puderzucker
1 EL Speisestärke

**So macht man's:**
1. Birnen schälen, halbieren, entkernen und in mundgerechte Stücke schneiden.
2. Fett in einem entsprechenden Topf auslassen und die Birnenstücke darin glasig dünsten.
3. Mit Holunderbeersaft auffüllen.
4. Mit Zucker, Zimt, Vanillezucker und Obstessig abschmecken.
5. Eiweiß zu steifem Schnee schlagen.
6. Unter ständigem Schlagen den gesiebten Puderzucker einrieseln lassen.
7. Holundersuppe 5 Minuten köcheln lassen.
8. Speisestärke mit Wasser verrühren und die Suppe damit leicht binden.
9. Mit dem Teelöffel von der Eiweißmasse Klößchen abstechen und auf die Suppe setzen.
10. Die Suppe heiß oder kalt servieren.

*Kalorien pro Person: 250*
*Joule pro Person: 1050*

## Wildgulasch in Thymiansahne

*Rezept für 4 Personen*

**Das braucht man:**
2 EL Öl
50 g durchwachsenen Speck
600 g Wildfleisch (Reh-, Hirsch- oder ein anderes Wildgulasch)
2 Zwiebeln
1 Bund Suppengemüse
2 EL Mehl
1 Tasse Rotwein
1/2 l Fleischbrühe
1 Bund Thymian
Salz
Pfeffer aus der Mühle
2 EL Preiselbeeren
2 EL Senf
1 Becher Sahne
etwas Speisestärke

**So macht man's:**
1. Öl in einem entsprechenden Topf erhitzen und den klein gewürfelten Speck darin glasig schwitzen.
2. Wildfleisch in mundgerechte Stücke schneiden.
3. Zwiebeln schälen, fein würfeln.
4. Suppengemüse entsprechend putzen, waschen und in Würfel schneiden.
5. Das Gulaschfleisch zum Speck geben und Farbe nehmen lassen.
6. Die Zwiebeln zum Fleisch geben und kurz mitschwitzen.
7. Suppengemüse dazugeben, anrösten und mit Mehl bestäuben. Das Mehl Farbe nehmen lassen.
8. Mit Rotwein ablöschen und mit heißer Fleischbrühe auffüllen.
9. Thymian verlesen, waschen und fein hacken, zum Gulasch geben.
10. Mit Salz und Pfeffer würzen.
11. Die Preiselbeeren und den scharfen Senf unterrühren.
12. Bei mittlerer Hitze circa 50 Minuten köcheln lassen.
13. Die geschlagene Sahne unterziehen. Nicht mehr kochen lassen.
14. Je nach Bedarf mit etwas Speisestärke nachbinden.

*Kalorien pro Person: 525*
*Joule pro Person: 2205*

## Bratäpfel mit Aprikosensauce

*Rezept für 4 Personen*

**Das braucht man:**
4 große Äpfel
1 Dose Aprikosenhälften
2 EL Rosinen
150 g Marzipan-Rohmasse
8 cl Aprikosenlikör
1 Becher Sahne
1 Päckchen Vanillezucker
2 EL Zucker

**So macht man's:**
1. Die Äpfel waschen und das Kerngehäuse ausstechen.
2. Aprikosenhälften abtropfen lassen.
3. Drei Aprikosenhälften in Würfel schneiden und den Rest pürieren.
4. Aprikosenwürfel mit den Rosinen, der Marzipanmasse und 4 cl Aprikosenlikör zu einer Masse verarbeiten.
5. Die Marzipanmasse in die Äpfel füllen. Mit dem Löffel festdrücken.
6. Backpapier auf ein Ofenblech legen, die Äpfel daraufsetzen und bei 220° (Gasherd Stufe 4) circa 20 Minuten backen.
7. In der Zwischenzeit die Sahne steif schlagen.
8. Vanillezucker, Zucker, das Aprikosenpüree und den restlichen Aprikosenlikör unter die Sahne geben.
9. Die Aprikosensauce über die Äpfel geben und servieren.

*Kalorien pro Person: 560*
*Joule pro Person: 2350*

# Menü für Erstkommunion, Firmung und Konfirmation

## Tomatensuppe Cortina

*Rezept für 4 Personen*

**Das braucht man:**

*100 g gekochtes oder gebratenes Hähnchenfleisch*
*100 g gekochten Schinken*
*2 EL Butter oder Margarine*
*3/4 l Tomatensuppe (Fertigprodukt)*
*4 cl Gin*
*1 Tasse saure Sahne*
*einige Kopfsalatblätter*

**So macht man's:**

1. *Hähnchenfleisch und gekochten Schinken in feine Würfel schneiden.*
2. *Fett in einem entsprechenden Topf auslassen, die Hähnchen- und Schinkenwürfel darin kurz anschwitzen.*
3. *Tomatensuppe nach Vorschrift erhitzen und dazugießen.*
4. *Mit Gin verfeinern.*
5. *Saure Sahne unterziehen.*
6. *Kopfsalatblätter putzen, waschen, in feine Streifen schneiden, unter die Suppe geben und sofort servieren.*

*Kalorien pro Person: 240*
*Joule pro Person: 1010*

## Aprikosenkoteletts

*Rezept für 4 Personen*

**Das braucht man:**

*4 Kasseler Koteletts à 150 g*
*1 TL gemahlenen Kümmel*
*Salz*
*Pfeffer aus der Mühle*
*2 EL Öl*

*Für die Sauce:*
*2 EL Butter oder Margarine*
*2 Zwiebeln*
*1 kleine Dose Aprikosen*
*1/2 Tasse Tomatenketchup*
*2 EL Senf*
*Saft einer Zitrone*
*2 EL Obstessig*
*1 TL Paprika*
*1 TL Curry*
*1 Tasse Bratensauce*
*2 cl Aprikosenlikör*

**So macht man's:**

1. *Die Koteletts mit Kümmel, Salz und Pfeffer gut würzen.*
2. *In einer entsprechend großen Pfanne Öl heiß werden lassen und die Koteletts darin goldgelb braten.*
3. *Anschließend herausnehmen und warmstellen.*
4. *Butter oder Margarine im verbliebenen Bratfett schmelzen und die feingehackten Zwiebeln darin goldgelb werden lassen.*
5. *Die Aprikosen pürieren, mit dem Tomatenketchup, dem Senf, dem Zitronensaft, dem Essig verrühren.*
6. *Paprika und Curry dazugeben und noch einmal durchrühren.*
7. *Mit der heißen Bratensauce auffüllen.*
8. *Kurz aufkochen lassen und mit Orangenlikör verfeinern.*
9. *Die Koteletts in die Sauce geben, heiß werden lassen und dann servieren.*

*Kalorien pro Person: 690*
*Joule pro Person: 2900*

## Quittenquark

*Rezept für 4 Personen*

**Das braucht man:**

*2 Becher Sahnequark (à 250 g)*
*1 Päckchen Vanillezucker*
*2 Eigelb*
*ein kleines Glas Quittengelee*
*Saft einer Zitrone*
*4 cl Kirschlikör*
*1 EL Zimt*

**So macht man's:**

1. *Sahnequark mit dem Vanillezucker und dem Eigelb in einer entsprechenden Schüssel glattrühren.*
2. *Quittengelee in einem Topf erhitzen.*
3. *Zitronensaft, Kirschlikör und Zimt unterziehen.*
4. *Das heiße Quittengelee unter die Quarkmasse schlagen.*
5. *In entsprechende Gläser füllen, im Kühlschrank erkalten lassen und servieren.*

*Kalorien pro Person: 320*
*Joule pro Person: 1345*

# Menü für die Hochzeit

## Petersiliencreme-Suppe

*Rezept für 4 Personen*

**Das braucht man:**
1 Zwiebel
3 Bund Petersilie
2 EL Butter oder Margarine
1 Tasse Weißwein
1/2 l Fleischbrühe
1 EL Mehl
1 Becher Creme fraîche
Salz
Pfeffer aus der Mühle
1 Messerspitze Muskat
1 Prise Zucker

**So macht man's:**
1. Zwiebeln schälen und in feine Würfel schneiden.
2. Petersilie verlesen, waschen und grob hacken.
3. Fett in einem entsprechenden Topf auslassen und die Zwiebeln darin glasig schwitzen.
4. Die Petersilie zu den Zwiebeln geben und kurz mitschwitzen.
5. Mit Weißwein ablöschen und mit Fleischbrühe auffüllen.
6. Mit dem Mixstab oder dem Mixer pürieren.
7. Mehl mit der Creme fraîche glattrühren und unter die Suppe ziehen.
8. Bei mittlerer Hitze 5 Minuten köcheln lassen.
9. Mit Salz, Pfeffer, Muskat und Zucker abschmecken.

*Kalorien pro Person: 265*
*Joule pro Person: 1115*

## Gebeizter Hasenrücken mit dreifarbigem Pfeffer

*Rezept für 4 Personen*

**Das braucht man:**
*Für die Beize:*
2 Hasenrücken
2 Zwiebeln
1 Flasche trockenen Weißwein
1 Tasse Essig
1 EL weiße Pfefferkörner
1 EL schwarze Pfefferkörner
1 EL grüne Pfefferkörner
einige Nelken

*Außerdem:*
2 Zwiebeln
250 g frische Pfifferlinge oder aus der Konserve
2 Möhren
3 EL hitzeverträgliches Fett
Salz
Pfeffer aus der Mühle
etwas Speisewürze
1 Prise Zucker
etwas Stärkemehl

**So macht man's:**
1. Von den Hasenrücken vorsichtig die Haut ablösen.
2. Zwiebeln schälen und grob würfeln.
3. Die Hasenrücken in einen entsprechenden Topf legen, mit den Zwiebeln bestreuen.
4. Mit Weißwein, Essig und Wasser auffüllen, bis die Hasenrücken bedeckt sind.
5. Pfefferkörner und Nelken dazugeben und an einem kühlen Ort über Nacht ziehen lassen.
6. Anschließend die Hasenrücken herausnehmen und mit Küchenkrepp trockentupfen.
7. In einem entsprechenden Bräter Fett erhitzen und rundherum anbraten, bis das Fleisch Farbe bekommen hat.
8. In den Ofen geben und bei 200° (Gasherd Stufe 3) 15 Minuten braten.
9. In der Zwischenzeit Zwiebeln schälen, fein würfeln.
10. Pfifferlinge entsprechend putzen und waschen.
11. Möhren schälen und in kleine Würfel schneiden.
12. Fett in einer Pfanne auslassen. Zwiebeln, Pfifferlinge und Möhren darin glasig schwitzen.
13. Die Gemüsemischung über den Hasenrücken verteilen.
14. Mit 1/4 l der durchgeseihten Beize ablöschen.
15. Weitere 5 Minuten im Backofen garen.
16. Herausnehmen, Sauce mit Salz, Pfeffer, Speisewürze und etwas Zucker abschmecken.
17. Stärkemehl mit Wasser glattrühren, in die Sauce ziehen und noch einmal kurz aufkochen.

*Kalorien pro Person: 510*
*Joule pro Person: 2140*

## Rosencreme

*Rezept für 4 Personen*

**Das braucht man:**
1 Tasse Milch
1 Tasse Weißwein
1 TL Rosenwasser aus der Drogerie
3 Blatt rote Gelatine
1 Becher Sahne
1 Päckchen Vanillezucker
2 EL Zucker
2 rote oder gelbe Rosenblüten

**So macht man's:**
1. Milch, Weißwein und Rosenwasser in einem Topf erhitzen.
2. Die gewässerte Blattgelatine darin auflösen.
3. Sahne steif schlagen.
4. Vanillezucker und Zucker langsam unter die Sahne rühren.
5. Die Sahne vorsichtig mit dem Schneebesen unter die inzwischen erkaltete Flüssigkeit heben.
6. Rosenblüten waschen und die Blätter abzupfen. Notfalls aus der Apotheke getrocknete Rosenblätter besorgen.
7. Rosencreme auf entsprechende Gläser verteilen, die man vorher mit kaltem Wasser ausgespült hat, die Blüten darüberstreuen und im Kühlschrank fest werden lassen.

*Kalorien pro Person: 180*
*Joule pro Person: 755*

# Menü zum Geburtstag

## Spargelsüppchen

*Rezept für 4 Personen*

**Das braucht man:**

250 g Kalbfleisch
1 Möhre
1 kleine Stange Lauch
1 kleine Zwiebel
einige Pfefferkörner
einige Wacholderbeeren
1 Lorbeerblatt
1 Messerspitze Muskat
Salz
Pfeffer aus der Mühle
1 Dose Spargelabschnitte
1 Kästchen Kresse
etwas Speisewürze

**So macht man's:**

1. Wasser in einem Topf erhitzen, das Kalbfleisch dazugeben und 5 Minuten kochen lassen.
2. Kalbfleisch herausnehmen, unter kaltem Wasser abwaschen und erneut mit einem Liter Wasser ansetzen. Durch dieses Verfahren wird verhindert, daß die Brühe vom austretenden Eiweiß trüb wird.
3. Möhre, Lauch und Zwiebel entsprechend waschen oder schälen und zum Fleisch geben.
4. Pfefferkörner, Wacholderbeeren und Lorbeerblatt dazugeben.
5. Mit Muskat, Salz und Pfeffer abschmecken und bei mittlerer Temperatur circa 50 Minuten köcheln lassen.
6. Anschließend das Fleisch herausnehmen und in kleine Würfel schneiden.
7. Die Brühe durch ein Sieb gießen.
8. Die abgetropften Spargelabschnitte in der Brühe erhitzen.
9. Die verlesene, gewaschene und grob gehackte Kresse dazugeben.
10. Die Kalbfleischwürfel in die Suppe geben, mit der Speisewürze nochmals abschmecken und servieren.

*Kalorien pro Person: 90*
*Joule pro Person: 380*

## Hähnchenbrust in Pfeffersauce

*Rezept für 4 Personen*

**Das braucht man:**

50 g Butter oder Margarine
Saft einer Zitrone
1 TL Estragon
1/2 TL Paprika
1 EL Senf
1 EL grüne Pfefferkörner
Salz
Pfeffer aus der Mühle
4 Hähnchenbrüste
1 Tasse Ananassaft
1 Tasse Fleischbrühe
4 Scheiben Ananas
4 cl Weinbrand
1 EL Kartoffelmehl

**So macht man's:**

1. Fett mit dem Zitronensaft, dem gehackten Estragon, dem Paprika, dem Senf und den grünen Pfefferkörnern verrühren.
2. Die aufgetauten, gewaschenen und abgetrockneten Hähnchenbrüste salzen und pfeffern.
3. Die Fettmischung in einer entsprechenden Pfanne schmelzen und die Hähnchenbrüste darin so lange braten, bis sie Farbe genommen haben.
4. Die in Würfel geschnittene Ananas zu den Brüstchen geben und kurz mitschwitzen.
5. Mit Ananassaft ablöschen und mit heißer Fleischbrühe auffüllen.
6. Bei mittlerer Hitze 5 Minuten einkochen lassen.
7. Mit dem Weinbrand aromatisieren.
8. Die Hähnchenbrüste herausnehmen und warmstellen.
9. Stärkemehl mit etwas Wasser glattrühren und die Sauce damit binden.
10. Eventuell nachwürzen und über die Hähnchenbrüste geben.

*Kalorien pro Person: 375*
*Joule pro Person: 1575*

## Friesische Teecreme

*Rezept für 4 Personen*

**Das braucht man:**

1/4 l starken schwarzen Tee
4 Blatt weiße Gelatine
3 Eier
1 Tasse Puderzucker
1 Päckchen Vanillezucker
1 Messerspitze Nelkenpulver
4 cl Rum
1 Becher Sahne

**So macht man's:**

1. Im heißen Tee die gewässerte Gelatine auflösen.
2. Eier in einer Rührschüssel mit dem gesiebten Puderzucker, dem Vanillezucker, dem Nelkenpulver und dem Rum zu einer schaumigen Masse verschlagen.
3. Sahne sehr steif schlagen.
4. Sahne langsam unter den Eischaum heben.
5. Sahne-Eimasse vorsichtig unter den erkalteten Tee ziehen.
6. In entsprechende, kalt ausgespülte Formen füllen und im Kühlschrank erkalten lassen.

*Kalorien pro Person: 350*
*Joule pro Person: 1470*

# Feiern mit Freunden

*Ob die Zeiten gut oder schlecht sind – so gut oder schlecht können sie gar nicht sein, als daß man Menschen, die man gerne mag, nicht mehr einladen oder bewirten würde. Die beste Gelegenheit hierzu sind traditionelle Feste wie Ostern, Pfingsten, Weihnachten und Neujahr. Sie zu Hause zu feiern ist schöner und besinnlicher als anderswo.*

# Menu

*Spargelsalat mit Lachs*

*Blauschimmel-Steaks*

*Walnußcreme*

## So schmeckt einem das neue Jahr ...

Wenn man Silvester mit viel Champagner gefeiert hat, gibt es am nächsten Tag nur zwei Möglichkeiten: Entweder man zieht sich die Decke über beide Ohren und sperrt sich in das stille Kämmerlein, oder man schreitet zu neuen kulinarischen Taten und zaubert ein Menü auf den Tisch, sozusagen als geschmackliche Reverenz an das junge Jahr.
Und der gute Vorsatz, den man alle Jahre wieder zum Jahreswechsel faßt, nämlich weniger zu essen und zu trinken, mehr auf die Figur und auf die Gesundheit zu achten, der hat auch im gefülltesten Terminkalender noch 24 Stunden Zeit.

*Kerbelcremesuppe*

*Lammbraten mit Frischkräutern*

*Sauerrahmcreme mit Erdbeerpüree*

## Ostern ist der Feinschmeckerfrühling…

Ob es in diesem Jahr ein ganz besonderes Osterfest werden soll, liegt daran, ob man in der Küche zum eigenen Osterhasen wird.
Nicht von ungefähr liegt Ostern im Frühling, wo mit der Natur auch die Frische erwacht.
Küchenkräuter, junges Gemüse, zarte Salate sind ebenso Bestandteil des Osterrituals wie die manchmal überflüssigen und allzu bunten Ostereier des Osterhasen.

# Menu

*Forellenfilets
mit Estragoncreme*

—

*Schweinefilet
in Weinbrandsauce*

—

*Rhabarbercreme*

## In Pfingsten liegt der Geist der Küche...

Und das hat nichts mit der Dreifaltigkeit zu tun, die das heilige Pfingstfest prägt.
Zu keiner Zeit im Jahr ist das kulinarische Angebot größer als um Pfingsten.
Wer Rechtes kochen will, muß das schon mit Köpfchen tun, will er den Segen dieser Jahreszeit nutzen.
An der Schwelle des Sommers eröffnen sich Möglichkeiten, die uns das Zusammenstellen eines Pfingstmenüs schwermachen.
Man muß aber versuchen, auch einmal etwas zuzubereiten, das bislang nicht im eigenen Kochrepertoire gestanden hat.

# Menü

*Karpfen
in Biersauce*

*Gefüllte
Weihnachtsgans*

*Haselnußgefrorenes*

## Weihnachten ist Kochen anders...

Viel Geheimnisvolles passiert zwischen Nikolaustag und dem Heiligen Abend, wenn der Duft der vorweihnachtlichen Hausbäckerei das ganze Haus duchzieht.
Zu dieser Zeit gehört der weltberühmte Nürnberger Christkindlesmarkt genauso wie die kleine Kapelle in Oberndorf, wo man zum ersten Mal »Stille Nacht, heilige Nacht« gesungen hat.
Ähnlich wie der Andachtsjodler, der Höhepunkt der bäuerlichen Christmette, ist das Weihnachtsmenü die Krönung eines kulinarischen Jahres. Und wenn man ehrlich ist: zu keiner Zeit des Jahres gibt man sich in der Küche mehr Mühe als zu Weihnachten. Damit das so bleibt, haben wir ein festliches Menü zusammengestellt.

# Menü für den Neujahrstag

## Spargelsalat mit Lachs

*Rezept für 4 Personen*

**Das braucht man:**
600 g Spargelabschnitte
Saft einer Zitrone
1 Bund Frühlingszwiebeln
oder Schalotten
400 g frisches Lachsfilet

Für das Dressing:
2 Tassen Fleischbrühe
2 EL Öl
1/2 Tasse Essig
einige Spritzer Worcestersauce
1 Bund Petersilie

**So macht man's:**
1. Die Spargelabschnitte gut abtropfen lassen.
2. Die Spargelabschnitte mit etwas Zitronensaft beträufeln.
3. Danach die Frühlingszwiebeln oder Schalotten putzen, waschen und in feine Streifen schneiden.
4. Das rohe Lachsfilet in hauchdünne Scheiben schneiden.
5. Zwei Tassen erkaltete Fleischbrühe mit dem Öl und dem Essig verrühren.
6. Mit Salz, Pfeffer und Worcestersauce abschmecken.
7. Spargelabschnitte, Lachsscheiben und Frühlingszwiebeln oder Schalotten miteinander vermischen, mit dem Dressing anmachen und eine Stunde im Kühlschrank ziehen lassen.
8. Vor dem Servieren mit frisch gehackter Petersilie bestreuen.

*Kalorien pro Person: 185*
*Joule pro Person: 775*

## Blauschimmel-Steaks

*Rezept für 4 Personen*

**Das braucht man:**
4 Rumpsteaks à 200 g
30 g hitzeverträgliches Fett
30 g Butter oder Margarine
1 Zwiebel
200 g Champignons
4 Scheiben durchwachsenen Speck
200 g Edelpilzkäse
Salz
Pfeffer aus der Mühle
1 Bund Petersilie

**So macht man's:**
1. Die Rumpsteaks zurichten und in einer sehr heißen Pfanne mit mit dem Bratfett stark anbraten, damit sich die Poren des Fleisches sofort schließen und es auf beiden Seiten eine schöne Farbe bekommt.
2. Das Garstadium, englisch, medium oder durch müssen Sie selbst bestimmen.
3. In einer zweiten Pfanne Fett auslassen und die feingehackten Zwiebeln darin glasig schwitzen.
4. Die geputzten, gewaschenen und geschnittenen Champignons dazugeben und 5 Minuten mitdünsten.
5. Mit Salz und Pfeffer abschmecken und die verlesene, gewaschene, feingehackte Petersilie darüber verstreuen.
6. Die Speckscheiben kurz anbraten und warmstellen.
7. Die Steaks auf ein Backblech legen, salzen, pfeffern und mit den Speckscheiben bedecken.
8. Zwiebeln und Champignons darauf anrichten.
9. Mit je einer Scheibe Edelpilzkäse belegen.
10. Im Backofen oder unter dem Grill so lange überbacken, bis der Käse eine schöne Kruste bekommt.

*Kalorien pro Person: 920*
*Joule pro Person: 3865*

## Walnußcreme

*Rezept für 4 Personen*

**Das braucht man:**
1 Packung Walnußeis
4 cl Nußlikör
1 Sekt-Pikkolo
1 Becher Sahne
2 EL Zucker
100 g Walnußkerne

**So macht man's:**
1. Das Walnußeis in eine Schüssel geben, mit dem Nußlikör und dem Pikkolo glattrühren.
2. Sahne mit dem Zucker steif schlagen.
3. Unter die Eismasse rühren.
4. Walnußkerne grob hacken.
5. Die Hälfte der Walnußkerne unter die Masse ziehen.
6. Auf kalt ausgespülte Gläser verteilen und frosten.
7. Vor dem Servieren einen Tupfen Sahne aufsetzen und mit den restlichen Walnußkernen bestreuen.

*Kalorien pro Person: 535*
*Joule pro Person: 2250*

# Menü für Ostern

## Kerbelcremesuppe

*Rezept für 4 Personen*

**Das braucht man:**
2 EL Butter oder Margarine
2 Zwiebeln
2 Bund Kerbel
300 g vorgekochte Kartoffeln
1 Tasse Weißwein
1/2 l Fleischbrühe
Salz
Pfeffer aus der Mühle
1 Messerspitze Muskat
1 Prise Zucker
1 Becher Sahne
2 Eigelb

**So macht man's:**
1. Fett in einem entsprechenden Topf auslassen und die feingewürfelten Zwiebeln darin glasig schwitzen.
2. Kerbel verlesen, waschen und grob hacken.
3. Zu den Zwiebeln geben und kurz mitschwitzen.
4. Die vorgekochten Kartoffeln pürieren.
5. Die Zwiebeln und den Kerbel mit dem Weißwein ablöschen und mit der Fleischbrühe auffüllen.
6. Das Kartoffelmus unter die Suppe schlagen.
7. Mit Salz, Pfeffer, Muskat und Zucker abschmecken.
8. Bei mittlerer Hitze 5 Minuten köcheln lassen.
9. Sahne und Eigelbe miteinander verrühren, die Suppe vom Feuer nehmen und damit legieren.

*Kalorien pro Person: 295
Joule pro Person: 1240*

## Lammbraten mit Frischkräutern

*Rezept für 4 Personen*

**Das braucht man:**
1 Lammkeule (1,5 kg)
Pfeffer aus der Mühle
hitzeverträgliches Fett zum Braten
1/4 l Weißwein
1 Bund Estragon
1 Bund Thymian
1 Bund Rosmarin
1 Bund Zitronenmelisse
3 EL Aprikosengelee
3 EL Semmelbrösel
2 Knoblauchzehen

**So macht man's:**
1. Lammkeule unter fließendem Wasser abwaschen und mit Küchenkrepp trockentupfen.
2. Mit Salz und Pfeffer gleichmäßig einreiben.
3. Fett in einem entsprechenden Bräter auslassen und die Lammkeule darin rundherum Farbe nehmen lassen.
4. Im Ofen bei 200° (Gasherd Stufe 3) 60 Minuten garen.
5. Während der Garzeit öfter mit Weißwein übergießen.
6. Kräuter entsprechend verlesen, waschen und feinhacken.
7. Mit dem Aprikosengelee, den Semmelbröseln und den mit Salz zerriebenen Knoblauchzehen zu einer Masse verarbeiten.
8. 10 Minuten vor Ende der Garzeit die Lammkeule mit der Masse bestreichen und fest werden lassen.
9. Den restlichen Weißwein angießen und später als Bratenfond zur Lammkeule reichen.

*Kalorien pro Person: 830
Joule pro Person: 3490*

## Sauerrahmcreme mit Erdbeerpüree

*Rezept für 4 Personen*

**Das braucht man:**
3 Becher saure Sahne
1 Becher Creme fraîche
Saft von 2 Zitronen
4 EL Zucker
1 Päckchen Vanillezucker
1/2 Tasse Weißwein
1 Päckchen Gelatine
250 g Erdbeeren
4 cl Orangenlikör

**So macht man's:**
1. Saure Sahne und Creme fraîche in einer Schüssel mit dem Zitronensaft, dem Zucker und dem Vanillezucker zu einer glatten Masse verrühren.
2. Weißwein in einem Topf erhitzen und die Gelatine darin auflösen.
3. Gelatine unter die übrige Flüssigkeit rühren.
4. In kalt ausgespülte Gläser oder Formen füllen.
5. Im Kühlschrank fest werden lassen.
6. Kurz vor dem Servieren die geputzten und gewaschenen Erdbeeren pürieren.
7. Den Orangenlikör unterziehen.
8. Vor dem Servieren über die Sauerrahmcreme gießen.

*Kalorien pro Person: 435
Joule pro Person: 1830*

# Menü für Pfingsten

## Forellenfilets mit Estragoncreme

*Rezept für 4 Personen*

**Das braucht man:**

2 frische Forellen à 400 g
2 EL Butter oder Margarine
2 Zwiebeln
2 Bund Estragon
1/4 l Weißwein
1 Tasse Fleischbrühe
Salz
Pfeffer aus der Mühle
Saft einer Zitrone
einige Spritzer Worcestersauce
2 EL Mehl
1 Becher Sahne

**So macht man's:**

1. Die Forellen filieren oder beim Fischhändler filieren lassen.
2. Fett in einem Topf auslassen und die feingehackten Zwiebeln darin glasig schwitzen.
3. Estragon verlesen, waschen, fein hacken und zu den Zwiebeln geben.
4. Mit Weißwein und heißer Fleischbrühe auffüllen.
5. Mit Salz, Pfeffer, Zitronensaft und Worcestersauce abschmecken.
6. Die Forellenfilets mit der Haut nach unten in den Sud legen und bei mittlerer Hitze 5 Minuten garziehen.
7. Herausnehmen und warmstellen.
8. Mehl mit der Sahne glattrühren.
9. In die Sauce rühren und 10 Minuten einkochen lassen.
10. Eventuell nachwürzen und über die Forellenfilets geben.

*Kalorien pro Person: 305*
*Joule pro Person: 1280*

## Schweinefilet in Weinbrandsauce

*Rezept für 4 Personen*

**Das braucht man:**

4 Schweinefilets à 200 g
Salz
Pfeffer aus der Mühle
hitzeverträgliches Fett zum Braten
2 EL Butter oder Margarine
2 Zwiebeln
1 Bund Thymian
1 Bund Melisse
1 Becher Sahne
5 cl Weinbrand

**So macht man's:**

1. Die Schweinefilets unter fließendem Wasser kurz abspülen und mit Küchenkrepp trockentupfen.
2. Fett in einer entsprechenden Pfanne heiß werden lassen und die Schweinefilets braten.
3. Anschließend aus der Pfanne nehmen und warmhalten.
4. Den Bratensaft mit 1/2 Becher Sahne loskochen.
5. In der Zwischenzeit in einem anderen Topf Butter oder Margarine zerlaufen lassen und die geschälten und feingewürfelten Zwiebeln darin glasig schwitzen.
6. Kräuter verlesen, waschen, feinhacken und zu den Zwiebeln geben, mit der restlichen Sahne ablöschen und mit dem losgekochten Bratensaft auffüllen und 5 Minuten einkochen.
7. Mit Weinbrand aromatisieren und über die Schweinefilets ziehen.

*Kalorien pro Person: 580*
*Joule pro Person: 2435*

## Rhabarbercreme

*Rezept für 4 Personen*

**Das braucht man:**

4 Eigelb
1/4 l Milch
100 g Zucker
1 Päckchen Vanillezucker
3 Blatt Gelatine
1 Becher Sahne
500 g frischen Rhabarber
Saft einer Zitrone
etwas Wasser
4 EL Zucker

**So macht man's:**

1. Die Eigelbe mit etwas Milch verrühren und auf der mittelgroßen Herdplatte oder in dem Wasserbad zu einer schaumigen Creme aufschlagen.
2. Die restliche Milch mit dem Zucker und dem Vanillezucker aufkochen.
3. Den Eigelbschaum unter ständigem Schlagen unterheben.
4. Von der Kochstelle nehmen, die eingeweichte und gut ausgedrückte Gelatine darin auflösen.
5. Die Sahne steif schlagen.
6. Vorsichtig unter die inzwischen erkaltete Eigelbmasse ziehen.
7. In kalt ausgespülte Gläser füllen und im Kühlschrank fest werden lassen.
8. In der Zwischenzeit den Rhabarber putzen, waschen und in zentimetergroße Stücke schneiden.
9. Mit dem Zitronensaft, dem Wasser und dem Zucker gardünsten.
10. Den erkalteten Rhabarber auf der Creme verteilen und servieren.

*Kalorien pro Person: 445*
*Joule pro Person: 1870*

# Menü für Weihnachten

## Karpfen in Biersauce

*Rezept für 4 Personen*

**Das braucht man:**
1 kg frischen Karpfen
1/2 l Weißwein
1/2 l Wasser
1/4 l Essig
2 EL Salz
1 Zwiebel
2 Lorbeerblätter
8 Gewürznelken
1 Zitrone

Für den Bierschaum:
3 Eigelb
1/8 l Exportbier
4 cl Eierlikör
einige Tropfen Essig
einige Tropfen Zitronensaft
Salz
Pfeffer aus der Mühle
1 Messerspitze Kümmelpulver

**So macht man's:**
1. Den Karpfen innen und außen reinigen.
2. In vier Portionsstücke zerteilen.
3. Weißwein, Wasser und Essig erhitzen, das Salz dazugeben.
4. Die Zwiebel halbieren und auf den Schnittflächen die Lorbeerblätter mit den Gewürznelken feststecken.
5. Die Zitrone auspressen und den Saft mit den gespickten Zwiebeln in den Sud geben.
6. Sobald der Sud kocht, die Karpfenteile einlegen und circa 18 Minuten bei kleiner Hitze garziehen lassen.
7. In der Zwischenzeit die Eigelbe mit dem Bier unter ständigem Rühren auf dem Ofen oder im Wasserbad schaumig schlagen.
8. Den Eierlikör tropfenweise unterrühren. Nicht mehr erhitzen.
9. Mit Essig, Zitronensaft, Salz, Pfeffer und Kümmel abschmecken.
10. Den Karpfen mit einem Schaumlöffel aus dem Sud heben. Mit der Biersauce überziehen und servieren.

*Kalorien pro Person: 340*
*Joule pro Person: 1430*

## Gefüllte Weihnachtsgans

*Rezept für 4 Personen*

**Das braucht man:**
1 Kastenweißbrot
1 kleine Dose Sellerie
2 Eier
1 EL Mehl
2 EL getrocknetes Selleriekraut
Salz, Pfeffer aus der Mühle
1 Messerspitze Muskat
1 Gans von circa 4 kg
1/4 l Weißwein
1/4 l Fleischbrühe
1 TL Speisestärke

**So macht man's:**
1. Das Kastenweißbrot entrinden und in kleine Würfel schneiden.
2. Sellerie gut abtropfen lassen und im Mixer pürieren.
3. Über die Brotwürfel geben und den erhitzten Selleriesud darübergießen.
4. Mit den Eiern und dem Mehl zu einer kompakten Masse verarbeiten.
5. Mit Selleriekraut, Salz, Pfeffer und Muskat würzen.
6. Die Gans innen und außen abwaschen, trockentupfen, gleichmäßig salzen und pfeffern.
7. Mit der Weißbrot-Selleriemasse füllen.
8. Zunähen und im auf 250° (Gasherd Stufe 6) vorgeheizten Bratrohr mit etwas Wasser rundherum anbraten, bis die Gans eine schöne Farbe bekommt.
9. Das Bratrohr auf 220° (Gasherd Stufe 4) zurückschalten und die Gans unter mehrfachem Wenden 160–170 Minuten fertig braten.
10. Während der Garzeit öfter mit Weißwein und Fleischbrühe ablöschen.
11. Die Gans herausnehmen und tranchieren.
12. Vom Bratensaft das Fett abschöpfen.
13. Stärkemehl mit etwas Wasser glattrühren und die Sauce eindicken und zu den Gänseteilen servieren.

*Kalorien pro Person: 2660*
*Joule pro Person: 11170*

## Haselnuß-gefrorenes

*Rezept für 4 Personen*

**Das braucht man:**
4 Eier
150 g Zucker
1 Päckchen Vanillezucker
1/2 l Sahne
150 g gemahlene Haselnüsse
1 Tasse Kaffeelikör

**So macht man's:**
1. Eier, Zucker und Vanillezucker in einer feuerfesten Schüssel mit dem Schneebesen oder dem Handmixer auf der mittelheißen Herdplatte oder im Wasserbad so lange schaumig schlagen, bis Spuren des Schneebesens deutlich sichtbar bleiben.
2. Dann den Eischaum an einem kühlen Ort oder im kalten Wasser wieder kaltschlagen.
3. Wenn die Masse wirklich kalt ist, die sehr steif geschlagene Sahne und die Haselnüsse vorsichtig unterziehen.
4. Tropfenweise Kaffeelikör unter die Masse rühren.
5. Eine entsprechende Form mit Pergamentpapier auslegen und die Masse einfüllen. Im Gefrierschrank oder im Tiefkühlfach frosten lassen.

*Kalorien pro Person: 1070*
*Joule pro Person: 4495*

# Die schönsten Rezepte aus der Heimat

*Auch wenn man es uns immer wieder einredet und wir die Realisten sein wollen, die wir mittlerweile geworden sind: Manchmal tut sie halt noch sehr weh, die Erinnerung an die verlorene Heimat.*
*Eines vom wenigen, was man nicht zurücklassen mußte, sind Kochrezepte, die eine über viele Generationen gehende, familienverbundene Tradition haben.*

# Süßsaure Schnietle

Rezept für 4 Personen

**Das braucht man:**

800 g Schweinebauch ohne Knochen
1 1/2 l Salzwasser
1 Tasse Essig
1 Lorbeerblatt
1 TL Pfefferkörner
1 TL Wacholderbeeren
Salz
Pfeffer aus der Mühle
2 EL Zucker
2 Bund Suppengemüse
600 g Kartoffeln

**So macht man's:**

1. Schweinebauch unter fließendem Wasser abwaschen und mit Küchenkrepp trockentupfen.
2. Salzwasser mit dem Essig und den Gewürzen zum Kochen bringen.
3. Salz, Pfeffer und Zucker dazugeben und aufkochen lassen.
4. Fleisch in den kochenden Sud geben und bei mittlerer Hitze 70 Minuten köcheln lassen.
5. Anschließend das Fleisch mit einer Schaumkelle herausholen und die Brühe durch ein Sieb gießen.
6. Das Suppengemüse entsprechend putzen, waschen und in kleine Würfel schneiden.
7. Kartoffeln schälen und in feine Scheiben schneiden.
8. Fleisch und Gemüse in der Brühe zum Kochen bringen und weitere 20 Minuten garen.

Kalorien pro Person: 555
Joule pro Person: 2330

# Köthener Schusterpfanne

*Rezept für 4 Personen*

**Das braucht man:**

1 kg Schweinefleisch (Nacken-, Schulter- oder ein Schlegelstück)
Salz
Pfeffer aus der Mühle
1 TL Kümmel
hitzeverträgliches Fett zum Braten
2 mittelgroße Birnen
400 g Kartoffeln
1/2 l Fleischbrühe

**So macht man's:**

1. Schweinefleisch unter fließendem Wasser abwaschen und mit Küchenkrepp trockentupfen.
2. Mit Salz, Pfeffer und Kümmel gleichmäßig einreiben.
3. Fett in einem entsprechenden Bräter erhitzen und das Fleisch rundherum Farbe nehmen lassen.
4. In der Zwischenzeit die Birnen halbieren und entkernen.
5. Die Kartoffeln schälen und in Scheiben schneiden.
6. Birnen und Kartoffeln um das Fleisch schichten.
7. Die heiße Fleischbrühe angießen.
8. Im vorgeheizten Ofen bei 200° (Gasherd Stufe 3–4) circa 70 Minuten garen.

*Kalorien pro Person: 945*
*Joule pro Person: 3970*

*Birnen schmecken zwar süß, haben aber nicht viel mehr Nährwert als Äpfel. Als Hauptzutat zu einem so traditionellen Rezept wie die Köthener Schusterpfanne ist sie überhaupt nicht wegzudenken. Das Ausprobieren lohnt sich.*

## Birnen soll man nicht nur als Obst verstehen

Daß Birnen nicht nur herrlich schmecken, sondern auch gesund und bekömmlich sind, weiß man längst.
Daß Birnen aber auch als Kochzutat einen besonderen Wert haben, wissen die wenigsten.
Gedünstete Birnen sind auch eine ideale Ergänzung zu Rindfleisch und zu geräuchertem Schweinefleisch, aber auch, mit Preiselbeeren gefüllt, zu Wild.
Vollreife Birnen soll man nur dann kaufen, wenn man sie auch gleich aufessen will. Reife Birnen lassen sich nicht gut transportieren, weil sie druckempfindlich sind und leicht faulen.
In 100 g Birnen sind rund 55 Kalorien enthalten. Außerdem sind sie reich an Mineralstoffen, zum Beispiel an Phosphor, Kalzium und Kalium, das für ein gesundes Herz und einen funktionierenden Stoffwechsel steht. Birnen sollen kühl gelagert werden, weil sie bei Zimmertemperatur sehr schnell nachreifen.
Birnen schmecken zwar viel süßer als Äpfel, weil sie weniger Säure enthalten. Der Zuckergehalt, der verantwortlich für die Kalorien ist, ist aber bei der Birne nicht größer als beim Apfel.

## Unser Tip

Wenn man rohe Birnen nicht als Obst verzehrt, kann man sie zu Käse und Schinken servieren. Aber auch auf Toasts, zum Überbacken mit Käse bestreut, haben sie einen festen Platz.

Wer Birnen lagern möchte, soll nur sehr harte, nicht eßreife Früchte einkaufen. Allerdings müssen die nachgereiften Früchte mindestens einmal pro Woche aussortiert werden.

Besonders gut schmecken Birnen als Kompott, wenn man sie in etwas Wein oder Portwein mit ein wenig Zitronensaft dünstet. Als Gewürz nimmt man Nelken, Zimtstangen, Ingwer und Zitronenmelisse.

# Vogtländer Krautklump

Rezept für 4 Personen

**Das braucht man:**

600 g Schweinebauch
1 kleinen Weißkohlkopf
2 Birnen
1 1/2 l Salzwasser
1 Tasse Obstessig
1 TL Kümmel
1 EL Zucker
etwas Speisewürze

**Für den Klump:**

400 g Kartoffeln
1 Brötchen
2 EL Butter oder Margarine
2 EL Mehl
1 Ei
1 Messerspitze Muskat
1 Messerspitze
gemahlenen Kümmel
Salz
Pfeffer aus der Mühle

**So macht man's:**

1. Schweinebauch unter fließendem Wasser abwaschen und mit Küchenkrepp trockentupfen.
2. Weißkohlkopf halbieren, vierteln, den Strunk herausschneiden und in grobe Würfel schneiden.

*Das »Salz des Lebens« kann sich schnell ins Gegenteil verkehren, wenn man zuviel davon verwendet. Bei richtigen Garmethoden kann man auf den Zusatz von natriumhaltigem Kochsalz fast ganz verzichten.*

3. Birnen waschen, schälen, halbieren, entkernen und in Würfel schneiden.
4. Salzwasser mit dem Obstessig, dem Kümmel und dem Zucker zum Kochen bringen, mit etwas Speisewürze abschmecken.
5. Den Schweinebauch, den Weißkohl und die Birnen dazugeben und circa 60 Minuten bei mittlerer Temperatur köcheln lassen.
6. Nach Ende der Garzeit Schweinebauch herausnehmen, in Scheiben schneiden und wieder in die Suppe geben.
7. Die Hälfte der geschälten Kartoffeln abkochen und pürieren.
8. Die andere Hälfte roh reiben und auspressen.
9. Brötchen in feine Würfel schneiden und in Butter oder Margarine goldgelb rösten.
10. Die Zutaten mit dem Mehl und dem Ei zu einer kompakten Klumpmasse verarbeiten.
11. Mit Muskat, gemahlenem Kümmel, Salz und Pfeffer abschmecken.
12. Von der Klumpmasse mit dem Löffel längliche Klößchen abstechen und in die langsam kochende Suppe geben.
13. Anschließend 10 bis 15 Minuten in der Suppe ziehen lassen.
14. In einer großen Suppenterrine servieren.

*Kalorien pro Person: 765*
*Joule pro Person: 3215*

## Sparsam mit Salz umgehen

Das Salz in unseren Speisen kann zur Entwicklung eines hohen Blutdrucks beitragen und mit Auslöser von verschiedenen Erkrankungen sein.
Glücklicherweise kann man mit Salz auch sehr sparsam umgehen, ohne daß der Geschmack der Speisen darunter leidet.
Also nicht bei Tisch aus dem Salzstreuer nachsalzen, ohne vorher gekostet zu haben.
Wenn in Kochrezepten bei Salz keine genauen Mengenangaben gemacht werden, heißt das: Je weniger desto gesünder!
Zahlreiche Produkte, die wir innerhalb unserer »Magenfahrpläne« verarbeiten, haben selbst einen ausgeprägten Salzgehalt, den man eigentlich berücksichtigen müßte.
Wer bereits ein Herz-Kreislauf-Geschädigter ist, sollte deshalb lieber auf natriumfreies Diätsalz zurückgreifen.
Viel Salz kann man einsparen, wenn man beispielsweise Frischgemüse wasserarm im Topf oder in der Bratfolie gart, weil sich die natürlichen Mineralsalze der Frischkost ausbilden.

# Niederlausitzer Schweinekamm

Rezept für 4 Personen

**Das braucht man:**

1 kg Schweinekamm
ohne Knochen
Salz
Pfeffer aus der Mühle
hitzeverträgliches Fett zum Braten
2 Bund Suppengemüse
1 EL Tomatenmark
1/2 l Fleischbrühe
1 TL gemahlenen Kümmel
1 Lorbeerblatt
1 TL Pfefferkörner

Für die Salzgurken:

500 g Salatgurken
1 EL Senfkörner
1/2 Tasse Essig
1/4 l Wasser
Salz
Pfeffer aus der Mühle
1 EL Zucker

**So macht man's:**

1. Schweinekamm unter fließendem Wasser abwaschen und mit Küchenkrepp trockentupfen.
2. Salzen, pfeffern und mit dem Fett in einer entsprechenden Bratpfanne auf allen Seiten Farbe nehmen lassen.
3. Suppengemüse entsprechend putzen, waschen, kleinschneiden, zum Fleisch geben und kurz mitschwitzen.
4. Das Tomatenmark unterrühren.
5. Mit der heißen Fleischbrühe auffüllen.
6. Mit Kümmel, dem Lorbeerblatt, den Pfefferkörnern würzen und im Bratrohr bei 200° (Gasherd Stufe 3–4) circa 70 Minuten garen.
7. In der Zwischenzeit die Salatgurken schälen, waschen, mit einem Löffel entkernen und in mundgerechte Stücke schneiden.
8. Aus den Senfkörnern, dem Essig, dem Wasser und den Gewürzen einen herzhaften Sud kochen.
9. Salatgurken dazugeben und 10 Minuten köcheln lassen.
10. Nach dem Erkalten zum Schweinekamm servieren.

Kalorien pro Person: 840
Joule pro Person: 3530

Zum gebratenen Schweinekamm bereiten wir ein süß-saures Gurkenkompott als Beilage, das man kalt dazu serviert. Wer sich die Mühe mit der Zubereitung nicht machen will, kann normale Gewürz- oder Senfgurken bereitstellen.

# Spreewälder Kuchen

*Rezept für 4 Personen*

**Das braucht man:**

500 g Hefeteig-Backmischung

Für die Füllung:
2 Stangen Lauch
4 kleine Zwiebeln
2 Bund Schnittlauch
2 Bund Petersilie
250 g Blattspinat
100 g durchwachsenen Speck

Für die Sauce:
2 große Kartoffeln
1/4 l Milch
5 EL Öl
1 Becher saure Sahne
Salz, Pfeffer aus der Mühle
1 Messerspitze Muskat

**So macht man's:**

1. Die Hefeteig-Backmischung nach Vorschrift zubereiten.
2. Lauch und Zwiebeln in feine Scheiben schneiden.
3. Schnittlauch und Petersilie verlesen, waschen und fein hacken.
4. Blattspinat putzen, waschen und in Streifen schneiden.

Der Spreewälder Kuchen ist der ideale Happen zu Wein und Bier. Eine köstliche Kleinigkeit, wenn überraschend Besuch kommt. Wichtig ist nur, daß man eine Fertigbackmischung mit Hefeteig im Haus hat. Die im Rezept angegebenen Gemüsesorten können beliebig ausgetauscht werden.

5. Speck fein würfeln.
6. Die Kartoffeln schälen, reiben und in einem flachen Topf mit der Milch zum Kochen bringen.
7. 2 EL Mehl mit der sauren Sahne glattrühren und in die Milch einrühren, sobald sie zu kochen beginnt.
8. Mit Salz, Pfeffer und Muskat würzen.
9. Den Speck in einer Pfanne auslassen, Gemüse und Kräuter dazugeben und kurz andünsten. Anschließend mit der Milchsauce verrühren.
10. Den Hefeteig auf einer bemehlten Arbeitsfläche ausrollen und auf ein mit Butter vorgefettetes Backblech legen.
11. Die Masse auf den Hefeteig gleichmäßig verstreichen.
12. Auf der Mittelschiene des mit 200° (Gasherd Stufe 3–4) vorgeheizten Backofens circa 45 Minuten backen.

*Kalorien pro Person: 835*
*Joule pro Person: 3510*

# Kolatschen

*Rezept für 4 Personen*

**Das braucht man:**

450 g gesiebtes Mehl
2 Tassen lauwarme Milch
60 g Zucker
125 g Butter oder Margarine
40 g frische Hefe
2 Eier
1 Päckchen Vanillezucker
4 EL gehobelte Mandeln
200 g Pflaumenmus
2 EL Butter oder Margarine
2 EL Streu- oder Hagelzucker

**So macht man's:**

1. Mehl ringförmig in einer angewärmten Schüssel anrichten.
2. In die lauwarme Milch den Zucker, das flüssige Fett und die zerbröckelte Hefe geben.
3. Hefemilch in das Innere des Mehlrings schütten, mit einem Kochlöffel etwas Mehl in die Milch rühren.
4. Eier und Vanillezucker dazugeben, zudecken und an einem warmen Ort 10 Minuten gehen lassen.
5. Zu einem trockenen Hefeteig verkneten, zudecken und nochmals 30 Minuten an einem warmen Ort in der Küche gehen lassen.

6. Teig wieder gut durchkneten und so lange durchschlagen, bis er Blasen wirft.
7. Nun den Teig circa 1 cm dick ausrollen und davon Quadrate von circa 7 x 7 cm ausschneiden.
8. Die Teigquadrate mit Pflaumenmus und gehobelten Mandeln belegen.
9. Zu Kugeln formen und mit der Verschlußseite nach unten auf ein gefettetes Backblech setzen.
10. Zudecken und nochmals kurz gehen lassen. Danach im vorgeheizten Backrohr bei 180° (Gasherd Stufe 2–3) circa 30 Minuten backen.
11. Vor dem Servieren mit Butter bestreichen und mit Zucker bestreuen.

*Kalorien pro Person: 880*
*Joule pro Person: 3695*

*Kolatschen wecken bei vielen Menschen Erinnerungen. – Nicht nur an die alte Heimat, sondern auch an duftenden Kaffee oder an würzigen Punsch und auch an Tee. Für viele sind Kolatschen aber auch ein traditionelles Dessert oder gar eine richtige Mehlspeise, zu der man heiße Vanillesauce reicht.*

## Welches Fett für unsere Küche?

Welches Fett das gesündere ist, wollen wir gar nicht erst diskutieren. Auch nicht die immergrüne Streitfrage, ob man Butter oder Margarine verwenden soll.

Wir wollen die Fette mehr nach ihrem funktionellen Wert beim Kochen aufteilen.

Die Butter besitzt einen vorzüglichen Geschmack, aber einen niedrigen Schmelzpunkt, das heißt, daß sie bei höheren Temperaturen verbrennt und keinesfalls zum Anbraten von Fleisch verwendet werden soll.

Hitzeverträgliche Pflanzenfette sind zum scharfen Anbraten bestens geeignet. Und damit der Geschmack stimmt, brät man das Gargut zum Schluß mit etwas Butter nach.

Kaltgepreßte Öle, wie Olivenöl, Weizenkeimöl oder Sonnenblumenöl, sollte man auf die Salatzubereitung beschränken.

Margarine ist ebenfalls nicht zum Scharf-Anbraten verwendbar. Aber auch mit ihr kann man nachbraten, was dem Gargut eine schöne Farbe gibt, sofern sie nicht zu den »Halbfetten« gehört, die zwar kalorienärmer, aber zum Garen ungeeignet sind.

## Schweinebauch mit Birnen

*Rezept für 4 Personen*

**Das braucht man:**

1 kg mageren Schweinebauch
1 l Salzwasser
1/2 Tasse Essig
1 Tasse Weißwein
1 Zwiebel
2 Lorbeerblätter
einige Gewürznelken
einige Wacholderbeeren
einige Pfefferkörner

Für die Birnen:

4 mittelgroße Birnen
2 EL Butter oder Margarine
1 TL Zimt
2 EL Zucker
Saft einer Zitrone
etwas Speisestärke

*Zimt und Zucker sind wichtig für ein gutes Birnenkompott. Die Williams-Christbirne ist die edelste aller Birnen, hat eine sehr zarte Schale und sehr weiches, saftiges Fruchtfleisch. Sie schmeckt ganz leicht nach Vanille. Sie schmeckt roh, gibt aber auch ein köstliches Kompott.*

**So macht man's:**

1. Den Schweinebauch unter fließendem Wasser abwaschen und mit Küchenkrepp trockentupfen.
2. Salzwasser mit dem Essig und dem Weißwein zum Kochen bringen.
3. Die Zwiebelhälften mit Lorbeerblättern und Gewürznelken spicken, mit den Wacholderbeeren und den Pfefferkörnern in den Sud geben.
4. Den Schweinebauch hineinlegen und bei mittlerer Hitze circa 60 Minuten kochen.
5. Birnen halbieren, entkernen und in Schnitze schneiden.
6. Fett in einem entsprechenden Topf auslassen und die Birnenstücke kurz mitschwitzen.
7. Mit Zimt und Zucker bestreuen, mit Zitronensaft beträufeln.
8. Mit etwas Wasser auffüllen und gardünsten.
9. Speisestärke mit Wasser verrühren und das Kompott damit eindicken.
10. Das Fleisch aus dem Sud nehmen, aufschneiden, anrichten und mit dem Sud übergießen.
11. Das Birnenkompott als Beilage zum Schweinebauch servieren.

*Kalorien pro Person: 950*
*Joule pro Person: 3990*

## Weinkunde ist keine Wissenschaft

Im Grunde ist ja alles ganz einfach. Aber falsch machen kann man dennoch ziemlich viel, zum Beispiel bei den Gläsern.
Rotwein gehört nicht in das kleine Glas, sondern in das größere, denn er braucht Luft um sich herum und eine wärmende Hand, die ihn vor dem Trinken schwenkt.
Daß Rotweine Zimmertemperatur haben müssen, stimmte zu einer Zeit, als die Zimmer maximal auf 18°C erwärmt waren. Das ist genau die Temperatur, bei der jeder Rotwein sein Aroma entfalten kann.
Wer den Weißwein zum Kühlen mal schnell in das Tiefkühlfach legt, als sei es ein Schnaps, versündigt sich an ihm. Natürlich darf man bereits kühlen Weißwein nicht auf dem Tisch warm werden lassen. Am besten kühlt man ihn immer noch in einem Wein- oder Sektkühler, inmitten von Eiswürfeln, die man mit etwas Salz bestreut. Mit zuviel Kälte kann man jedes Weinaroma töten, deswegen wissen Kenner auch, daß zu kalter Wein meist aus dem Billigregal kommt.

## Königsberger Klopse

*Rezept für 4 Personen*

### Das braucht man:

300 g durchwachsenes Schweinefleisch
300 g Rindfleisch
50 g durchwachsenen Speck
1 Brötchen
1 Zwiebel
2 Eier
1 EL Sardellenpaste
1 TL Majoran
1 TL Paprikapulver
Salz
Pfeffer aus der Mühle
Semmelbrösel zum Binden
1 l Fleischbrühe

Für die Sauce:

30 g Butter oder Margarine
30 g Mehl
1 Tasse Weißwein
1 Tasse Sahne
2 Tassen Kochbrühe
Saft einer Zitrone
einige Spritzer Worcestersauce
eine Prise Zucker
1 Röhrchen Kapern
1 Bund Schnittlauch

*Das Formen von Hackfleischklößchen geht leichter, wenn man sie mit einem portionsgerechten Schöpfer vorher »absticht« und dann mit den nassen Händen nur noch formt.*

### So macht man's:

1. Schweinefleisch, Rindfleisch, Speck, das eingeweichte, ausgedrückte Brötchen und die halbierte Zwiebel durch die feine Scheibe des Fleischwolfs drehen.
2. Zusammen mit den Eiern zu einer festen Masse verarbeiten.
3. Mit Sardellenpaste, Majoran, Paprikapulver, Salz und Pfeffer abschmecken.
4. Soweit erforderlich, mit Semmelbrösel nachbinden.

**5.** Die Fleischbrühe erhitzen.

**6.** Mit nassen Händen Klöße formen.

**7.** In die kochende Fleischbrühe geben und 20 Minuten garziehen lassen.

**8.** In der Zwischenzeit in einem entsprechenden Topf aus dem Fett und dem Mehl unter ständigem Rühren eine helle Schwitze bereiten.

**9.** Mit Weißwein ablöschen, mit zwei Tassen Fleischbrühe auffüllen, glattrühren und 5 Minuten einkochen lassen.

**10.** Mit Sahne verfeinern, mit Zitronensaft, Worcestersauce, Salz, Pfeffer und Zucker abschmecken.

**11.** Die abgetropften Kapern hineingeben, vorsichtig umrühren und die Klopse nach dem Anrichten damit überziehen.

**12.** Mit frisch geschnittenem Schnittlauch bestreuen.

*Kalorien pro Person: 775*
*Joule pro Person: 3255*

*Sardellen, als Paste oder ganz fein gehackt, sind Partner von Hackfleisch aller Art.*

# So kochen Deutschlands Nachbarn

*Kein Teil dieser Welt hat wie Europa eine solch alte Eß- und Trinkkultur, mit einer Vielfalt wie die Geschichte selbst.*
*Vielleicht hat deswegen das Kochgenie Brillat-Savarin mit Recht etwas gesagt, was früher belächelt wurde, das aber in Anbetracht des heutigen Gigantismus aktuelle Bedeutung bekommen hat: »Die Entdeckung eines neuen Gerichts ist für das Glück der Menschheit wichtiger als die Entdeckung eines neuen Sterns.«*

# Dänemark
# Eingelegte Makrelen

*Rezept für 4 Personen*

**Das braucht man:**
4 Makrelen
Salz
Pfeffer aus der Mühle
Saft von 2 Zitronen
einige Tropfen Worcestersauce
1 Messerspitze Safran
2 EL Butter oder Margarine
4 Zwiebeln
4 große Tomaten
1 Bund Dill
1 Bund Schnittlauch

**So macht man's:**

1. Die küchenfertigen Makrelen filieren.

2. Die Filets salzen, pfeffern und in eine Glasschüssel geben, mit Zitronensaft und Worcestersauce beträufeln, mit dem Safran bestreuen und 3 Stunden stehen lassen.

3. Fett in einer entsprechenden Pfanne auslassen.

4. Zwiebeln schälen, in feine Scheiben schneiden und glasig dünsten.

5. Die Tomaten in Scheiben schneiden oder die Tomaten schälen, entkernen, zu den Zwiebeln geben und 3 Minuten mitschwitzen.

6. Kräuter verlesen, waschen, kleinhacken und über die Tomaten streuen.

7. Die marinierten Makrelenfilets auf die Tomaten legen, mit Butterflocken bedecken und im vorgeheizten Ofen bei 200° (Gasherd Stufe 3–4) circa 20 Minuten schmoren lassen.

*Kalorien pro Person: 695*
*Joule pro Person: 2920*

# Holland
# Käse-Eier Scheveningen

*Rezept für 4 Personen*

### Das braucht man:

*12 dünne Scheiben geräucherten durchwachsenen Speck*
*4 dicke Scheiben frischen Gouda*
*4 Eier*
*1 Becher Sahne*
*Salz*
*Pfeffer aus der Mühle*
*1 Bund Schnittlauch*

### So macht man's:

1. Den Boden einer flachen, feuerfesten Form mit dem Speck auslegen.
2. Die Käsescheiben darüber verteilen.
3. Eier vorsichtig aufschlagen und nebeneinander auf den Käse gleiten lassen.
4. Sahne mit Salz und Pfeffer verschlagen und über die Eier gießen.
5. Mit frisch geschnittenem Schnittlauch bestreuen.
6. Im Ofen oder unter dem Grill so lange garen, bis die Eier gestockt sind.

*Kalorien pro Person: 605*
*Joule pro Person: 2540*

*Unser Nachbarland Holland hat kulinarisch einiges zu bieten: von den zarten Matjesfilets über das Frischgemüse, Speck und Schinken hin zum weltberühmten Käse. Klar, daß der Käse in Hollands Küchen auch als Rezeptzutat eine Rolle spielt.*

## So berühmt wie die Tulpen: Käse aus Holland

Der wohl bekannteste Vertreter der holländischen Käsezunft ist der Gouda, der nur in der Vollfettstufe, das heißt mit 48 % Fett i. Tr., in runden gewichtigen Laiben hergestellt wird.

Man unterscheidet zwischen:
dem jungen Gouda mit hellem, weichem Teig und mildem, frischem Aroma;
dem Mittelalter-Gouda, der mindestens drei Monate gelagert, etwas dunkler und fester im Teig und etwas kräftiger im Geschmack ist;
dem alten Gouda, der mindestens sechs Monate alt und älter, bröckelig hart im Teig und vollwürzig im Aroma ist. Aufbewahren sollte man ihn mit einer Käseglocke bedeckt oder, in Alu- oder Haushaltsfolie verpackt, im Kühlschrank.
Man kann ihn sogar im Stück einfrieren. Er hält sich dann bis zu zwei Monaten.
Käse nach Gouda-Art wird in vielen Ländern und zahlreichen verschiedenen Formen hergestellt. Neben der klassischen Laibform mit fester Rinde findet man häufig auch die Brotform, die sich als Brotbelag passend und ohne Verschnitt aufschneiden läßt.

### Unser Tip

Wer Kalorien sparen möchte, kann dieses Rezept auch anders zubereiten. Anstelle des durchwachsenen Specks nimmt man mageren rohen Schinken oder Kasseler, von dem man das Fett wegschneidet.

Beim Kauf von Käse sollte man grundsätzlich auf die Bezeichnung »i.Tr.« achten, die man auf allen Käseverpackungen finden muß. Sie weist den Fettgehalt in der Trockenmasse aus, nachdem dem Käse das Wasser entzogen wurde.

Käse wird gern zu Wein serviert. Hart-, Schnitt- und Frischkäse paßt gut zu trockenen, leichten Weiß- oder Roséweinen. Weichkäse und Blauschimmelkäse hingegen paaren sich mit kräftigen Rot- oder Süßweinen.

# Belgien
# Waterzoi

*Rezept für 4 Personen*

**Das braucht man:**

4 Karotten
1 Stange Lauch
1 kleine Sellerieknolle
2 Zwiebeln
3 EL Butter oder Margarine
200 g Champignons
Saft einer Zitrone
1 TL geriebene Zitronenschale
1 Tasse Weißwein
2 Tassen Fleischbrühe
500 g gemischtes Fischfilet
(Kabeljau, Rotbarsch usw.)
250 g Muschelfleisch
3 EL Mehl
1 Becher Sahne
Salz
Pfeffer aus der Mühle
1 Messerspitze Muskat
1 Bund Petersilie

**So macht man's:**

1. Karotten, Lauch, Sellerie und Zwiebeln entsprechend putzen, waschen und in Würfel schneiden. Von den Champignons die Köpfe abtrennen.
2. In einem Topf das Fett auslassen, das Gemüse mit den Champignonköpfen dazugeben und glasig schwitzen.

*In Belgiens Küchen weiß man mit Meeresfrüchten und auch mit Frischgemüse umzugehen. Eine solch gelungene Kombination ist das Waterzoi, mit dem nicht nur belgische Gastgeber ihre Gäste begeistern.*

3. Mit Zitronensaft beträufeln und die geriebene Zitronenschale darüber streuen.
4. Mit Weißwein ablöschen und mit heißer Fleischbrühe auffüllen.
5. Zugedeckt bei mittlerer Hitze 10 Minuten köcheln lassen.
6. Das gemischte Fischfilet in mundgerechte Stücke schneiden, abwaschen und trockentupfen.
7. Mit dem gut abgetropften Muschelfleisch über das Gemüse verteilen.
8. Mehl mit der Sahne glattrühren.
9. Mit Salz, Pfeffer und Muskat abschmecken.
10. Die angerührte Sahne über den Fisch gießen.
11. Im auf 200° (Gasherd Stufe 3 bis 4) vorgeheizten Bratrohr 15 Minuten garen.
12. Vor dem Servieren mit frisch geschnittenem Schnittlauch bestreuen.

*Kalorien pro Person: 535*
*Joule pro Person: 2250*

## Miesmuscheln – gar nicht mies

Trotz ihres nicht gerade appetitlichen Namens gehören Miesmuscheln zu den beliebtesten Muschelarten in unseren Breitengraden. Zwischen dem September und April eines Jahres schmecken sie am besten. Aber auch als Konserve sind sie nicht zu verachten.
Frische Muscheln immer am Tag des Einkaufs verwenden. Nicht im Kühlschrank oder in der Plastiktüte aufbewahren; Muscheln leben noch und müssen daher atmen.
Muscheln müssen unter fließendem Wasser gründlich gereinigt und gebürstet werden. Die Barthaare müssen entfernt werden.
Verwenden soll man vor dem Kochen nur verschlossene, nach dem Kochen nur geöffnete Muscheln. Alle anderen sind verdorben und müssen weggeworfen werden.
Muscheln während des Kochens nicht umrühren, sondern sorgfältig »durchschütteln«, damit sie alle gleichzeitig heiß werden und sich öffnen.
Als Kochflüssigkeit verwendet man am besten Weißwein oder Fischbrühe. Auf Salz kann man verzichten.

# Luxemburg Liewerkniedeln

*Rezept für 4 Personen*

### Das braucht man:

500 g Rinderleber
100 g Bauchspeck
2 Zwiebeln
1 Bund Petersilie
2 eingeweichte Brötchen
3 EL Mehl
2 Eier
1 TL geriebene Zitronenschale
1 TL Majoran
1 TL Thymian
Salz
Pfeffer aus der Mühle
1 Messerspitze Muskat
Semmelbrösel zum Binden
100 g durchwachsenen Speck
2 Zwiebeln
1 Bund Schnittlauch

### So macht man's:

1. Rinderleber, Bauchspeck, geschälte Zwiebeln in grobe Stücke schneiden.
2. Petersilie verlesen und waschen.
3. Die eingeweichten Brötchen gut ausdrücken.
4. Die Zutaten durch die feine Scheibe des Fleischwolfs drehen und in eine Rührschüssel geben.
5. Mit dem Mehl und den Eiern zu einer Masse verarbeiten.
6. Zitronenschale, Majoran und Thymian dazugeben.
7. Mit Salz, Pfeffer und Muskat würzen.
8. Soweit erforderlich, mit Semmelbrösel binden.
9. Salzwasser in einem Topf zum Kochen bringen, die Lebermasse mit nassen Händen zu Knödeln formen und im Salzwasser 15 Minuten garziehen lassen.
10. In der Zwischenzeit den durchwachsenen Speck in Würfel schneiden.
11. Die Zwiebeln schälen und in feine Würfel schneiden.
12. In einer Pfanne den Speck auslassen und die Zwiebeln darin goldgelb rösten.
13. Die Knödel anrichten und die Speckzwiebeln darüber verteilen.
14. Mit frisch geschnittenem Schnittlauch bestreut servieren.

*Kalorien pro Person: 615*
*Joule pro Person: 2585*

*Luxemburg, das ist für viele Deutsche entlang der gemeinsamen Grenze Radio Luxemburg. Für Genießer bedeutet Luxemburg auch Liewerkniedeln, die man heute noch erstklassig zubereitet in Gasthäusern bekommt. Jede Ähnlichkeit mit bayerischen Leberknödeln wird von den Luxemburgern natürlich bestritten.*

# Frankreich Ochsenschwanzragout

Rezept für 4 Personen

**Das braucht man:**

1,5 kg Ochsenschwanz
Salz
Pfeffer aus der Mühle
4 EL Bratfett
2 Knoblauchzehen
2 EL Tomatenmark
1 Tasse Tomatenketchup
1 EL Kräuter der Provence
1 EL Paprika
1 TL Curry
1/4 l herben Weißwein
1/4 l Fleischbrühe
4 große Tomaten
100 g Champignonköpfe
Speisewürze

Der Ochsenschwanz zählt in Frankreich zu den ganz erlesenen Spezialitäten. Deswegen gibt es auch viele Rezepte, die sich mit seiner Zubereitung beschäftigen. Für viele Franzosen ist ein Ochsenschwanzragout eine Art Lebensauffassung. Das kann es auch für uns werden, wenn man sich erst einmal »hineingegessen« hat.

**So macht man's:**

1. Den Ochsenschwanz in 3 cm dicke Scheiben zerteilen.
2. Salzen, pfeffern und in einem Bräter im hitzeverträglichen Bratfett Farbe nehmen lassen.
3. Die Knoblauchzehen mit Salz fein zerreiben.
4. Mit dem Tomatenmark, dem Tomatenketchup, den Kräutern der Provence, dem Paprika und dem Curry verrühren.
5. Über den Ochsenschwanzstücken verteilen.
6. Mit Weißwein ablöschen und mit heißer Fleischbrühe auffüllen.
7. Zugedeckt bei mittlerer Hitze 90 Minuten schmoren lassen.
8. 10 Minuten vor Ende der Garzeit die enthäuteten, entkernten und in Würfel geschnittenen Tomaten und die Champignonköpfe dazugeben.
9. Mit Salz, Pfeffer aus der Mühle und etwas Speisewürze abschmecken.

*Kalorien pro Person: 385*
*Joule pro Person: 1620*

# Schweiz Walliser Fondue

Rezept für 4 Personen

**Das braucht man:**

1 l lieblichen Weißwein
600 g Chesterkäse
2 EL Stärkemehl
4 EL Wasser
1 Messerspitze Muskat
1 Messerspitze Gewürznelken
Salz
Pfeffer aus der Mühle
4 cl Kirschwasser

**So macht man's:**

1. Den Weißwein in einem Fonduetopf zum Kochen bringen.
2. Den Käse in kleine Würfel schneiden oder reiben und nach und nach zum Weißwein geben.
3. So lange rühren, bis der Käse geschmolzen ist.
4. Stärkemehl mit Wasser klumpenfrei an- und in das Fondue einrühren, sämig werden lassen, aber nicht aufkochen.
5. Mit Muskat, Nelken, Salz und Pfeffer abschmecken.
6. Vor dem Servieren das Kirschwasser unterziehen.
7. Dieses jetzt dickliche Fondue auf ein Rechaud stellen und mit Weißbrotstückchen stippen.

*Kalorien pro Person: 920*
*Joule pro Person: 3865*

Stimmungsvoller geht's nicht. Beim Fondue-Essen kommt man sich in netter Gesellschaft sehr schnell näher und genießt das frische Weißbrot im leckeren »Käsemantel«. Versteht sich von selbst, daß man dazu einen schönen, trockenen Weißwein trinkt. Und gute Weine gibt's in der Schweiz ja genug.

## Österreich
## Wiener Kaiserschmarrn

Rezept für 4 Personen

**Das braucht man:**
3 EL Rosinen
4 cl Rum
120 g gesiebtes Mehl
1/4 l Milch
4 Eier
1 Päckchen Vanillezucker
2 EL Zucker
4 EL gehobelte Mandeln
4 EL Butter oder Margarine

**So macht man's:**
1. Die Rosinen mit dem Rum übergießen und über Nacht stehen lassen.
2. Mehl, Milch und die Eigelbe in einer Schüssel miteinander verrühren.

3. Vanillezucker, Zucker, gehobelte Mandeln und die Rumrosinen in den Teig geben.
4. Eiweiß sehr steif schlagen und vorsichtig unter den Teig heben.
5. Fett in einer Pfanne auslassen, den Teig etwa 1/2 cm dick einlaufen lassen und bei kleiner Flamme etwa 3 Minuten backen.
6. Den Schmarrn umdrehen und auf der anderen Seite ebenfalls 3 Minuten backen.
7. Anschließend mit zwei Gabeln in Stücke reißen, warmstellen und mit dem restlichen Teig ebenso verfahren.

Kalorien pro Person: 490
Joule pro Person: 2060

## Die Türken haben sie nach Wien gebracht

Ohne daß man sich tiefer in die Geschichte unseres Nachbarlandes hineinliest: sie war immer mit kulinarischen Entdeckungen verbunden. Nicht zuletzt bei der Belagerung von Wien durch die Türken, wo man dem legendären Prinz Eugen die legendären Weinbeeren aus den Beutebeständen überbrachte.

Unter Rosinen versteht man getrocknete Weinbeeren verschiedener Traubensorten, die sich in Korinthen, Sultaninen und Traubenrosinen unterteilen und sich in Geschmack, Farbe, Größe und Beschaffenheit sowie Reife unterscheiden.

Rosinen bewahrt man kühl, trocken und luftig auf, denn in der Wärme trocknen sie sehr schnell aus.

Vor dem Gebrauch werden sie in heißem Wasser gewaschen, oder man läßt sie, wie in unserem Rezept empfohlen, in Alkohol weichen.

Bei zu langer Lagerung verzuckern sie von innen, werden unansehnlich und verlieren an Geschmack.

Vorsicht beim »Zerrupfen« des Wiener Kaiserschmarrns. Das lassen nicht alle Pfannen mit sich machen. Wer eine oberflächenbeschichtete Pfanne hat, sollte darauf lieber verzichten oder das Zerkleinern in einer heißen, feuerfesten Form vornehmen.

## Die halbe Welt aus einem Topf

Wenn einer eine Reise tut, dann kann er was erzählen. Wer sich auf Reisen kulinarisch »bildet«, der nimmt auch ein wenig zu. Natürlich werden manche Leser nach dieser Töpfegukkerei einiges vermissen, was die deutsche Küche noch zu bieten hat oder was man in den Nachbarländern auf den Tisch des Hauses bringt.

Darum sind in diesem Buch auch nur ein paar kulinarische Landschaften in den Topf gekommen, sozusagen auf Reisen »Selbst-Erschmecktes«, weil die deutsche Küche von einer Vielfalt geprägt ist, wie kaum eine andere auf der Welt.

Auch wenn man heute die berühmten Feinschmeckersterne nur bekommt, wenn alles, was auf der Speisekarte angeboten wird, möglichst französisch klingt, brauchen wir uns der eigenen kulinarischen Tradition nicht zu schämen, die in vielen Familien Tag für Tag nachzuessen ist. Vieles, auch manches Rezept in diesem Buch, ist natürlich Geschmackssache.

Und man kann nicht sagen, daß die französische, die italienische, die skandinavische Küche oder gar die indonesische oder chinesische Küche die beste sei. Es gibt nur eine Küche – entweder eine gute oder eine schlechte.

## Tschechoslowakei
## Böhmischer Rostbraten

*Rezept für 4 Personen*

### Das braucht man:
4 Rostbratenscheiben à 180 g
1 TL Kümmel
4 EL hitzeverträgliches Bratfett
Salz
Pfeffer aus der Mühle
1/2 Tasse Mehl
2 Becher saure Sahne
1 Bund Petersilie

*Wer Kalorien sparen will, kann auf das Mehl verzichten und läßt die Sauce stärker einreduzieren oder bindet sie mit kalorienreduzierten Fertigbindern.*

### So macht man's:
1. Die küchenfertigen Rostbratenscheiben klopfen und mit Kümmel bestreuen.
2. Bratfett in einer Pfanne erhitzen und die Rostbratenscheiben darin auf einer Seite anbraten.
3. Fleischscheiben umdrehen und mit den mit Salz zerriebenen Knoblauchzehen bestreichen. Leicht pfeffern.
4. Mit etwas Mehl bestäuben.
5. Mit der sauren Sahne übergießen.

**6.** In der Sauce werden die Rostbratenscheiben 30 Minuten gebraten.

**7.** Zum Schluß mit frisch gehackter Petersilie bestreuen.

Kalorien pro Person: 395
Joule pro Person: 1660

So kann man den böhmischen Rostbraten noch heute im weltberühmten »U Kalicha« essen, wo der brave Soldat Schwejk so manches Krügerl mit Pilsner Urquell geleert hat. Nicht umsonst wird die böhmische Küche auch die »Küche mit dem Bierseidel« genannt.

# Damit Kochen Spaß macht

**Kochen** ist keine Glückssache, wenn man sich mit dieser Thematik einmal gründlich auseinandersetzt.
**Kochen** bereitet Vergnügen und Spaß, wenn man eine gewisse Rationalisierung in den Arbeitsablauf bringt.
**Kochen** ist wichtig, weil es die Ernährung des Menschen in entscheidender Art und Weise beeinflußt.
**Kochen** muß nicht teuer sein, wenn man den Umgang mit den Lebensmitteln und Küchenhilfen beherrscht.
**Kochen** ist Kultur, weil in kaum einem anderen Bereich Wissen und Bildung in Verbindung mit Tradition so sicht- und genießbar zum Ausdruck kommen.
**Kochen** bringt Erfolg, weil ein gutes Gericht der Erinnerung länger bleibt als dem Gaumen.
**Kochen** bringt Freunde, weil eine gute Küche auch im Zeitalter der Technik und Industrialisierung ein kulinarischer Kommunikationsfaktor ist.
**Kochen** ist heutzutage nicht mehr so schwer, daß man von vornherein das Handtuch werfen muß. Auch in der Praxis geht probieren über studieren.

Damit wir den Spaß am Kochen so richtig entdecken, haben wir auf den nächsten Seiten TIPS UND TRICKS FÜR EIN GUTES GELINGEN zusammengetragen, die keine der konventionellen hochgestochenen Kochschulen sein sollen, sondern eine Lebenshilfe und Art Küchenkobold, der immer dann zu Rate gezogen werden kann, wenn die Information in den Rezepten nicht mehr ausreicht. Und zwar in einer Sprache, von der wir glauben, daß man sie auch versteht. Frei von Fachausdrücken und dem berühmten »Küchenlatein«.

Dabei haben wir uns auf die zeitgemäße, moderne Küchenführung ausgerichtet, ohne alte Küchentraditionen ganz zu vernachlässigen.
Auch wenn dieses wichtige Kapitel am Ende Ihres Buchs steht, sollten Sie es am Anfang lesen, so als eine Art CHECKLISTE, um zu überprüfen, ob nicht etwas Entscheidendes fehlt, wenn man eine bislang ganz normale Küche in eine richtige Küche umfunktionieren will.
UND DAS ERGEBNIS: Man hat nicht nur viel Spaß beim Kochen, sondern es wird alles auch recht gut gelingen!

## 1. Auf die Garmethode kommt es an!

In der Küche ist es tatsächlich so wie in jeder anderen Werkstatt: Das Wichtigste ist das richtige Handwerkszeug. Es ist deswegen nicht egal, welche Töpfe und Pfannen verwendet werden, welche Garmethode angewandt wird. Und Angebote gibt es viele. Bei uns kann man lesen, was man für den Anfang braucht und was man nach und nach dazukaufen kann.

## 2. Die Pfanne

Man sollte grundsätzlich zwei haben. Eine große mit etwa 26–28 cm und eine kleinere mit etwa 20 cm Durchmesser. Die Pfanne soll stabil sein, einen handlichen, gut isolierten Griff haben. Der Rand soll so hoch sein, daß man auch ein Rezept mit Sauce darin zubereiten kann, muß aber auf alle Fälle schräg verlaufen.

Der Pfannenboden muß unbedingt für Elektroplatten plan geschliffen sein, damit die Wärme besser geleitet wird, um Energie zu sparen.
Es gibt Pfannen mit Anti-Haft-Beschichtung, wobei man beim Kauf darauf achten muß, daß man in diesem Bereich unbedingt diejenigen Pfannen bevorzugt, die kratzfest und hitzebeständig sind. Anders beschichtete Pfannen sind sehr viel empfindlicher, weniger einsetzbar und haben eine kürzere Lebensdauer. Der Vorteil der Anti-Haft-Beschichtung ist, daß man ohne den Zusatz von Bratfett garen kann.
Die schwere Gußeisenpfanne hat den Vorteil einer langen Lebensdauer, einer guten Optik und kann sehr viel Hitze aufnehmen und auch halten. Deswegen ist sie besonders zum Grillen in der Pfanne zu empfehlen. Es gibt sie auch mit Grillmusterung auf dem Pfannenboden, was den Vorteil hat, daß die Steaks zusätzlich eine attraktive Zeichnung bekommen.
Sehr gut anwendbar sind auch Edelstahlpfannen mit einer Chrom-Nickel-Legierung, in denen man dank des sogenannten »Sandwich-Bodens« ebenfalls ohne Zusatz von Bratfett garen kann.

## 3. Die Kochtöpfe

Beim Töpfekauf sollte man auf gar keinen Fall knausern. Das Beste sollte in diesem Fall gerade gut genug sein. Man sollte lieber einen Markenartikel kaufen als das nicht gekennzeichnete Sonderangebot, auch wenn der niedrige Preis noch so verlockend ist. Der höhere Preis zahlt sich durch eine längere Lebensdauer wieder aus.

### Emaillierte Töpfe

Sie sind aus Stahl, haben meist den für elektrisches Kochen notwendigen verstärkten, plan geschliffenen Boden. Es gibt sie einfarbig oder mit Dekor. Man muß darauf achten, daß die Emailleschicht stark genug ist. Sie springt sonst leicht ab. Der Deckel muß unbedingt dicht schließen und darf vor allem nicht klappern.
Wenn die Griffe wärmeisoliert und hitzebeständig sind, kann man sie auch in den Backofen stellen.

### Gußeiserne Töpfe

In der Hauptsache werden sie in tiefem Schwarz angeboten. In jedem Fall ist ihre Oberfläche heute so beschaffen, daß sie sich spielend reinigen lassen. In diesen Töpfen wird die Hitze besonders schonend und sanft weitergegeben. Auch wenn man sich grundsätzlich für andere Töpfe aus anderen Materialien entscheidet: ein gußeiserner Topf, für den klassischen Eintopf oder für ein zünftiges Gulasch, sollte schon sein.

### Edelstahltöpfe

Sie sollten in keiner modernen Küche fehlen, weil sie sowohl ernährungsphysiologisch als auch küchenpraktisch absolut das Optimum sind. Sie sehen nicht nur edel aus. Sie sind überaus strapazierfähig, nahezu unverwüstlich. Ohne Übertreibung eine echte Anschaffung fürs ganze Leben und bestens für das elektrische Kochen geeignet. In Edelstahltöpfen kann man wasserarm garen, das heißt, natürlicher, aromatischer und bekömmlicher. Man kann auch ohne Bratfett zubereiten, was hilft, überflüssige Kalorien zu sparen, ohne daß der Geschmack darunter leidet.
Leider sind Edelstahltöpfe nicht billig. Aufgepaßt! Es gibt erhebliche Preisunterschiede bei den verschiedenen Herstellern. Die teuersten sind immer die, die im Rahmen sogenannter »Verkaufsveranstaltungen« außerhalb des Handels verkauft werden. Bei dieser Verkaufsstrategie kommt dazu, daß man ein ganzes Set kaufen muß, wobei man im Haushaltswarengeschäft auch einzelne Töpfe bekommen kann.

### Aluminiumtöpfe

Sie sind besonders leicht. Deshalb empfiehlt es sich, vor allem große Töpfe aus diesem Material zu wählen. Wer also viel voraus kocht, eine große Familie hat oder größere Veranstaltungen bekocht, sollte große Aluminiumtöpfe besitzen, weil er nicht soviel heben muß.
Aluminiumtöpfe gibt es sowohl für Gas als auch für Elektroherde. Ihre Lebensdauer ist im Vergleich zu anderen Materialien als nicht übermäßig lange einzuschätzen.

## Welche Töpfe braucht man?

**Mittelgroßer Kochtopf**
Von der mittleren Topfgröße sollte man gleich zwei in derselben Größe haben, weil sie als Allzwecktöpfe dienen. In ihnen wird von Kartoffeln über Frischgemüse, kleinen Ragouts, Eintöpfen bis hin zu schnellen Suppen und Saucen alles gegart.

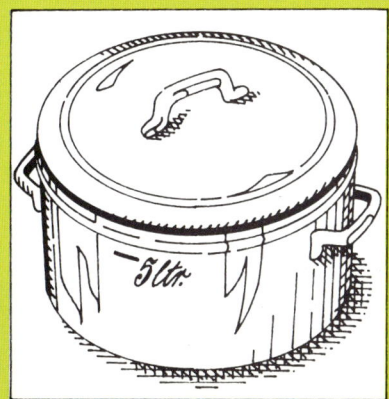

**Der Suppentopf**
Er sollte nicht zu knapp bemessen

werden, damit man in ihm auch mal eine größere Menge Suppe kochen kann. Für eine vierköpfige Familie sollte der Suppentopf fünf Liter mindestens fassen. Einen solchen Topf benutzt man auch zum Einkochen von Marmeladen oder zum Garen von Teigwaren und Reis, die ja bekanntlich größere Wassermengen brauchen, damit sie nicht kleben.

### Der Milch- oder Wassertopf

Er ist selbst dann unerläßlich, wenn man nur selten Milch aufkocht oder Kaffee mit dem Kaffeeautomaten bereitet, denn es kommt sehr oft vor, daß man Wasser in der Küche für andere Arbeitsvorgänge wie Überbrühen, Aufgießen und Auffüllen braucht. Eine praktische Anschaffung, auf die man in der modernen Küche nicht verzichten sollte.

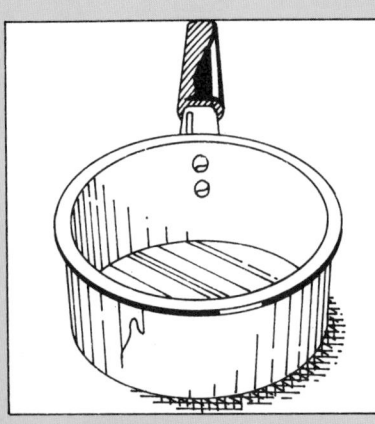

### Die Stielkasserolle

Sie vervollständigt die Grundausstattung. Sie sollte nicht mehr als einen Liter fassen, dann hat sie die ideale Größe. In ihr werden Saucen gekocht, kleine Essensportionen zubereitet, wird der Inhalt von Konservendosen erwärmt. Stielkasserollen werden von fast allen Herstellern zu den übrigen Töpfen passend hergestellt. Es gibt sie mit und ohne Ausgußschnauze.

### Die Auflaufform

Man braucht sie mehr, als man zunächst denkt, denn der Auflauf ist

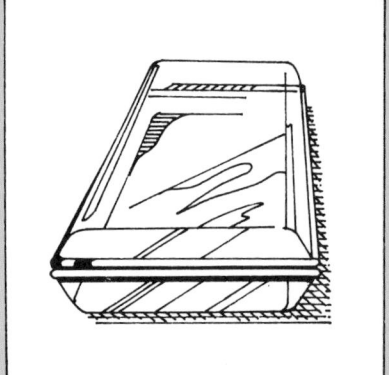

immer noch die beste Form einer sinnvollen Resteverwertung, die in jeder Küche anfällt.
Eine solche Auflaufform ist meist aus hitzebeständigem Glas, aber auch aus Keramik. Man sollte nur Auflaufformen kaufen, die einen Deckel haben, denn manche Gerichte müssen laut Rezept verschlossen gegart werden, damit sie nicht austrocknen.

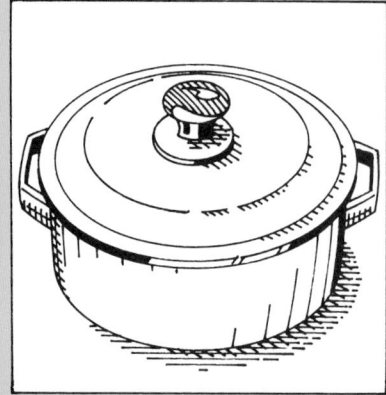

### Der Dunst- oder Saftbräter

Der Name sagt es schon: Der Deckel des Bräters muß eine Vorrichtung haben, die eine ständige Befeuchtung des Gargutes gewährleistet. In diese Vorrichtung gießt man Flüssigkeit, die langsam tropfenweise auf den Bräterboden fällt, verdunstet und ihn somit befeuchtet. Ein Bräter ist zwar eine kostspielige Anschaffung, die sich aber lohnt. Braten- und Schmorgerichte werden darin besonders gut.

### Der Schnellkochtopf

Das Garen im Schnellkochtopf ist durchaus ideal, auch wenn immer noch erstaunlich viele Verbraucher ihm gegenüber mißtrauisch sind.
Völlig zu Unrecht übrigens, denn seine Handhabung ist einfach, entsprechende Techniken und Vorschriften sorgen dafür, daß er auch absolut sicher ist.
Der Topf kann bei neueren Modellen weder »explodieren« noch unter Druck versehentlich geöffnet werden. Außer Zeitersparnis – unter Über-

druck wird die Temperatur über den Siedepunkt erhöht, was ein schnelles Garen bewirkt – bleiben Vitamine, Mineralstoffe und Farbe des Gargutes weitgehend erhalten. Entscheidend ist aber die enorme Einsparung an Zeit und Energie. Die großen Schnellkochtöpfe haben sich in kleineren Haushalten nicht bewährt. Es empfiehlt sich, zwei oder drei kleinere

Schnellkochtöpfe zu haben, in denen verschiedene Produkte auch getrennt gegart werden, weil, allen anders lautenden Aussagen zum Trotz, nur mit getrennter Garung für jedes Produkt das beste Ergebnis zu erzielen ist.

### Der Tontopf

Das Garen im Tontopf hält das Gargut besonders saftig. Durch das längere Wässern des Topfes vor Benutzung saugt der Ton die Flüssigkeit an, die er während des Garens auf das Gargut überträgt. Der Garvorgang selbst dauert etwas länger, doch die eigentliche Garung erfolgt schonender, aromatischer und kann vor allem auch fettfrei erfolgen.

### Der Fischtopf

Ein Fischtopf gehört vor allem in den Haushalt, wo gern Fisch gegessen wird. Er hat das richtige Format, um Fisch langgestreckt zu garen. Sie werden auf einen speziellen Topfeinsatz gelegt, auf dem sie wieder aus dem Garsud herausgehoben werden. So

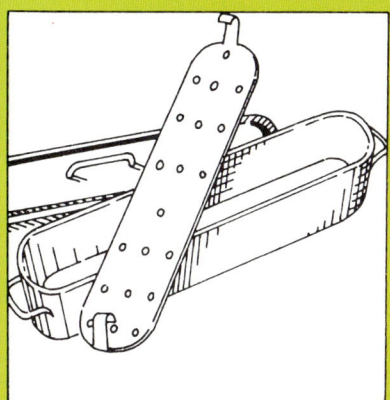

bleiben die Fische in Form und brechen nicht auseinander. Fischtöpfe sind meist aus Leichtmetall.

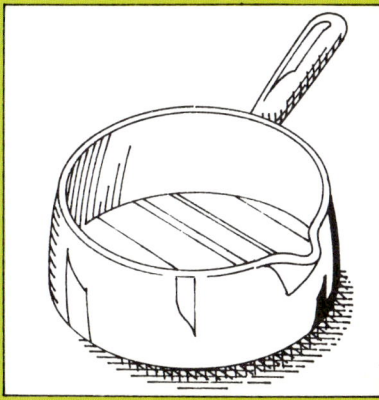

### Die Gratinform
Sie ist nicht höher als 5 cm und man benutzt sie vorwiegend für flache Aufläufe, Süßspeisen und Krustengerichte. Aber auch Gemüse wird in ihr mit Käse oder Saucen überbacken. Diese Gratinformen gibt es aus feuerfester Keramik, hitzebeständigem Glas oder aus emailliertem Gußeisen.

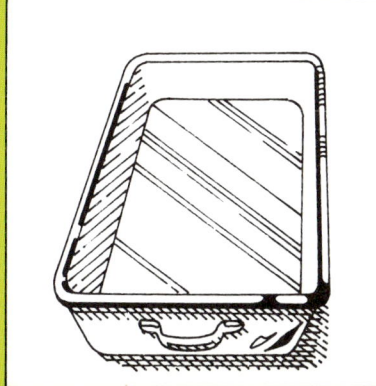

### Die große Bratenpfanne
In Süddeutschland wird sie auch Reine genannt. Sie ist ein fabelhaftes Vielzweckgerät: In ihr kann man große Braten aller Art und Geflügel in allen Variationen zubereiten. Außerdem läßt man Fische in einem leichten Sud darin ziehen. Oder man benutzt sie als Wasserbad, wenn man zum Beispiel Pudding in kleinen Förmchen stocken lassen will.
Die große Bratenpfanne wird aus emailliertem Stahl oder Gußeisen angeboten. Sie sollte nur zum Garen im Backofen oder Bratrohr und nicht auf der Herdplatte benutzt werden.

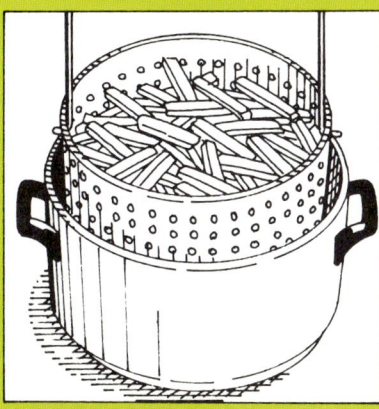

### Der Fritiertopf
Ein Fritiertopf ist vor allem dann unerläßlich, wenn gern Pommes frites oder Fettgebackenes gegessen werden. Dafür einen speziellen Topf zu haben, ist kein Luxus: Man kann das Fett bis zum nächsten Fritiervorgang gleich darin lassen und erspart sich das lästige und manchmal gefährliche Umfüllen. Praktisch ist das zum Fritiertopf gehörende Sieb, das man zum Abtropfen des Fritiergutes gleich auf den Topfgriffen abstützt.

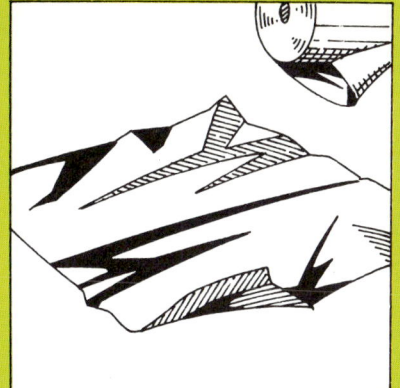

### Die Aluminiumfolie
Die Aluminium-Bratfolie ist am besten für kurzgebratenes Fleisch, aber auch für Fisch, Geflügelteile und vor allem auch für Gemüse – man muß nur an die leckeren Folienkartoffeln denken – zu empfehlen. Wichtig ist, daß die matte Seite der Folie immer nach außen, die glänzende immer nach innen kommen muß. Die matte Seite der Aluminiumfolie ist der bessere Hitzeleiter und sorgt dafür, daß die Folie an allen Stellen die gleiche Temperatur hat.

RATGEBER KÜCHE

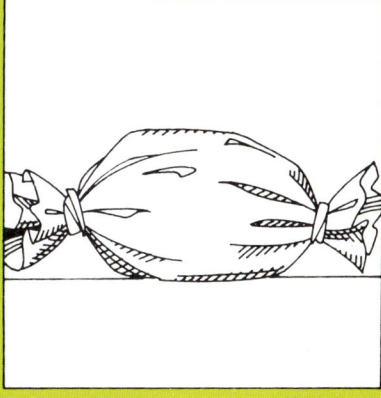

### Die Bratfolie
Ideal ist das Garen in der Bratfolie auch dann, wenn man nicht nur auf die schlanke Linie achten muß. Man kann wasserarm und fettlos garen. Vitamine und Mineralstoffe bleiben weitgehend erhalten. Das Garen in der Bratfolie ist aromatischer, weil sich der Eigengeschmack besser ausbilden kann. Kein Spritzer im Backofen, alles bleibt sauber. Ein Plus für Vielbeschäftigte: Während der Garzeit braucht man sich um das Gargut nicht zu kümmern, denn es kann nichts anbrennen oder austrocknen. Begießen und Umrühren erübrigen sich.
Das Garen in der Bratfolie ist buchstäblich kinderleicht. Wichtig ist aber, daß man die Gebrauchsanweisung der Herstellerfirmen gründlich studiert. In der Bratfolie kann man Fleisch, Fisch, Geflügel, Gemüse und Obst prima garen.

## Beilagen führen ein Schattendasein!

Natürlich ist nichts gegen gekochte Kartoffeln einzuwenden, aber man kann so unendlich viel daraus zaubern, daß es wirklich schade ist, wenn man sie stets in gleicher Form auf den Tisch bringt.
Gleiches gilt für Nudeln und Reis. Aber jedes Rezept fängt mit der Grundzubereitung an, die erst die Voraussetzungen dafür schafft, daß die Abwandlungen und Zubereitungsvariationen gelingen. Wenn man die nachfolgenden Regeln beachtet, kann eigentlich nichts mehr schiefgehen:

1. Für Nudeln als Beilage rechnet man pro Person circa 50 g Rohware. Das ergibt im gekochten Zustand eine Portion von rund 120 g, die 180 Kalorien, das sind 760 Joule, enthält. Das ist für eine sättigende Beilage nicht zuviel und macht auch nicht dick.

2. Nudeln sollten immer »al dente«, das heißt bißfest gekocht werden.

Beim Kochen muß man folgende Punkte beachten:

- Die Menge des Kochwassers wird nach der Faustregel »Zehnmal soviel Wasser wie Nudeln« berechnet. Das heißt also 2,5 l Wasser für 250 g Nudeln.
- Die Nudeln nur in das kochende Salzwasser geben und sofort umrühren. Während des Kochens muß so oft wie möglich umgerührt werden, damit die Nudeln nicht zusammenkleben und sich nicht am Topfboden festsetzen.
- Spaghetti zu kochen ist wegen ihrer Länge gar nicht so leicht. Man stellt die Spaghetti mit einem Ende in den Topf mit kochendem Wasser, der Rest ragt darüber hinaus. Sobald die Nudeln unten weich sind, rutschen sie von selber herunter. Bei sehr langen Spaghetti drückt man ganz einfach nach. Sobald die Spaghetti im Kochwasser verschwunden sind, mehrmals umrühren!

3. Die genauen Garzeiten der Nudeln sind in der Regel auf den Verpackungen ausgedruckt. Man kann aber davon ausgehen, daß man Nudeln zwischen 10–12 Minuten »al dente« bekommt.
Verwendet man die Nudeln für Aufläufe, Eintöpfe, also für Gerichte, wo zusätzliche Garzeiten notwendig sind, kocht man sie nur zwischen 6–8 Minuten.

4. Kurz vor Ende der Garzeit gibt man etwas Öl in das Kochwasser, weil die Nudeln dadurch besonders geschmeidig werden und glänzen.

5. Ist die entsprechende Garzeit erreicht, werden die Nudeln auf ein Sieb geschüttet, mit heißem Wasser abgespült, damit die Stärke ablaufen kann, und anschließend gut abgetropft.

6. Verwendet man die Nudeln als Zutat zu einem kombinierten Salat, dann wäscht man sie, nachdem man sie heiß abgespült hat, mit kaltem Wasser nach, läßt sie gut abtropfen und macht sie dann auf einem sauberen Geschirrtuch durch Rubbeln ganz trocken. Das ist wichtig, weil bei nassen Nudeln das Dressing »wegläuft« und manchmal gerinnt.

7. Perfekt gekochter Reis ist weiß, locker, ganz trocken und duftig. Er wird vor dem Kochen nur gewaschen, wenn er lose gekauft wurde. Als Beilage empfiehlt sich die Verwendung des sogenannten Langkornreises.
Er wird – ähnlich wie die Nudeln – in viel Salzwasser unter mehrmaligem Rühren rund 18–20 Minuten gekocht, anschließend auf ein Sieb geschüttet, heiß abgewaschen.
Will man ihn besonders körnig oder trocken haben, schüttet man ihn auf ein sauberes Backblech, schiebt ihn bei 150 Grad, das ist beim Gasherd Stufe 1, in das Bratrohr und läßt ihn einige Minuten trocknen. Als Beilage rechnet man pro Person 1/2 Tasse rohen Reis.

8. Eine beliebte Form, den Reis als Beilage zu präsentieren, ist, ihn als Risotto zuzubereiten:
In einem Topf wird Olivenöl erhitzt. Darin werden gehackte Zwiebeln glasig geschwitzt. Sie dürfen keine Farbe nehmen. Dann gibt man den Reis dazu und läßt ihn so lange heiß werden, bis die Körner glasig, wie von einem Ölfilm überzogen sind. Dann wird er mit heißer, fertig gewürzter Fleischbrühe aufgefüllt, abgedeckt und im Bratrohr, das mit 200 Grad (Gasherd Stufe 3) vorgeheizt ist, rund 20 Minuten gegart. Bevor er in das Bratrohr geschoben wird, muß er einmal aufkochen! <u>Das Verhältnis Reis/Fleischbrühe ist 1 : 2!</u> Deswegen ist das genaue Abmessen vor der Zubereitung sehr wichtig. Vor dem Servieren muß der Risotto mit einer Gabel aufgelockert werden.

9. Kartoffeln sind keine Dickmacher, das muß einmal gesagt werden. Sie werden jedoch zum Dickmacher, wenn man sie zu kalorienreich zubereitet.
Eine Beilagenportion sind 200 g, das entspricht 175 Kalorien oder 730 Joule, vorausgesetzt, daß sie ohne belastende Zusätze gegart werden.

10. Kartoffeln müssen gesund, ohne dunkle Flecken oder gar Faulstellen sein. Sie müssen richtig gelagert werden, das heißt dunkel, kühl und vor allem luftig. Kartoffeln darf man niemals in Plastiksäcken lassen!

11. Kartoffeln sollen nach Möglichkeit in der Schale gegart und auch gegessen werden, weil in der Schale die wertvollsten Vitamine sitzen, fast alle Ballaststoffe vertreten sind und weil geschälte Kartoffeln im Wasser das wasserlösliche Vitamin C abgeben.
Man spart sich bei dieser gesunden Garweise zwar das Schälen, muß aber die Kartoffeln um so gründlicher waschen und bürsten.

12. Man darf sich beim Kartoffelkauf nicht von der Einteilung in Handelsklassen leiten lassen, die man beim Gemüsehändler immer ausgezeichnet sieht: Kartoffeln der »Handelsklasse Extra« unterscheiden sich von »I« und »II« nämlich nicht nach Sorte, Geschmack und Kocheigenschaft, sondern fast ausschließlich nach Größenunterschieden: Sie sind fast alle gleich groß.

13. Wenn man Kartoffeln in der Schale gart, sollte man neben Salz auch Kümmel, Petersilienwurzeln, Sellerickraut oder Sellerieschale dazugeben. Etwas Zucker erhält das Vitamin C. Vor dem Garen sollte man sie mit einer Gabel kurz anstechen, sonst platzen sie. Außerdem sollte man sie in einem fest abdeckbaren Topf mit ganz wenig Wasser mehr dämpfen als kochen, weil sich das schonend auf Vitamine und Mineralstoffe auswirkt. Garzeit 20 Minuten.

14. Eine ideale Beilage sind »Kartoffeln im Silberfrack«, also in der Aluminiumfolie gegarte.

Pro Person rechnet man zwei mittelgroße Kartoffeln, die gewaschen, gebürstet und anschließend abgetrocknet werden.

Anschließend wird Aluminiumfolie in etwa gleich große Quadrate geschnitten, mit etwas Salatöl ausgestrichen.
Dann wird auf der Folie Kümmel und Salz verstreut.
Jetzt wickelt man die Kartoffeln rundherum ein, legt sie auf ein Backblech und gart sie im mit 220 Grad (Gasherd Stufe 4–5) vorgeheizten Bratrohr rund 45 bis 55 Minuten. Danach nimmt man sie heraus, schneidet sie über Kreuz ein und drückt sie mit beiden Händen auf.

In die Öffnung gibt man Sauerrahm mit feingehackten Küchenkräutern. Aber auch Kräuterbutter schmeckt phantastisch dazu.

**15.** Kartoffelpüree, egal ob es sich um frisches, selbst zubereitetes Püree oder ein Instant-Püree als Fertigprodukt handelt, kann man sehr abwechslungsreich auf den Tisch des Hauses bringen, wenn man es mit Gemüse variiert.
Man rechnet die Mischung Gemüse/Kartoffelpüree im Verhältnis 1 : 1, das heißt, auf einen Teil fertiges Kartoffelpüree kommt ein Teil einer bestimmten Gemüsesorte, als Püree verarbeitet.
Man muß dazu das Gemüse bißfest garen, mit dem Mixer pürieren oder durch die feine Scheibe des Fleischwolfs drehen und heiß mit einem Schneebesen in das Kartoffelpüree ziehen.
Für ein Püree-Mix eignen sich Lauch, Karotten, Sellerie, Rosenkohl, Kohlrabi, Erbsen und auch Pilze.

**Wichtig für unsere Gesundheit**
# So behandelt man knackig frische Salate!

Beim Bummel über den Wochenmarkt oder durch die Frischkostabteilungen der Lebensmittelgeschäfte kommt der Appetit schon beim Einkaufen. Aber vieles, was man im guten Glauben an den Gehalt an wertvollen Vitaminen und Mineralstoffen nach Hause trägt, wird dann in der heimischen Küche falsch behandelt und vom Gesundheitswert her gesehen fast gänzlich zerstört. Damit dies nicht passiert und die eigene Salatküche die beste wird, sollte man die nachfolgenden Grundregeln aufmerksam durchlesen:

**1.** Grundsätzlich sollte man den Salat immer an dem Tag essen, an dem er eingekauft wurde. Langes Lagern vermindert den Vitamingehalt.
Sollte aber trotzdem eine Lagerung erforderlich sein, soll man

## RATGEBER KÜCHE

ihn unzerkleinert in ein feuchtes, sauberes Küchentuch wickeln oder mit Klarsichtfolie einschlagen. Auf diese Weise hält er sich im Gemüsefach des Kühlschranks bis zu drei Tagen.

**2.** In jedem Salat ist hochwertiges Vitamin C enthalten, das wasserlöslich ist. Deswegen sollte man niemals Salat erst zerkleinern und dann waschen, sondern immer umgekehrt verfahren. Bei den Blattsalaten sollte man ein Zertrennen der großen Blätter erst nach dem Waschen vornehmen. Positiv ist immer, wenn der Salat schnell unter fließendem Wasser gewaschen wird und nicht allzulange im Wasser liegt. Daran denken, daß der gewa-

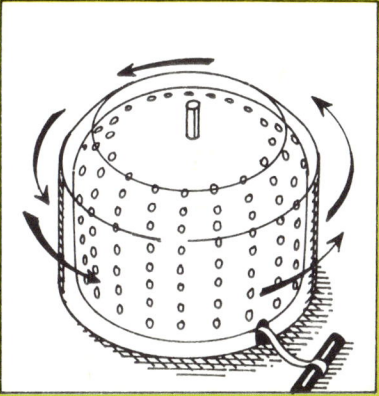

schene Salat immer gut abtropfen muß, weil jeder Tropfen Wasser sonst das Dressing verwässert. Die Anschaffung einer Salatschleuder aus Plastik lohnt sich allemal.

**3.** Das Vitamin C ist auch sehr sauerstoff-, licht- und wärmeempfindlich. Deswegen sollen zerkleinerte Salatzutaten, soweit sie nicht sofort angemacht und aufgetragen werden, zugedeckt in den Kühlschrank gestellt werden, um das wertvolle Vitamin C zu schonen.

**4.** Keinen Salat ohne Dressing servieren. Die einfachste, für Kenner manchmal auch die beste Salatsauce besteht aus Salz, Pfeffer, Essig und Öl. Mit der Hinzugabe von Zucker und frisch gepreßtem Zitronensaft kann man diese Mischung ergänzen.
<u>Wichtig:</u> Salz und Zucker müssen aber bereits im Essig aufgelöst sein, bevor man das Öl dazurührt. Der Vorteil dieser Sauce ist, daß man sie in größeren Mengen vorbereiten und aufbewahren kann, was sie schließlich nur noch besser macht.

5. Wenn man mehrere Salate mit anderen Zutaten vermischt, ist es wichtig, die Mischung mit dem Salatbesteck erst ohne, dann mit Dressing vorzunehmen. Würde man sofort nur mit Dressing mischen, bestünde die Gefahr, daß man die Salate »zermanscht«.

6. Salz und Säure, die unabdingbaren Zutaten jeder Salatsauce, schließen die Zellen der rohen Gemüse und Salate auf und machen sie dadurch leichter verdaulich, zugleich aber auch weich. Eine gute Salatküche erkennt man unter anderem daran, daß das Dressing erst in letzter Minute hinzugegeben wird.

7. Ein weiteres Kriterium für eine gute Salatküche ist, daß der Salat nur soviel Sauce erhält, wie er braucht, um geschmacklich »umhüllt« zu sein. Mit jedem Tropfen überflüssigem Dressing bleiben nämlich auch die Vitamine in der Schale zurück.

8. Wer es sich figürlich leisten kann, sollte bei der Zubereitung seiner Salatsauce mit Öl fast verschwenderisch umgehen: Das würde bedeuten, daß man zu einem EL Essig drei EL Öl gibt! Wer es lieber saurer will, muß nur die Essigmenge erhöhen.
Zu Würzessigen paßt am besten ein neutrales Öl, wie zum Beispiel Sonnenblumen-, Erdnuß- oder Maiskeimöl. Zu Weinessig oder Rotweinessig paßt am besten aromatisches Öl, wie zum Beispiel Oliven- oder Nußöl.

9. Als Basis für milde Salatsaucen sind alle Milchprodukte geeignet. Verglichen mit Saucen aus Essig und Öl, sind sie wesentlich kalorienärmer. Wegen ihrer cremigen Konsistenz verteilen sich die Würz- und Aromastoffe besonders gut. Schlagsahne als Basis für ein Salatdressing ist sehr dünnflüssig. Deshalb sollte man sie vor Verwendung leicht aufschlagen. Ein Dressing mit Milchprodukten sollte man besser nicht mit Essig, sondern mit Zitronensaft würzen.

10. Garnieren sollte man einen Salat, der aus mehreren Zutaten besteht, nur noch ganz wenig, weil man sonst der eigenen Kreation, die an sich bunt genug sein müßte, ein Armutszeugnis ausstellen würde. Als einziges Element sollte man gehackte Frischkräuter verwenden.

11. Salate müssen anspruchsvoll präsentiert werden. Sie sollten auf gar keinen Fall auf einem flachen Teller oder in einer flachen Schüssel angerichtet werden, sondern vorzugsweise in einem hochstieligen, dekorativen Glas, wie zum Beispiel in einer Sektschale – wenn man den Salat als Vorspeise reicht – oder in einem großen Glaskelch – wenn man den Salat als vollwertige Hauptmahlzeit beziehungsweise als Partysalat vorgesehen hat.
Der Salat kommt viel besser zur Geltung, hat Kontur und läßt sich vor allem auch leichter und problemloser essen.

**Hausapotheke und Würze**

# Frische Küchenkräuter

Mit der wichtigste Bereich in einer zeitgemäßen Küche ist die Anwendung von frischen Küchenkräutern, die sich nicht ausschließlich auf Petersilie und Schnittlauch beschränken darf.
Ebenso wichtig wie das Wissen, welches Küchenkraut zu welchem Produkt paßt, ist das Wissen, wie man Küchenkräuter behandelt und verarbeitet, daß ihre Verwendung so richtig Spaß macht:

**Grüne Minze**
Erkennbar am grünen Stiel. Kräftiges Aroma, paßt sehr gut zu hellem Fleisch.

**Borretsch**
Paßt zu Gurken- und Kartoffelsalat, gehört in Kräutersaucen und Kräuterquark. Blüten mitverwenden.

**Pfefferminze**
Mit rötlichem Stiel und (ab Juni) violetten Blüten. Schmeckt intensiv nach Menthol. Paßt zu kräftigem Fleisch wie Lamm.

## RATGEBER KÜCHE

**Thymian**
Gehört in provenzalische Gerichte. Vor allem zu Kräftigem wie weißen Bohnen mit Lamm.

**Bohnenkraut**
Gibt grünen Bohnen erst richtig bohnigen Geschmack. Gut in Kartoffelsalat und Schmorgerichten vom Lamm.

**Melisse**
oder Zitronenmelisse. Schmeckt säuerlich frisch. Paßt in Salate, Eiergerichte, zu Fisch und jungem Gemüse.

**Weinraute**
Hat ein sehr eigenes Aroma, verträgt sich nicht mit anderen Kräutern. Paßt in Kartoffelsalat und zu Eintöpfen.

**Kerbel**
Zart an Anis erinnerndes Aroma. Verträgt sich gut mit anderen Kräutern. Paßt in helle Saucen.

**Majoran**
Macht Fettes besser verdaulich. Für Bratkartoffeln, Leber, Gänsebraten, Schweinefleisch.

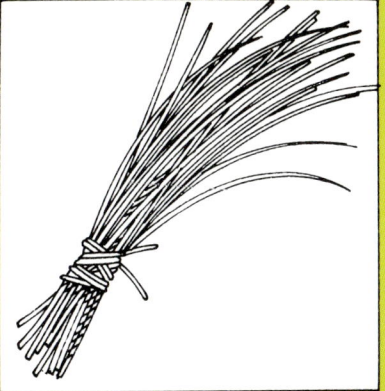

**Schnittlauch**
Überall dort verwendbar, wo zartes Zwiebelaroma erwünscht ist, aber Zwiebel zu intensiv wäre: Quark, Kräutersaucen, Salate.

**Dill**
Gehört unbedingt in Gurkensalat und zu Schmorgurken. Paßt zu Fisch, Krebsen und Muscheln, in Quark und helle Saucen.

**Liebstöckel**
Heißt auch Maggikraut und schmeckt tatsächlich so. Schmeckt besonders gut zu Kartoffeln und ist zudem ein beliebtes Suppengewürz.

**Tripmadam**
Schmeckt zart säuerlich. Besonders gut: in Butter geschwenkt zu neuen Kartoffeln.

**Krause Petersilie**
Das Küchenkraut schlechthin, paßt zu allem. Eignet sich besonders zum Fritieren und zum Garnieren.

**Dost**
oder auch wilder Majoran, auf italienisch Oregano. Das ideale Gewürz für Pizza.

**Estragon**
Vor allem zu Fisch, in hellen Saucen oder Cremesuppen. Außerdem für Kräuteressig zu verwenden.

**Glatte Petersilie**
Schmeckt aromatischer als die krause Verwandte. Paßt überall, auch zu anderen Kräutern.

**Ysop**
Etwas aus der Mode gekommen, wohl wegen des bitteren Geschmacks. Für Obstsalate.

**Salbei**
Schmeckt am besten gebraten oder fritiert. Vor allem zu fettem Fisch (Aal), aber auch zu Kalbfleisch, Leber und Lamm.

**Rosmarin**
Duftet nach Urlaub am Mittelmeer. Gehört in südliche Fleischgerichte; den Stengel mitkochen, dann herausfischen.

**Basilikum**
Zu allen südlichen Gerichten. Nicht mitkochen, nur zerrupfen und erst zum Schluß darüberstreuen. Gut zu Tomaten!

## RATGEBER KÜCHE

1. Wenn man stets frische Kräuter haben will, sollte man sich eine eigene »Kräuterplantage« anlegen. Kräuter sind ziemlich anspruchslos. Die meisten gedeihen nicht nur im Garten, sondern auch in Blumenkästen oder -töpfen auf der Fensterbank oder auf dem Balkon. Wichtig sind für sie viel frische Luft und Helligkeit sowie genügend Humus im Boden. Und wenn man sich einen Kräutergarten auf dem Balkon anlegt, sollte man darauf achten, daß die Balkonkästen einen guten Wasserabzug haben.
Als Füllung kann man Blumenerde verwenden, die es fertig zu kaufen gibt. Kräuterpflanzen, die in beengten Gefäßen wachsen, brauchen eine regelmäßige Düngung. Man sollte aber des Guten nicht zu viel tun.
Falls man eine Kräuterecke im Garten anlegen will, sollte man nicht irgendein Fleckchen Erde wählen, das gerade frei ist, denn Kräuter brauchen viel Sonne. Kräutersamen und Kräuterpflanzen bekommt man im Gartencenter, in Samenhandlungen und Geschäften mit Gartenbedarf. Auf den Packungen sind alle Daten wie Sä- und Pflanzzeit, Mengenbedarf usw. ausgedruckt.

2. Die beste Zeit, Frischkräuter zu ernten, ist die Zeit kurz vor der Blüte, weil die Pflanze dann den höchsten Gehalt an Wirkstoffen hat. Für die Ernte im Freien gilt: Wenn der Tau abgetrocknet, die Sonne aber noch nicht heiß ist, sollte man die Kräuter abschneiden.

3. Die einfachste Art, Frischkräuter haltbar zu machen, ist das Trocknen. Dabei ist aber zu bedenken, daß manche Kräuter ihr Aroma stark einbüßen.
Die frischen Kräuter werden bündelweise an einem luftigen Ort aufgehängt oder auf trockener Unterlage ausgebreitet. Hierbei ist es nötig, das Erntegut öfter zu wenden, damit sich keine dunklen Flecken bilden. Direkte Sonneneinwirkung läßt die Kräuter ausbleichen. Sie werden unansehnlich und gänzlich wertlos, weil sich die ätherischen Öle verflüchtigen.
Trocken sind die Kräuter, wenn die Stengel wie Glas brechen. Dann ist es zweckmäßig, die trockenen Blätter abzustreifen und – die Stengel sind ohnehin wertlos – in luftdichten Papiersäcken oder in dunklen Gläsern an trockenem Ort aufzubewahren, selbstverständlich mit Namen und Erntejahr bezeichnet.

4. Mit Majoran verfährt man am besten so, daß man ihn im mildwarmen Backrohr nachtrocknet. Nun lassen sich die Blättchen restlos abreiben; die feineren Stengel entfernt man, indem man abgeriebenen Majoran durch den Durchschlag schüttelt.

5. Dank der Technik ist es heute möglich, die Kräuter das ganze Jahr über frisch auf den Tisch zu bringen.
Dies gilt besonders für Petersilie, Schnittlauch, Kerbel und solche Kräuter, die beim Trocknen ihr Aroma und damit ihre Würzkraft verlieren. Man friert die Kräuter im Laufe des Sommers ein und kann so den Überschuß verwerten.
Das gewaschene Erntegut wird zwischen Tüchern getrocknet, so daß kein oder wenig Wasser anhaftet, tischfertig geschnitten, in kleine Behälter gefüllt und luftdicht verschlossen. So bleibt es streufähig. Bei dieser Vorratshaltung entsteht kein Verlust, weder an Geschmack noch an Farbe.

6. Zwei weitere Möglichkeiten, die Kräuter zu konservieren, sind: sie einzusalzen oder in Essig oder Öl zu legen.
Mit Salz: Die geschnittenen Kräuter – man kann auch verschiedene zusammenmischen – werden im Verhältnis 5 : 1 mit Salz vermengt. Diese Mischung füllt man – fest eingedrückt – in Töpfe und Gläser und bindet sie zu. Metallverschlüsse dürfen nicht verwendet werden.

7. Mit Essig oder Öl: Die gewaschenen Kräuter werden zerkleinert. Dann werden sie ebenfalls in Töpfe gefüllt und fest angedrückt, zum Schluß gießt man Weinessig oder reines Olivenöl darauf, bis es fingerbreit über den Kräutern steht; zugebunden kühl aufbewahren.
Man kann dann jederzeit die gewünschte Menge entnehmen, ohne daß das Einmachgut Schaden leidet.

8. Waschen Sie die Kräuter, wenn nötig, sofort nach dem Einkauf, schütteln Sie sie gut aus und stellen Sie die Kräuter in ein Glas mit Wasser. Oder legen Sie sie in einem feuchten Handtuch in die Gemüseschale des Kühlschranks.
Wenn die Kräuter schon beim Händler nicht mehr ganz frisch aussehen, schneiden Sie die Stiele etwa 2 cm ab und stellen sie für 10 Minuten in lauwarmes Wasser. Sie erholen sich dann schnell und sehen wieder ganz frisch aus.

9. Ganze Kräuterbüschel können Sie prima im Mixer zerkleinern. Einfach nach dem Waschen in die bereits laufende Maschine geben. Sehr gut eignen sich heute die vielen »Feinhacker«, die auf dem Markt sind.

10. Hacken Sie frische Kräuter immer auf einem Kunststoff- oder Porzellanbrett; denn Holz saugt den dabei austretenden kostbaren Kräutersaft zu schnell auf. Außerdem werden die Bretter leicht grün und sind schwer zu reinigen. Wenn Sie aber nur Holzbretter haben, dann diese vorher mit kaltem Wasser sehr gut nässen.

11. Die Kräuter zum kurzen Frischhalten waschen, tropfnaß in einen Plastikbeutel geben und in das Gemüsefach des Kühlschranks legen.

12. Die meisten Kräuter eignen sich ganz ausgezeichnet zum Einfrieren: Eiswürfelbehälter mit Wasser füllen, gewaschene, abgetropfte Kräuter hineinstreuen. Vorfrieren. Danach Kräuterwürfel einzeln in Folie verpackt in Gefrierbeuteln im Gefrierfach oder in der Tiefkühltruhe lagern. Unaufgetaut ideal für heiße Gerichte. Für Marinaden und Salate auftauen lassen.
Oder: Gehackte Kräuter in Folie, Beuteln oder Behältern portionsweise einfrieren. Zur Verwendung dann einfach zwischen den Fingern zerdrücken.

13. Eine der ältesten Konservierungsverfahren ist das Trocknen: Kräuter nach dem Verlesen bündeln, luftig und schattig aufhängen, getrocknet dann in Mullsäckchen aufbewahren.

14. Wenn man keine Frischkräuter bekommt oder gerade nicht in der Küche hat, kann man die Mengenangaben in den Rezepten von Frisch- auf Trockenkräuter ganz leicht umrechnen, indem man für einen Bund Frischkräuter einen EL Trockenkräuter nimmt.

**Ob mit oder ohne Sud**

# So wird Fisch wirklich gut!

Eigentlich hat Fisch nur Vorzüge: Er ist gesund, hat wenig Kalorien, ist während des ganzen Jahres zu haben, und das zu einem erschwinglichen Preis. Frisch ist er auch, dafür sorgt eine optimale Tiefkühlversorgung. Vor allem jedoch, er schmeckt. Vorausgesetzt, daß man ihn richtig zubereitet:

1. Bei jeder Art von Fischzubereitung muß man die drei S beachten:
**Säubern** – rasch, unter fließendem Wasser.
**Säuern** – mit Zitronensaft, aber auch mit Essig. So wird das Fischfleisch weiß und zart.
**Salzen** – So wird sein Saft gebunden, er wird saftiger.

2. Zur Vermeidung von Fischgeruch ist zu beachten, daß der Fisch, wird er nicht sofort zubereitet, aus dem Einwickelpapier genommen, in ein feuchtes, mit Essig getränktes Küchentuch gelegt und im Kühlschrank aufbewahrt werden muß. Wenn Fisch im Sud gegart wird, ist dies ebenfalls sehr geruchsintensiv. Hier hilft wiederum das mit Essig und Wasser getränkte Küchentuch, das man zwischen Topf und Deckel legt.
Die Hände nach der Fischbearbeitung gründlich mit einer Zitronenhälfte abreiben, anschließend mit Seife wie gewohnt abwaschen, dann ist aller Fischgeruch beseitigt. Den Fischgeruch vermeidet man aber am besten, wenn man sich für die entsprechende Garmethode entscheidet.
Hier ist wiederum die Bratfolie optimal, weil sie ein echter »Geruchstresor« ist. Aber nicht nur wegen des Geruchs ist die Bratfolie beim Garen von Fisch zu empfehlen: Der Fisch gart schonend, im eigenen Dampf. Er wird besonders aromatisch, Vitamine und Mineralstoffe bleiben erhalten.
Auch das Garen in der Alufolie ist zu empfehlen, wobei es speziell für die gegrillte oder gebratene Garweise von bester Qualität ist.

3. Fisch spielt in unserer Ernährung eine immer größere Rolle, denn er enthält gut ausnutzbares, hochwertiges Eiweiß sowie viele Mineralstoffe, wie Jod, Kalzium, Eisen und Phosphor. An Vitaminen liefert der Fisch vor allem die fettlöslichen Vitamine A und D, aber auch die Vitamine B 1, B 2 und B 12. Sein lockeres Bindegewebe macht Fisch gut verdaulich und bekömmlich. Außerdem ist er, von einigen Sorten einmal abgesehen, sehr kalorienarm.

4. Fisch soll im Sud immer mit ganz wenig Flüssigkeit gegart werden. Der Sud soll ohne Fisch zwar einmal aufkochen. Nachdem man den Fisch hineingegeben hat, darf er auf keinen Fall kochen, sondern soll runde 20 Minuten nur ziehen. Wenn er kocht, zerfällt der Fisch. Portionsstücke gart man je nach Größe zwischen 10 und 15 Minuten.

5. Wenn man einen Karpfen kauft, bekommt man fast immer den Spiegelkarpfen, der im Durchschnitt 1,5 kg wiegt.
Pro Portion rechnet man mit einem Pfund Karpfen.
Am besten – wenn er nicht gerade blau gekocht wird – zerteilt man ihn vor dem Garen in Stücke.

Dazu wird er der Länge nach halbiert. Hierfür braucht man ein stabiles Messer. Man schneidet den Kopf in der Regel ab.

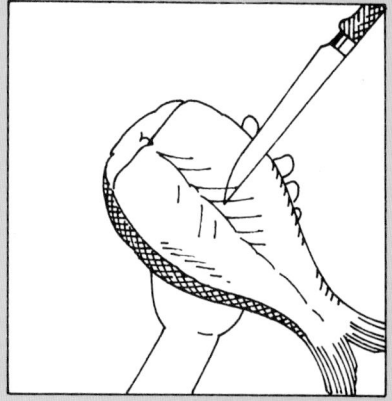

Die Hälften in eine Hand nehmen und mit einem feinen, aber spitzen Messer vorsichtig die Bauch- und Mittelgräten herauslösen.
Dann den Fisch auf die Hautseite legen, die Haut festhalten. Mit einem scharfen Messer das Fleisch ablösen.

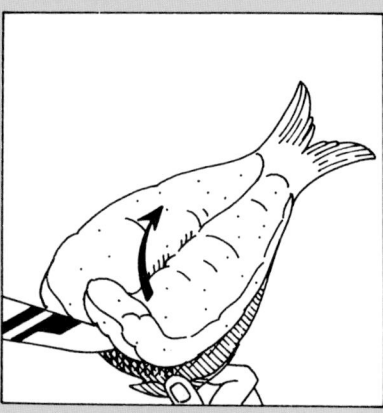

Man kann aber die Haut am Fleisch lassen. Das setzt voraus, daß der Karpfen vorher sauber geschuppt wird.

6. Fische dürfen niemals in sprudelndem Wasser gegart werden, weil ihr zartes Fleisch trocken und faserig wird. Man läßt sie besser zwischen 80 bis 90 Grad ziehen, Portionsstücke je nach Größe zwischen 10 und 15 Minuten, ganze Fische rund 20 bis 25 Minuten. Damit Würze auf den Fisch übergeht, muß der Sud die Gelegenheit bekommen, diese Würzelemente aufzunehmen. Mit anderen Worten heißt das, Zwiebeln, Suppengemüse und sämtliche Gewürze müssen mindestens eine halbe Stunde im Sud ausgekocht werden, ehe man den Fisch hineingibt. Im allgemeinen sollte man den Fischsud kräftig salzen, was aber nur dann geht, wenn man ihn nicht zu Saucen oder Fischsuppen weiterverwenden will.

7. Forellen und andere Fische kann man selber filieren, was zusätzliche Variationen in der Zubereitung ermöglicht:

Fisch auf die Seite legen und mit scharfem Messer beiderseits des Rückgrats einschneiden. Rückenflosse mit ihren Gräten entfernen. Jetzt braucht man Fingerspitzengefühl: Man muß die beiden Seiten

des Fischs mit vorsichtigem Daumendruck von den Gräten lösen. Wenn die Mittelgräte völlig freigelegt ist, das Fischfleisch auch von den Bauchgräten entfernt wurde, wird sie an Kopf und Schwanz abgeschnitten.

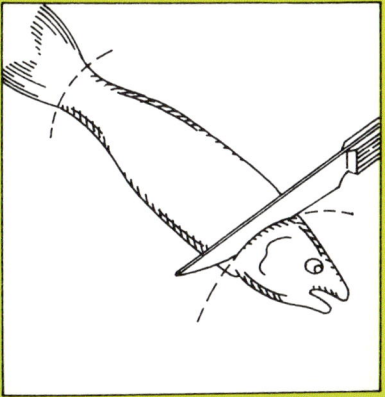

Jetzt kann man von den beiden Hälften das Fleisch von der Haut lösen: Den Kopf abschneiden, dann die Haut an der Schwanzflosse festhalten und mit einem scharfen, dünnen Messer das Fleisch wegschieben.

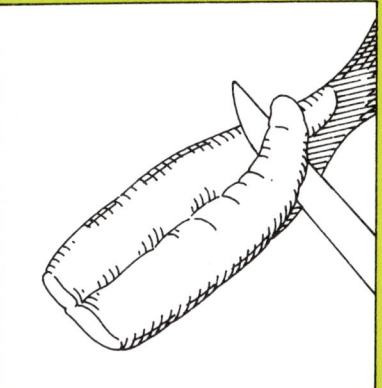

**8.** Wenn Fisch gebraten wird, ist folgendes zu beachten: Große Fische soll man besser portionieren, also in Scheiben oder Koteletts schneiden oder filieren. Nur wasserfreies Bratfett verwenden. Der Fisch muß mit seiner vollen Fläche Kontakt zum Pfannenboden haben.

Das Fett erst heiß werden lassen, den Fisch vorsichtig hineingeben und dann bei mittlerer Hitze weiterbraten.
Vor dem Braten den Fisch gut abtrocknen, am besten noch in Mehl wälzen.
Wichtig: Fische auf gar keinen Fall zu früh wenden, erst wenn die Unterseite gut gebräunt ist, sonst zerfallen sie.

## Geflügel – gut in Form gebracht!

Wenn man Geflügel zubereitet, kommt es auch darauf an, es optisch ansprechend zu präsentieren, was aber nicht gelingt, wenn man nicht weiß, wie man es richtig tranchiert oder richtig bratfertig macht.
Einige wichtige Tips und Tricks findet man, wenn man beim Durchlesen der nachfolgenden Informationen genau aufpaßt:

**1.** Geflügel fängt mit dem Einkauf an, weil es bei keinem anderen Produktbereich so sehr auf das Lesen der lebensmittelrechtlichen Bestimmungen ankommt.
Die Handelsklassenbezeichnung sagt vieles über das Produkt aus:

### Handelsklasse A
Beste Qualität, einwandfrei gerupft, ohne Verletzungen und Verfärbungen.

### Handelsklasse B
Gesundes Geflügel, das eventuell geringe Verletzungen aufweisen kann.

### Handelsklasse C
Geflügel, das nur industriell verarbeitet wird.

Weiter wird Geflügel nach folgenden »Herrichtungsformen« verkauft:
»Bratfertig« und »Kochfertig« bedeuten, daß das Geflügel mit beigelegten Innereien verkauft wird. Bei »Grillfertig« liegen keine Innereien bei.
Ein besonderes Qualitätszeichen: »Deutsches Markengeflügel« ist Spitzenqualität, denn es darf nur als Handelsklasse A angeboten werden. Außerdem unterliegt es strengen gesetzlichen Bestimmungen.
Wichtig: Man soll niemals Geflügel nach Stückzahlen, sondern immer nach Gewicht kaufen, dann spart man Haushaltsgeld und hat mehr Ware.

## RATGEBER KÜCHE

**2.** Tiefgefrorenes Geflügel zum Auftauen auf ein Sieb legen, damit es nicht im Auftauwasser liegen muß. Das Auftauwasser immer sofort wegschütten, denn es birgt die Gefahr der Salmonellenbildung. Geflügel vor dem Garen unter fließendem Wasser innen und außen abwaschen, anschließend trockentupfen.

**3.** Am besten taut man tiefgefrorenes Geflügel langsam auf. Auf keinen Fall soll man es in warmes Wasser legen. Zum Auftauen muß man es aus der Plastikverpackung herausnehmen.

**4.** Bratgeflügel hat unterschiedliches Gewicht, so daß Garzeiten wie in den Rezepten angegeben nicht immer stimmen müssen. Man kann aber mit der sogenannten Garprobe auf Nummer Sicher gehen:

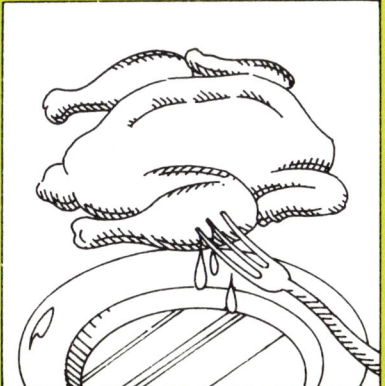

Man sticht mit einer Gabel in die Keule des Hähnchens und läßt den Saft, der beim Einstechen austritt, auf einen Teller laufen. Ist er klar, dann ist das Hähnchen durchgebraten.
Bei noch nicht durchgebratenen Hähnchen ist der austretende Saft blutig. Also, weiterbraten!

**5.** Hähnchen, aber auch Poularden, werden vor dem Braten gebunden, was man in der Fachsprache dressieren nennt. Dadurch bleiben sie »schön in Form« und Aussehen und lassen sich später auch leichter tranchieren:
Das Hähnchen auf den Rücken legen. Die Schnur zwischen den Flügeln unter dem Körper beidseitig durchziehen.
Die Schnur diagonal vom rechten Flügel zum linken Keulenknochen und umgekehrt ziehen. Die Keulenknochen mit der Schnur jeweils einmal umwickeln.
Wenn beide Keulenknochen umwickelt sind, wird die Schnur zwischen Flügel und Keulenknochen

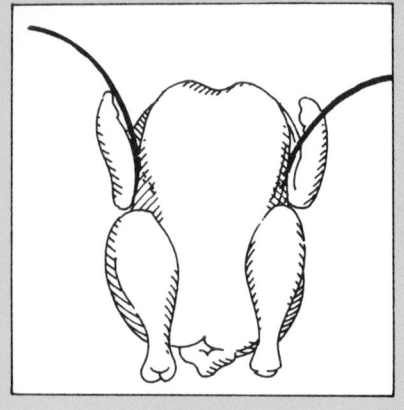 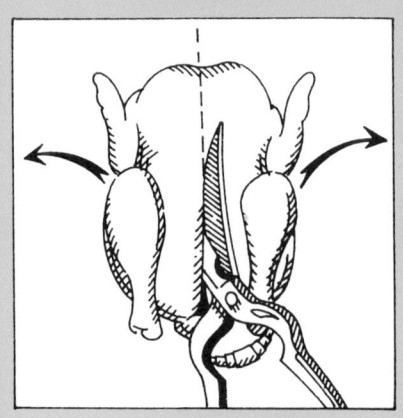

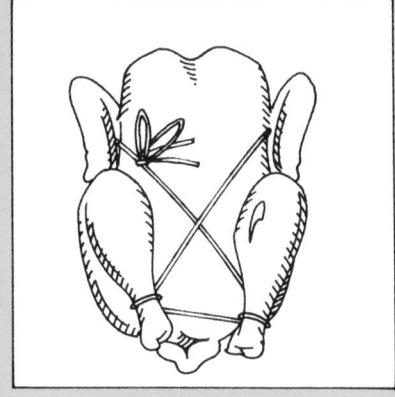 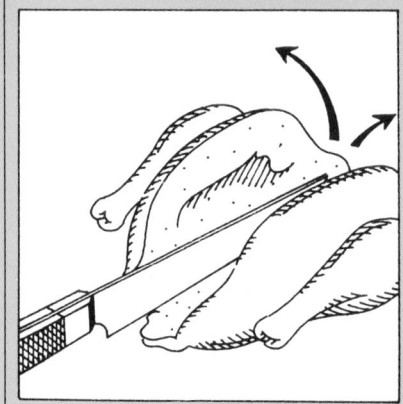

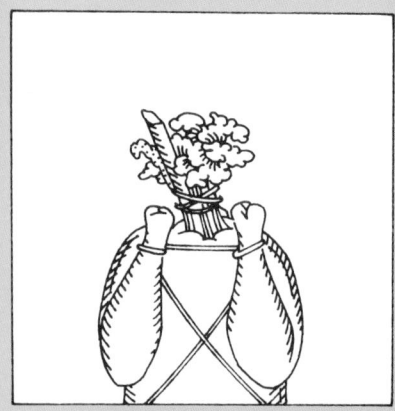 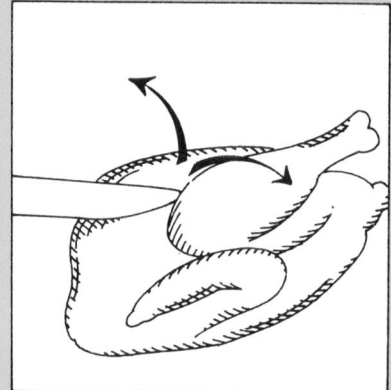

festgezogen und verknotet. Fertig ist das gebundene Hähnchen. In die Öffnung unter den Keulen schieben wir einen gebundenen Gemüsestrauß, bestehend aus einem Karottenstift, etwas Sellerieschale und Petersilie.

**6.** Genauso wichtig wie das Binden oder Dressieren ist nach dem Garen das Tranchieren oder Aufteilen des Geflügels:
Nach dem Braten muß das Geflügel mindestens fünf Minuten ruhen; dadurch wird verhindert, daß der Bratensaft ausläuft.
Dann das Hähnchen mit der Geflügelschere von unten nach oben entlang dem Brustbein aufschneiden und mit der Hand etwas auseinanderdrücken.
Mit einem stabilen Messer oder einem kleinen Küchenbeil die bei-

den Hähnchenhälften so vom Rückgrat abtrennen, daß es liegenbleibt.
Brust und Keule werden voneinander getrennt, indem man die knusprige Haut erst einschneidet und dann die beiden Teile ganz einfach auseinanderdrückt.

Zum Anrichten werden die beiden Teile, also Brust und Keule, wieder zusammengelegt, was aber ausschließlich der Optik dienen soll.

## Unser Braten muß gut geraten!

Für einen richtig guten Sonntagsbraten nimmt man nur ausgesuchte Fleischstücke, die sich auch dazu eignen.
Außerdem gibt es Bratengebote, die man unbedingt beachten sollte:

**1.** Man sollte nie ganz mageres Fleisch verlangen, denn Fett ist ein wichtiger Aromaträger und erhält das Fleisch beim Braten besonders saftig.

**2.** Kalbfleisch muß nur drei bis vier Tage abhängen, weil es von Natur aus zart ist. Mastkälber stellen den größten Teil des Kalbfleischs und sind an ihrem blaßrosa Fleisch zu erkennen.
Leider hat die allgemeine Vorstellung »Kalbfleisch« muß schön blaß sein, nichts mit Qualität zu tun. Viel besser schmeckt es mit einer starkrosa, bereits ins Rot gehenden Farbe.

**3.** Beim Schweinefleisch werden heute, teilweise mit überhöhten Preisen, Magerzüchtungen angeboten, die unter dem Namen PSE-Fleisch lediglich eine optische Täuschung sind. Ihr Fleisch wird beim Garen – egal welches Rezept man nachvollzieht – hart, die Farbe blaß und es läßt Wasser.
Auch hier gilt im besonderen: Lieber durchwachsenes Schweinefleisch oder solches mit Fettrand verwenden, weil das Ergebnis besser wird. Das Fett kann man nach dem Garen immer noch wegschneiden.

**4.** Der Braten gelingt am besten im Bratrohr, von der praktischen und bequemen Handhabung einmal abgesehen.
Die Garzeiten lassen sich nur ungefähr angeben. Sie hängen nicht nur vom Gewicht des Bratenstücks ab, sondern auch von seinem Durchmesser und der Fleischqualität.
Zur leichteren Umrechnung vom Elektroherd auf den Gasherd, hier eine kleine Temperaturtabelle:

**Elektroherd**

180–200 Grad
200–220 Grad
220–250 Grad

**Gasherd**

Stufe 3 = niedere Temp.
Stufe 4 = mittlere Temp.
Stufe 5 = hohe Temp.

Den Temperaturen angeglichen werden die Garstufen beim Braten: Flache oder kleine Fleischteile und vor allem Fleischteile, die man nicht durchgebraten haben will, werden bei hoher Temperatur schnell gebraten.

Große oder dickere Fleischteile, die durchgebraten werden sollen, müssen so lange scharf bei hoher Temperatur angebraten werden, bis sie eine schöne, knusprige Farbe haben. Danach auf die mittlere Temperaturstufe zurückschalten und zu Ende braten.

Bei niedrigen Temperaturen werden Fleischteile gebraten, die einer schonenden Garung bedürfen, oder aber auch Bratenstücke mit ganz langen Garzeiten, wie z.B. Schwartenbraten usw.

5. Auch bei einem Bratenstück gibt es Möglichkeiten, über die in den Rezepten angegebenen Garzeiten hinaus, eine Garprobe zu machen:

**Die Druckprobe**
Läßt sich das Fleisch mit dem Finger leicht eindrücken, ist es innen noch roh; federt es zurück, ist es innen schon rosa; fühlt es sich ganz fest an, ist es bereits durch.

**Die Stichprobe**
Mit einer Stricknadel bis zur Bratenmitte einstechen und ungefähr eine Minute dort belassen. Dann die Nadelspitze dicht an die Lippen führen.
Ist sie kalt, ist das Fleisch roh; ist sie lauwarm, ist das Fleisch rosa; ist sie warm oder fast heiß, ist das Fleisch durchgebraten.

6. Mit Ausnahme von Schweinebraten wird der Braten besonders gut, wenn man ihn, bevor er in den Ofen kommt, mit Fett einpinselt.
Rindfleisch am besten mit Pflanzenfett oder Öl.
Kalb- und Lammfleisch am besten mit ausgelassener Butter oder Margarine.

## Kochfleisch, das auf der Zunge zergeht!

Einen guten Koch erkennt man unter anderem auch daran, ob sein Kochfleisch so zart ist, daß es auf der Zunge zergeht.
Um das zu erreichen, muß man einige wichtige Tips und raffinierte Tricks kennen:

1. Grundsätzlich gilt fürs Kochen: Fleisch, das kalt aufgesetzt wird, laugt aus, da das Eiweiß in den äußeren Schichten nicht schnell genug gerinnen kann und Saft austritt. Das ergibt zwar eine erstklassige Brühe, aber kein besonders gutes Stück Fleisch. Außerdem bringt diese Kochmethode einen ziemlich hohen Gewichtsverlust, der bei etwa 35 % liegen dürfte.
Deswegen das Fleisch erst in das Wasser geben, wenn es sprudelnd kocht!

2. Nach dem ersten heftigen Kochen darf das Fleisch nur noch leise sieden, also knapp unter 100 Grad garziehen.

3. Salz wird immer erst nach etwa 30 Minuten Kochzeit dazugegeben, denn Salz entzieht dem Fleisch leicht wertvolle Flüssigkeit, die es saftig hält.

4. Es ist immer günstiger, größere Fleischstücke zu kochen, denn kleinere werden nicht so saftig und zart. Sollte etwas übrigbleiben, kann man es als Suppeneinlage, Salatzugabe, Pfannengericht und zu Eierspeisen verwenden.

## RATGEBER KÜCHE

5. Im Schnellkochtopf kann man Kochfleisch besonders gut garen, denn Vitamine und Eiweiß bleiben wertig erhalten.

6. Wenn der Braten aus dem Ofen kommt, darf er auf keinen Fall sofort aufgeschnitten bzw. tranchiert werden, weil sonst irgendein Bratensaft sofort herauslaufen würde. Um dies zu verhindern, sollte der Braten eine Viertelstunde ruhen, damit sich der Saft im Braten wieder gleichmäßig verteilen kann. Er sollte aber nur warmgehalten und nicht weitergegart werden.

7. Den Bratensaft nicht wegschütten. Erst das Fett abgießen, dann den Bratensaft mit Weißwein, Brühe oder Wasser loskochen und zur Saucenherstellung weiterverwenden.

8. Wenn das Fleisch zu wenig Farbe hat, kann man den Bräunungsprozeß intensivieren, indem man das Bratenstück während der Garzeit mehrfach mit Bier einpinselt.

9. Wer seinen Braten empfehlenswerterweise in der Bratfolie zubereitet, sollte nicht an der Folie sparen. Besser ist es, so viel Folie abzuschneiden, daß das Bratgut locker umhüllt werden kann. Nicht vergessen: Mit einer dünnen Nadel ein paarmal einstechen, damit die Folie nicht platzt, die Folie immer auf den kalten Rost legen und dafür sorgen, daß die Bratfolie auch nicht mit der heißen Backofenwand in Berührung kommt.

## So wird das Steak zart und saftig!

Ein gutes Steak kann nur gelingen, wenn das Fleisch erstklassig und vor allem aus dem richtigen Fleischteil geschnitten ist.
Verlangen sollte man beim Metzger deswegen ausdrücklich gut abgehangenes Fleisch und nicht irgendein »Stück für die Pfanne«. Man muß präzise seine Wünsche äußern.
Zartes, gut abgehangenes Fleisch hat es nicht nötig, durch den Steaker gejagt zu werden. Man sollte den Metzger mit allen Mitteln daran hindern, falls er den Versuch macht, das Steak auf diese Weise unbrauchbar zu machen.
Man sollte ein Steak auch nicht klopfen, denn damit zerquetscht man nur

die Fleischfasern, und wertvoller Saft geht verloren.
Am besten werden Steaks in gerippten Pfannen aus Gußeisen oder Edelstahl. Die Pfanne muß erst ohne Fett erhitzt werden.
Erst wenn sie die richtige Grilltemperatur erreicht hat, gibt man das Fett hinein und läßt es so lange heiß werden, bis es ganz leicht zu rauchen beginnt.
Die richtige Pfannentemperatur kann man mit der sogenannten »Zischprobe« feststellen:

In die leere Pfanne Wasser hineinträufeln. Wenn es nur verdunstet, eignet sich die Pfannentemperatur zur Zubereitung von Eier- und Mehlspeisen, Kartoffelgerichten, aber nicht zum Grillen.
Nach etwas Zuwarten wieder Wasser in die Pfanne träufeln. Wenn es perlend am Boden verzischt, dann hat die Pfanne ihre Grilltemperatur erreicht.
Dann legt man die gut abgetrockneten und vor allem nicht gesalzenen Steaks in das heiße Fett und brät sie pro Seite eine Minute scharf an.
Die Steaks werden mit dem Pfannenwender umgedreht; keinesfalls darf man mit der Gabel einstechen, weil sonst der Fleischsaft ausläuft.
Lassen sich die Steaks nicht sofort wenden, dann bitte keine Gewalt gebrauchen, sondern noch etwas zuwarten, dann geht es spielend von ganz allein.
Es gibt nach allen Erfahrungen keine präzisen Zeitvorgaben, wie lange man ein Steak grillen soll, weil Fleischbeschaffenheit und Dicke immer unterschiedlich sind.
Deswegen sollte man sich auf die sogenannte Druckprobe verlassen, mit der man individuell das gewünschte Garergebnis bestimmen kann:

Man drückt mit dem Finger oder dem Griff der Grillgabel auf das Steak. Läßt es sich leicht eindrücken und bildet sich die Druckstelle wieder zurück, dann ist es innen noch roh. Wer sein Steak blutig, das heißt englisch gebraten will, muß es jetzt herausnehmen. Wenn das Fleisch bei neuerlichem Eindrücken noch nachgibt – nicht mehr so leicht wie vorher – und sich die Druckstelle auch nicht mehr so schnell zurückbildet, hat es das Garstadium »medium« erreicht, was heißt, daß es innen rosa ist.

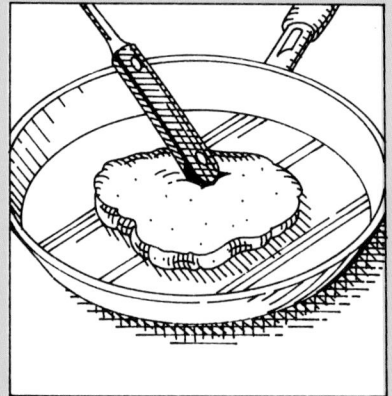

Wenn das Fleisch bei nochmaligem Eindrücken nicht mehr nachgibt, es auch keine Druckstelle mehr gibt, dann ist das Steak vollends durchgebraten.

**Trick**

Rumpsteaks, aber auch andere Fleischstücke, wie zum Beispiel Koteletts, sind an einer Seite von einer Haut aus festem Bindegewebe und einer Fettschicht umgeben. Sie muß sorgfältig mit einem scharfen Messer eingekerbt werden, sonst zieht sich das Fleisch beim Grillen zusammen.

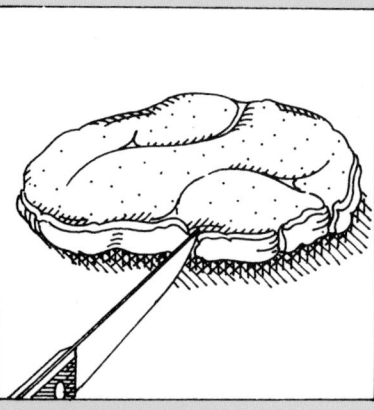

**Schnell serviert und richtig behandelt**

# Frische Früchte für das köstliche Dessert

Frische Früchte, gut ausgereift, aromatisch und saftig, bunt und appetitlich, sind an sich schon ein köstliches Dessert.
Wer aber noch mehr daraus machen will, sollte die nachfolgenden Tips einmal durchlesen:

**1.** Eine unreife Ananas schmeckt strohig, herb und hat noch nicht ihr typisches Aroma. Den Grad der Reife erkennt man am süßen Duft und daran, daß das Fruchtfleisch elastisch nachgibt. Zum Aufbewahren und eventuellen Nachreifen hängt man sie an ihrem grünen »Schopf« auf, am besten in einem kühlen Raum.
Eine angeschnittene Ananas hält sich, in Klarsichtfolie verpackt, im Kühlschrank noch 3–4 Tage.

So wird eine Ananas vorbereitet: Den Schopf abschneiden, die Frucht längs in Viertel teilen und dann den harten Strunk in der Mitte herausschneiden. Anschließend die Schale mit dem Sägemesser abtrennen.
Eine andere Möglichkeit ist, die

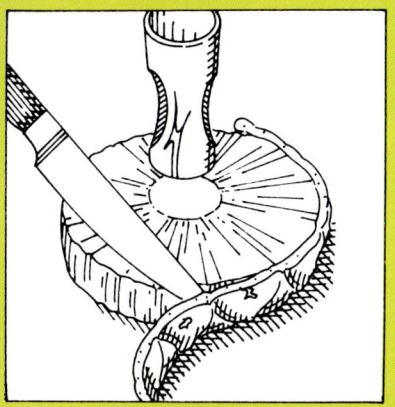

Ananas in Scheiben zu schneiden, dann zu schälen und mit einem Ausstecher den Strunk herauszuholen.

**2.** Kiwis sind reif, wenn sie bei leichtem Daumendrücken elastisch nachgeben. Sie halten sich im Gemüsefach des Kühlschranks mindestens noch eine Woche.
Für eine Weiterverwendung oder zum Essen schält man sie mit einem scharfen Messer möglichst dünn und schneidet sie anschließend in Scheiben.

**3.** Melonen können eine grüne, gelbe, weiße, eine rauhe oder glatte Schale haben, ihr Fleisch kann weiß, grünlich oder gelb sein – über den Reifezustand sagt die Farbe nichts.
Das Fruchtfleisch muß immer weich sein. Ob eine Melone reif ist, erkennt man am intensiven Duft – deswegen sollte man Melonen mit der »Nase« einkaufen –, aber auch daran, daß sich die Frucht am Blütenansatz ein wenig eindrücken läßt. Unreife Melonen schmecken fad und sind wenig bekömmlich.
Zum Servieren längs oder quer halbieren, Kerne und weiches Inneres herausschaben. Das Fruchtfleisch mit einem Kartoffelausstecher in Kügelchen ausstechen oder mit einem Messer herauslösen und in Würfel schneiden.

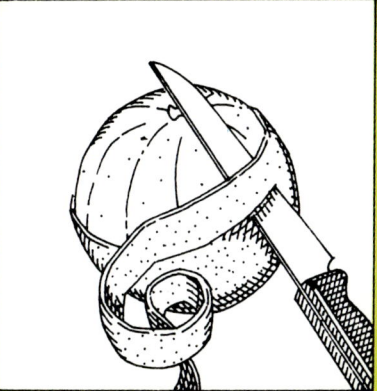

**4.** Ob man Orangen in der Küche als Rezeptzutat oder anderweitig verwenden will, sie müssen auf jeden Fall vorbereitet werden:
Zuerst wird die Orange wie ein Apfel geschält, und zwar so, daß die zähe weiße Haut innen mit abgeschnitten wird, weil sie beim Essen stört und die Aromaausbildung verhindert.

Die einzelnen Fruchtspalten mit einem Messer heraustrennen. Dabei arbeitet man über einem Teller, um den Saft abzufangen. Auch die leeren Häutchen werden über dem Teller mit der Hand ausgepreßt, um den Saft zu gewinnen.

**5.** Pfirsiche und Aprikosen werden für die Zubereitung von feinen Süßspeisen geschält:

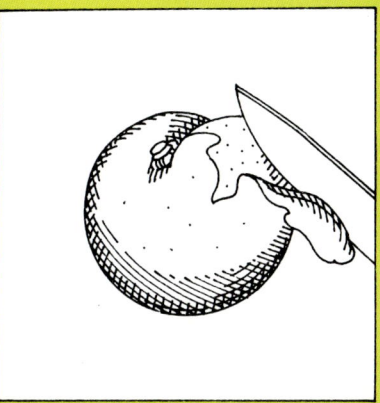

RATGEBER KÜCHE

Die Früchte einzeln kurz in kochendes Wasser halten und danach sofort in Eiswasser abschrecken.
So läßt sich die Haut sehr leicht von der Frucht lösen.

**6.** Erdbeeren verlieren ihren Fruchtgeschmack, wenn sie zu intensiv mit Wasser behandelt werden. Deswegen sollte man sie nur unter fließendem Wasser reinigen, dann gut abtropfen lassen und am besten noch mit Küchenkrepp trockentupfen. Erst danach die Kelchblätter entfernen und die Früchte zerschneiden. Sparsam zuckern. Auch wenn man es nicht glauben mag: mit etwas Zitronen- oder Orangensaft beträufelt, schmecken Erdbeeren noch süßer.

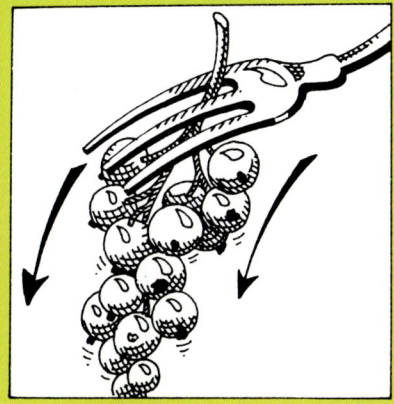

**7.** Johannisbeeren werden vor der

339

Verarbeitung in kleinen Mengen kurz abgebraust und dann mit Hilfe einer Gabel von den Stielen getrennt.

8. Himbeeren sind äußerst empfindlich. Deshalb ist das Waschen verboten. Sie werden lediglich sorgfältig verlesen, denn eine schimmelige Beere kann in wenigen Stunden die anderen anstecken. Wenn man sie nicht gleich verbrauchen kann, sollte man sie auf einem Tablett ausbreiten und leicht überzuckern.

9. Trauben haben einen kleinen Fehler: ihre Kerne. Wem Kerne nichts ausmachen, der kann sie ruhig mitkochen oder mitessen. Gut zerkaut sind sie sogar sehr gesund. Sie enthalten ein Öl, das hilft, den Cholesterinspiegel im Blut zu senken.

10. Kirschen müssen beim Kauf trocken aussehen, denn nasse Kirschen haben bereits Faulstellen oder sie bekommen sie sehr schnell.
Sie sollten eigentlich sofort verwendet werden. Will man sie dennoch ein paar Tage aufbewahren, auf einem Tablett ausbreiten und kühl stellen.
Kirschen werden erst gründlich gewaschen und dann entsteint, sonst verlieren sie zuviel Saft.
Das einfachste Gerät zum Entsteinen ist eine geradegebogene Haarnadel, die man auf einen Korken steckt. In den Haushaltswarengeschäften gibt es je nach Kirschmenge Hand- oder Tischgeräte zum Entsteinen.

11. Zum Kochen und Braten eignen sich von allen Apfelsorten am besten Renetten und Boskop. Beide sind ziemlich »harte« Sorten, die bei Ofenhitze nicht so schnell auseinanderfallen.
Will man bei der Reinigung des Apfels – gilt auch für andere Obstsorten, die man mit Schale verzehren oder deren Schale man verwenden kann, wie bei Zitrusfrüchten – ganz sichergehen, dann soll man auf das Waschen mit Wasser verzichten, weil Schadstoffe in der Regel wasserresistent sind. Das verhält sich ähnlich wie bei der Kosmetik.
Besser ist es, auf Küchenkrepp oder ein sauberes Tuch etwas Salatöl zu tröpfeln und damit die Früchte gründlich abzureiben. Man kann davon ausgehen, daß man mit dieser Methode fast alle Rückstände beseitigt.

12. Man darf sich beim Zitronenkauf nicht von der Größe der Frucht bestechen lassen. Kleinere Früchte mit dünner, feinporiger Schale haben viel mehr Saft. Man darf sich auch nicht an den grünen Flecken stören. Sie sagen nichts über den Reifezustand aus. Bei Limetten ist die tiefgrüne Farbe der Schale ein Zeichen für den richtigen Reifegrad.

## 2. Wichtiges Handwerkszeug

# Scharfe Küchenmesser

Und weil sie nun einmal ein wichtiges Handwerkszeug in der Küche sind, sollte man an ihnen nicht sparen. Hier gilt besonders: Je teurer, desto besser!
Am besten kauft man Küchenmesser in den Fachgeschäften, in denen auch Profiköche oder Metzger sich ihre Ausrüstung beschaffen.
Zusammen mit den Messern sollte man sich auch einen Wetzstahl zulegen, damit man sie immer nachschärfen kann. Aber zweimal pro Jahr sollten sie zum professionellen Messerschleifer, dann haben sie auch eine gleichbleibende Schärfe und eine lange Lebensdauer.

### Wichtig

Küchenmesser gehören in keine Schublade, sondern man sollte sie lieber an einer Magnetleiste befestigen, die griffbereit über der Arbeitsfläche hängt. Das hat den Vorteil, daß die Schneiden einander nicht berühren und sich so keine Scharten zufügen können.
Als Grundausrüstung sollte man ein Set sehen, das aus folgenden Einzelteilen besteht:

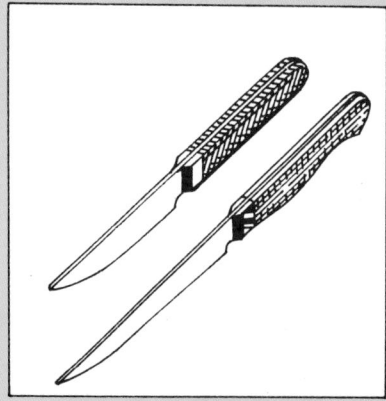

**Das Gemüsemesser**
Es hat eine gerade und kurze Klinge. Man braucht zwei Gemüsemesser, wobei eines eine Spitze haben soll, um Verwachsungen oder Stiele beim Gemüse entfernen zu können.

**Das Zubereitungsmesser**
Es liegt in der Größe zwischen dem langen Fleisch- und dem kurzen Gemüsemesser. Es dient als Messer für das Grobe. Mit ihm kann man alles das erledigen, wofür das Gemüsemesser zu klein ist.

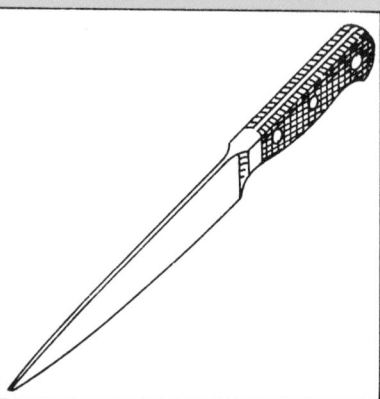

**Das Fleischmesser**
Das Fleischmesser sollte eine lange, breite und vor allem stabile Klinge haben; etwa 20 cm plus Holz- oder Kunststoffgriff ist ideal. Es muß gut, das heißt schwer in der Hand liegen.

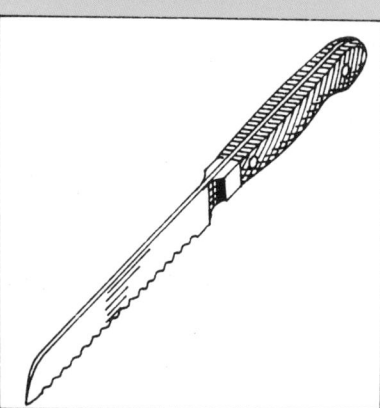

**Das Brotmesser**
Es hat eine lange gezackte Klinge und darf in keinem Haushalt fehlen, denn es wird nicht nur zum Brotschneiden, sondern auch zum Schneiden von Tomaten oder anderen, druckempfindlichen Lebensmitteln eingesetzt.
Aber nicht nur auf die scharfen Mes-

ser muß man in einer funktionellen Küche bauen können, sondern auch auf deren unmittelbare Verwandte, die wir jetzt vorstellen.

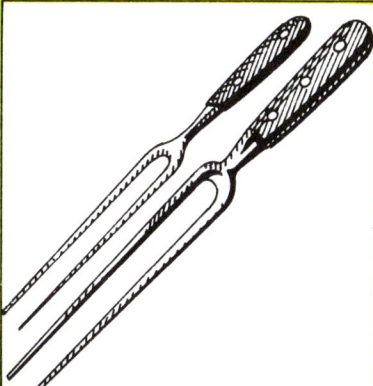

**Die Fleischgabel**
Auch hiervon sollte man zwei Exemplare in der Küche haben: Eine größere für die Bratenstücke und eine kleinere für die kleineren Garteile. Gerade Formen sind den abgebogenen oder abgerundeten in jedem Fall vorzuziehen.

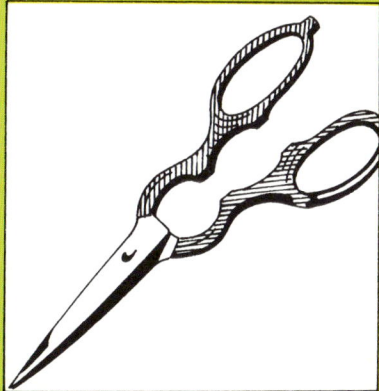

**Die Allzweck-Küchenschere**
Schon der Name sagt es: Sie muß vielseitig zu gebrauchen sein.

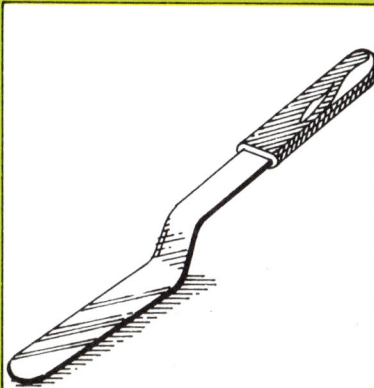

**Der Pfannenwender**
In der Fachsprache wird der Pfannenwender auch Palette genannt. Er muß einen Knick haben, der zu einem langen Griff führt, damit die Finger vor dem heißen Pfannenrand geschützt werden.

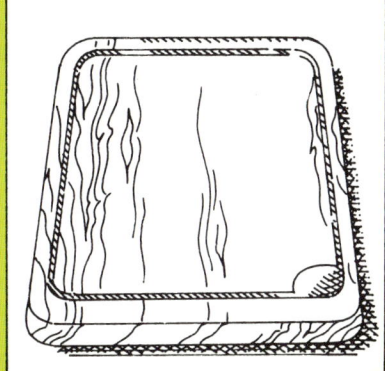

**Das Arbeitsbrett**
Wenn man Holzbretter bevorzugt, sollten diese eine Saftrinne haben und mindestens 2–3 cm dick sein.

**Ein heikles Küchenkapitel**

# Das Binden von Saucen und Suppen

Nachfolgend stellen wir Bindemethoden vor, die Geschmack und Aroma von Saucen und Suppen verbessern, sie sämig machen und vom Nährwert her gesehen keinesfalls mehr heimliche Dickmacher sind:

1. Mit Speisestärke binden, ist eine der einfachsten und schnellsten Methoden. Auf 1/2 l Flüssigkeit rechnet man einen gehäuften Teelöffel, der, mit kaltem Wasser klumpenfrei angerührt, in die heiße Flüssigkeit gezogen werden muß.

2. Mit Butter bindet man kleine, feine Saucen, speziell bei Pfannengerichten oder kurzgebratenem Fleisch. Die Butter muß in den eingekochten Fond gezogen werden.

3. Mit Sahne binden kann man dann, wenn man die Sahne vorher von einem Teil ihres Wassergehalts befreit hat, das heißt, sie muß bei großer Hitze reduziert oder eingekocht werden.

## RATGEBER KÜCHE

4. Heute gibt es im Handel eine Menge praktischer Bindehilfen, zum Beispiel die Fixbinder, die auf der Basis von Speisestärke in hell und dunkel angeboten werden. Sie werden ohne vorheriges Anrühren in die kochende Flüssigkeit gerührt. Sie haben keinen Eigengeschmack und sind teilweise auch nährwertreduziert.

5. Gut zum Binden eignet sich das Instant-Kartoffelpüree, das es als Pulver oder Flocken von verschiedenen Herstellern gibt. Zum Binden sind die Flocken besser, weil sie im Gegensatz zum Pulver nicht klumpen.
Für 1/2 l Flüssigkeit muß man 1/2 Packung Flocken rechnen. Die Hinzugabe der Flocken erfolgt kurz vor dem Siedepunkt der Flüssigkeit.

6. Wer kalorienarm und besonders gesund seine Suppen und Saucen binden will, der muß in die Apotheke gehen und sich NESTARGEL besorgen, ein rein pflanzliches Eiweißkonzentrat, mit dem man alles, unter Hinzugabe ganz geringer Mengen, optimal binden kann.
Dieses Produkt ist relativ teuer. Doch schon mit einer kleinen Dose kann man einen Monat lang Suppen und Saucen binden. Man braucht nur die der Dose beiliegenden Dosierungsvorschriften zu beachten, dann kommt man auf seinen Preis. Eine neue Form der Bindung, die aber unbedingt zu empfehlen ist.

7. Die idealste und schönste Form einer Bindung ist, wenn man den Hauptbestandteil des jeweiligen Rezepts in entsprechend größerer Menge mitkocht und anschließend püriert.
Das Püree ist eine gute Bindesubstanz und verleiht dem Gericht auch noch einen intensiveren Geschmack, als das ein anderes Bindemittel jemals zuwege brächte.
In der Regel werden die Farben des jeweiligen Gerichts auch schöner und intensiver. Wann immer ein Rezept diese Möglichkeit der Bindung bietet, sollte man sie anwenden.

8. Süßspeisen kann man sehr kalorienarm und attraktiv binden, wenn man das Fruchtpüree mit eingeweichter Blattgelatine nach Vorschrift bindet.
Mit der weißen oder roten Blattgelatine kann man auch Süßspeisen binden, deren Basis Molkereiprodukte sind.

# Die gute Deutsche Küche

## REGISTER

### Desserts/Süßspeisen
*Äpfel mit Haube 269
Bratäpfel mit
Aprikosen-Sauce 282
Bühler Zwetschgengrütze 265
Friesische Teecreme 285
Haselnußgefrorenes 299
Heißer Orangensalat 268
Herbstlicher Obstsalat 270
Holundergefrorenes 262
Himbeerauflauf 264
Kolatschen 308
Reispudding mit
Erdbeersauce 266
Rhabarbercreme 298
Rosencreme 284
Sauerrahmcreme mit
Erdbeerpüree 297
Stachelbeergrütze 268
Quitten-Quark 283
Walnußcreme 296
Wiener Kaiserschmarrn 321*

### Eiergerichte
*Alpenländische Rühreier 54
Eier im Bett 56
Eier im Silberfrack 58
Feuereier 55
Gefüllte Eier 60
Königsberger Eier 59
Lübecker Eiersalat 52
Seemann's Eierschmaus 58*

### Eintöpfe
*Berliner Eintopf 124
Friesischer Eintopf 125
Glückstädter Fischtopf 122
Leineweber Rosenkohltopf 120
Niederbayerischer
Bauernkessel 118
Nudeltopf 124
Saarländer Kohlrabitopf 121
Westfälischer Bohnentopf 126*

### Fisch
*Bratfisch 69
Dillforelle 73
Eckernförder Aalragout 72
Eingelegte Makrelen 314
Fisch in Riesling-Aspik 258
Forellen-Filets
mit Estragon-Creme 298
Karpfen in Biersauce 299
Kräutergarnelen vom Rost 34
Kräuterfisch 70
Mainfränkischer
Schifferkarpfen 74
Räucherfisch 68
Roter Kabeljau 72
Salinenfisch 66
Steckerlfisch 198
Waterzoi 317*

## Fleisch-/Wurstgerichte

Ammerländer Lammschulter 98
Aprikosenkoteletts 283
Blauer Bock 83
Blauschimmel-Steaks 296
Blutwurstroulade 109
Böhmischer Rostbraten 322
Cloppenburger Sudhaxe 98
Deidesheimer
Schweinebraten 86
Dortmunder Krustenbraten 88
Erdinger Gemüsebraten 82
Feuerburger 136
Feurige Schälrippchen 194
Fleischklößchentopf 132
Fleischiger Blumenkohl 134
Frankfurter Würstchenbraten 80
Gefülltes Bries 146
Gemüseherz 144
Grillhaxerl 199
Gurkenroulade 110
Hackfleischauflauf 137
Inntaler Heubraten 84
Innereien-Salat 151
Kannebäcker Brotwurst 160
Kastenbraten 136
Königsberger Klopse 310
Köthener Schusterpfanne 304
Krumbacher Tiegelesfleisch 96
Kutscherbraten 86
Lammbraten mit
Frischkräutern 297
Lammkeule im Ganzen 192
Leberbraten 152
Liewerkniedeln 318
Lorbeerkugeln 195
Lübecker National 100
Lüneburger Zwiebelwurst 162
Lüngerl 150
Mandelroulade 112
Mettroulade 112
Münsterländer Zwiebeln 130
Niederlausitzer
Schweinekamm 306
Nierengeschnetzeltes 148
Oberbayerisches
Kräuterfleisch 95
Ochsenschwanzragout 320
Pfefferbrötchen 138
Pfungstädter Schweinenacken 94
Pilzroulade 113
Rheinische Blutwurst 162
Rollbraten im Ganzen 200
Rosmarinfleisch 196
Sauerkrautroulade 106
Schweinebraten Jennerwein 87
Schweinefilet
in Weinbrandsauce 298
Schweinebauch mit Birnen 309
Siegerländer Rinderbrust 99
Sparschwein 164
Steinhäger Knoblauchwurst 163
Sülzfleisch 248
Süßsaure Schnietle 302
Verschlossene Gurken 133
Vierländer Wurstgulasch 156
Vogtländer Krautklump 305
Wildroulade 114
Wirsingroulade 108
Würzburger Wurzelfleisch 92
Zitronenhirn 147

## Gemüse

Arme-Leute-Käse 211
Curry-Gurken 238
Cuxhavener Gurkengemüse 222
Essigtomaten 236
Gefüllte Kartoffeln 206
Gegrillte Möhren 221
Gekräuterte Champignons 30
Glasierte Zwiebeln 218
Haubenkartoffeln 210
Kartoffelwurst 207
Kartoffelgulasch 212
Kohlrabi mit grüner Haube 226
Kleines Sellerieschnitzel 28
Lauchauflauf 224
Pikante Zwiebeln 235
Rote Bete einmal scharf 224
Schnelle Dillgurken 239
Süßsaure Bohnen 234
Schusterpfanne 210
Teufelsgurken 232
Vegetarische
Paprikaschoten 225
Würzchampignons 238
Zuckererbsen
mit Zitronendip 220
Zuckerkürbis 240

## Salate

Feldsalat Germania 44
Filderstädter Krautsalat 42
Frühlingszwiebelsalat 48
Heißer Kartoffelsalat 208
Laubenpieper-Salat 46
Partysalat 251
Rettichsalat Bavaria 47
Salat Nordseewellen 254
Schwarzwurzelsalat
Norderney 43
Schwetzinger Spargelsalat 40
Spargelsalat mit Lachs 296
Tomatensalat mit Basilikum 46

## Suppen

Emsländer Kürbissuppe 15
Feine Radieschenblättersuppe 19
Gartenfrische Kressesuppe 12
Hagenrieder Hasensuppe 186
Helgoländer Muschelsuppe 18
Holundersuppe 282
Kartoffelsuppe 204
Kerbelcreme-Suppe 297
Milzsuppe 150
Petersiliencreme-Suppe 284
Rheingauer
Schneckensuppe 20
Sauerländer Zwiebelsuppe 16
Schwäbische Krapfensuppe 18
Sommerliche Tomatensuppe 14
Spargelsüppchen 285
Tomatensuppe Cortina 283

## Wild/Geflügel

Achentaler Rehragout 186
Fasan im Sekt 183
Gans mit Wurstfülle 176
Gänsekeulen im Kraut 174
Gebeizter Hasenrücken
mit dreifarbigem Pfeffer 284
Gefüllte Weihnachtsgans 299
Glasierte Hähnchenkeulen 198
Hähnchen im Kräutergarten 168
Hähnchenbrust in
grüner Pfeffersauce 285
Hasenrückenfilet
Schloß Linderhof 182
Hessischer Hahn 174
Hirschsteaks mit
Preiselbeercreme 187
Hirschbraten
in der Himbeerbeize 180
Kaninchen mit
Küchenkräutern 188
Ländlicher Hühnertopf 170
Marktpoularde 172
Prickelnde Hähnchenbrust 171
Thüringer Ente 175
Wildschweinbraten
mit Zimtaroma 184
Wildgulasch mit
Thymiansahne 282

## Zwischengerichte

Allgäuer Wursttoast 159
Badische Rotweinschaukel 33
Bauernschmalz 256
Eingelegter Käse 250
Fleischtörtchen 253
Fränkischer Apfeltoast 29
Hausmacher Terrine 250
Herzhaftes Bauernbrot 244
Katerkiller 246
Käse-Eier Scheveningen 316
Lauchwürstchen 158
Pfälzer Zwiebelbrot 26
Quarktaler 247
Schnelles Camembert-
Brötchen 32
Spreewälder Kuchen 308
Tomaten mit Thunfisch 252
Walliser Fondue 320
Westfälischer
Schinkenschaum 32